茆荣才 ——

著

再论
价值

ON VALUE AGAIN

协作为何
能创造一种生产力

WHY COLLABORATION
CAN CREATE A KIND OF PRODUCTIVITY

社会科学文献出版社
SOCIAL SCIENCES ACADEMIC PRESS (CHINA)

目　录

第一章
价值认识

> 其实劳动和自然一起才是一切财富的源泉，自然界为劳动提供了材料，劳动把材料变为财富。[①]
>
> ——恩格斯

"价值"一词我们谁都不陌生，谁都懂，生活中几乎天天都会提到。如一件衣服价值多少，一辆汽车价值大小……商品的价格就代表着它的价值。不仅如此，美国 NBA 每年都要评选最有价值的球员；有关评估机构核算某品牌的价值是多少或无形资产价值；我们会谈论某一政策的制定、某种方法的实施、某项活动的举办有多大价值；我们做某件事没有成功，有人会说失败也有失败的价值；我们还会讨论社会价值、参考价值、历史价值、知识价值、价值观……

每个人对价值都有自己的认识，很多著名的哲学家、经济学家对价值做了详细的分析和定义，可谓"仁者见仁、智者见智"，但是人们对价值至今仍没有完全达成统一认识。今天，社会各界热衷对股票、期货、汇率、投资、GDP、CPI、财政政策、货币政策等进行讨论和研究，而它们的基础就是价值。其实，并不是每个人都真正懂得价值，就像光，人人都知道，虽然对光的研究已进入量子光学领域，但至今科学家仍没有完全研究出光是什么。

生产者希望自己生产的产品有个好价位，即产品的价值高；劳动者希

---

① 《马克思恩格斯选集》第 3 卷，人民出版社，1972，第 508 页。

望自己每小时工作的收入高，即劳务的价值高，怎么实现？我们先来了解价值由什么决定吧。

第一节　价值由什么决定

一　价值是贡献和分配的关系

人因生存需求进行劳动，既对物的效用进行了大小区分，又在物品来源上对人的贡献进行了大小区分，从而促进价值概念形成。

价值概念并不是在商品出现后才有的。原始社会，在分配猎物时，既有平均分配的考虑，也会按人的贡献考虑。比如，把最好的部分（往往是猎物的头——英雄的礼遇）给最先射中猎物的人，这体现了划分生产中作用的概念，也体现了划分物品效用的概念，这就是价值概念的萌芽。这个萌芽的概念体现了两方面：一方面是人在劳动过程中作用大小的区别，这是劳动价值的萌芽；另一方面是在分配劳动成果（主要是食物）上，劳动成果被人们享用的大小有了区别，这是效用（或称使用价值）概念的萌芽。

在共同围猎的过程中，大家的劳动时间是基本相同的，但是发挥的作用是有差别的，这就形成劳动能力的区别。狩猎过程中，最开始是分散搜寻猎物，一旦有人发现猎物，假如单人力量不能捕获，就会发出信号，呼唤同伴共同捕猎，同伴距猎物有远有近，参与的时间不同，可能有的人赶过来的时候，猎物已经被捕捉到了，这就形成劳动时间的区分。在分配食物时，常常会遇到一个问题，就是食物少、不够分，但是为了保证氏族和大家庭的生存，人人都会分到，但对主要贡献者会多些优些，没有贡献的，如儿童、老人也会被惠及，而且这会形成自觉行为。无论是狩猎还是采集，生产活动中类似的情况会多次出现，这些区分的意识就逐步构成了价值概念的主要因素。劳动能力、劳动时间、效用几方面集中就形成价值的概念。朴素地说，价值就是你生产（贡献）多少和你该分配多少。

古代人由于掌握的科学知识有限，见到植物生长，以及动物和人类的分娩，形而上学地认为物质可以生产出来。虽然我们依然沿用"生产"和"创造"这类词语，但要明白，我们没有生产和创造物质，只是生产和创造了物质新的更适合人类需求的属性和效用。

古人在劳动生活中渐渐有了数的概念，对物品及其作用的大小进行了量的比较，并且这个量的意识随着数学知识的进步而逐步规范化、细致化，形成统一的趋势。不仅是数学的概念，随着语言的发展和文字的发明，在劳动生活中的生产和分配，对人的作用量、物品的效用量的认识被记录、表述出来，最后形成了价值的概念。那些记录价值或代表价值的物品就是货币的最初形态。

经济学的发展与数学的发展关系很大。经济学如果是一种科学，它必需是一种数学的科学。① 诺贝尔经济学奖曾多次颁发给数学家就是很好的例证。不过数学与经济学有个很大的不同：数学定理（定律）只要找到一个反例或反证，这个定理就不成立；而经济学定理（定律）都可以找到反例，甚至有的定理只有数学模型，找不到一个现实的例证。这并不是经济学不够严谨，而是数学定理是纯粹的理论范畴，经济学定理是理论与实践结合的范畴。现实中的事物存在普遍联系，会受到其他有关方面的影响，在进行数理分析时我们必须舍弃一些无关大局的关联，否则无法分析，最后研究的结论必然与现实存在一定的误差和不符之处。举个简单的例子，一个苹果价值 1 元，那么从道理上讲 5 个苹果价值 5 元，实际上 5 个苹果的大小、色泽、口味会不同，5 个苹果的价值并非等于 5 元。

二　劳动和效用合在一起才成为价值的充分必要条件

（一）劳动是价值的必要条件，不是充分必要条件

价值在斯密的《国富论》、李嘉图的《政治经济学及赋税原理》、马克思的《资本论》等著作中都有详尽的表述和定义，我们在其基础上进行学习和探讨，以求更基本、更通俗地了解价值，并有新的认识。

威廉·配第最先认识到商品价值的源泉是劳动，商品价值是由生产商品时所耗费的劳动时间决定的，他的名言"土地是财富之母，而劳动则为财富之父和能动的要素"传颂至今。"假如一个人在能够生产一蒲式耳谷物的时间内，将一盎司白银从秘鲁的银矿中运来伦敦，那么后者便是前者

---

① 〔英〕威廉·斯坦利·杰文斯：《政治经济学理论》，转引自卢大振主编《世界经济学名著导读手册》，中国城市出版社，2004，第 132 页。

的自然价格。"① 配第的观点就是等量劳动等于等量价值。

斯密最早提出了劳动价值论。"只有劳动才是价值的普遍尺度和正确尺度，换言之，只有用劳动作标准，才能在一切时代和一切地方比较各种商品的价值。"②

李嘉图在其著作《政治经济学及赋税原理》第一章的第一节以标题的形式明确指出："商品的价值或其所能交换的任何另一种商品的量，取决于其生产所必需的相对劳动量，而不取决于付给这种劳动的报酬的多少。"③

美国建国元勋之一、著名科学家和政治家本杰明·富兰克林说："既然贸易无非是一种劳动同另一种劳动的交换，所以一切物的价值用劳动来估计是最正确的。"④

我们再来学习马克思主义学说的观点：价值是凝结在商品中的一般的无差别的人类劳动。⑤ 先来探讨劳动是如何凝结在商品中的。劳动其实是一个过程，它在某个时间发生或进行，过了这个时间，此次劳动就结束了，再劳动便是新的劳动，劳动怎么会凝结呢？我们举例来说，打铁，我们将一块铁块锤炼成镰刀，可能要反复上千锤，每一锤的方式和动作是相同的，但每一锤又是不同的，每一锤落下就是已经发生过的，再锤一下就是新的。前一锤随着时间消失了，但在我们的意识中会承认有这一锤，会承认这把镰刀是经过了上千锤的劳动才形成的，这样我们就视为镰刀上凝结着人类的劳动了，采用"凝结"二字不过是一种修辞手法，类似的还有"包含""含有""凝聚"等词语。不仅仅是镰刀，其他所有的商品，都是经过人的劳动才形成的，劳动的形式是多种多样的，劳动的过程在物品属性形成变化后已经消失，但我们会承认具有新特征的此物品是经过劳动才形成的，所谓物品上凝结着人类的劳动，实际上是人在意识中对劳动的承认，对曾经作用在该物品上的自己或他人劳动的承认。

---

① 〔英〕威廉·配第：《赋税论 献给英明人士 货币略论》，陈冬野等译，商务印书馆，1963，第 52 页。

② 〔英〕亚当·斯密：《国民财富的性质和原因的研究》上卷，郭大力、王亚南译，商务印书馆，1983，第 32 页。

③ 《李嘉图著作和通信集》第 1 卷，郭大力、王亚南译，商务印书馆，1962，第 7 页。

④ 何炼成：《价值学说史》（修订版），商务印书馆，2006，第 186 页。

⑤ 许涤新主编《政治经济学辞典》上卷，人民出版社，1980，第 338 页。

马克思称抽象劳动创造了价值，具体劳动创造了使用价值。价值是抽象的无差别的人类劳动，这理解起来很费神，当理解后就会明白，这是对作用在物品上曾有过的劳动过程的承认。仔细分析可知，每个商品的生产过程都是劳动过程，劳动结束就消失，看不见了，能看见的是经过劳动创造或改变的新商品，于是把那些看不见的、曾经发生过的劳动称为抽象劳动，我们对创造商品的劳动的过程给予承认，成为一个专门的概念——无差别的人类劳动，这就是抽象劳动创造价值。具体劳动使商品有了使用价值，商品的使用价值在使用的时候是能看得见或能感受到的，因此具体劳动创造使用价值这一点容易理解。不过，劳动的过程和劳动量的多少，没看见、没经历的人不清楚，也就是信息不对称，这会影响对价值大小的评定，会形成讨价还价。所以，抽象劳动创造价值确实正确，但确定价值的大小并不简单。

自然形成的物对人类有天然的效用，在交换中，肯定也能换来有效用的物品，也就是有价值的物品。很长时期内，不少人形而上学地认为，只有劳动才有价值，没有被挖出来的矿藏是没有价值的，价值是挖的劳动，但经过同样挖的劳动，挖出同样重量的土和同样重量的煤矿，价值肯定不同，又如何解释呢？

其实马克思、恩格斯并不认为价值仅仅由劳动决定，并不认为价值完全等于劳动。恩格斯说"价值是生产费用对效用的关系"。[1] 马克思说，"物的有用性使物成为使用价值"，并引注释："任何物的自然 worth［价值］都在于它能满足必要的需要，或者给人类生活带来方便"。在 17 世纪，我们还常常看到英国著作家用"worth"表示使用价值，用"value"表示交换价值。这完全符合英语的精神，英语喜欢用日耳曼语源的词表示直接的东西，用罗马语源的词表示被反射的东西。[2]

马克思又说："在我们所要考察的社会形式中，使用价值同时又是交换价值的物质承担者。"[3]

马克思将列特隆的话引申为："交换价值首先表现为一种使用价值同另一种使用价值相交换的量的关系或比例，这个比例随时间和地点的不同

---

① 何炼成：《价值学说史》（修订版），商务印书馆，2006，第 460 页。
② 〔德〕马克思：《资本论》第 1 卷，人民出版社，1975，第 48 页。
③ 〔德〕马克思：《资本论》第 1 卷，人民出版社，1975，第 48 页。

而不断改变。"①

马克思还说："在商品交换关系或交换价值中表现出来的共同东西，也就是商品的价值。"② "商品的价值量与体现在商品中劳动的量成正比，与这一劳动的生产力成反比。"③

使用价值其实与效用的意思十分相近，只是表达的名词有别，由此可见，马克思和恩格斯认为：除劳动外，决定价值的还有效用，价值是交换价值和使用价值的统一，也是劳动价值和使用价值的统一，价值量与劳动量成正比。

所以可以总结出，在劳动价值论中，价值既有劳动的意义，也有效用的意义，等量劳动应获得等量价值。劳动价值论更多地站在生产者的角度。《资本论》三卷和《剩余价值论》洋洋洒洒数百万字，其中心论点就是等量劳动应获得等量价值。

劳动价值论的观点用数学式表示如下：

$$商品的价格 = \frac{商品在生产过程中所消耗的劳动量}{货币在生产过程中所消耗的劳动量} \tag{1-1}$$

其中货币原是金属货币，也是劳动产品，主要是金银，后来改用信用货币，即纸币，信用货币是通过法律或其他信用方式替代金属货币的，拟定其具有和金属货币一样的劳动价值。

仅仅由价值量与劳动量成正比，是无法解释不同的人劳动价值相差千万倍的。如一个歌星几分钟唱一首歌，可获得几十万元，甚至更多，而一个农民一天的劳动（不用机械，全人工）只有几十元；爱因斯坦的《相对论》具有划时代的意义，其写论文的时间是有限的，但《相对论》的知识价值之大，根本不能用书写工作的劳动价值来量化。

如果物没有用，那么其中包含的劳动也就没有用，不能算作劳动，因此不形成价值。④ 马克思的这句话说明效用是形成价值的前提条件，没有效用的物品就不会有购买他种财货的能力，使用价值（效用）是交换价值的前提。马克思在后期的著作中，多用"有效劳动"替代"一般劳动"，

① 〔德〕马克思：《资本论》第1卷，人民出版社，1975，第49页。
② 〔德〕马克思：《资本论》第1卷，人民出版社，1975，第51页。
③ 〔德〕马克思：《资本论》第1卷，人民出版社，1975，第54页。
④ 〔德〕马克思：《资本论》第1卷，人民出版社，1975，第54页。

意为有效劳动创造价值，我们可以把有效劳动的含义拆分为两部分——劳动（行为）和劳动效用，劳动创造的产品有使用价值，劳动才是有效劳动，产品效用是劳动效用的充要条件，产品效用可以看作劳动效用的衍化或表现形式。可以说，马克思的观点也是劳动是价值的必要条件，不是充分必要条件。

（二）效用是价值的必要条件，不是充分必要条件

与马克思、斯密的观点不同，相当多的经济学家认为价值是由物品的效用决定的。效用价值论的先驱有巴尔本、加里安尼、杜尔哥（杜阁）、萨伊、西尼尔，以及戈森、门格尔等。效用价值论有不同的学派，主要有主观价值论和边际效用价值论。下文为萨伊《政治经济学概论——财富的生产、分配和消费》第一篇开始的内容：

> 如果我们肯费点心机研讨在人类所过的生活是社会生活的场合下，叫做财富的是什么东西，我们就将发现财富这个名词是用以称呼具有内在价值的许许多多东西，例如土地、金属、硬币、五谷、织品以及其他种类的货物……
>
> 一种东西的价值，未经人们承认之前，总是不明确的，任意估定的。一个人如果对他所拥有的东西，任意估很高的价，他并不因此变得更富裕。但当别人想要这东西，愿把一定数量同样有价值的其他东西来交换它时，这东西便具有等于后一种东西的价值。
>
> ··········
>
> 人们所给与物品的价值，是由物品的用途而产生的。有的东西能维持人的生命，有的东西可制为衣服，有的东西可能给人抵御狂风烈日如房屋等，有的东西能满足人们的嗜好和虚荣……现在让我把物品满足人类需求的内在力量叫做效用。我还要接下去说，创造具有任何效用的物品，就等于创造了价值。这是因为物品的效用就是物品价值的基础，而物品的价值就是财富所由构成的。
>
> 但是，物质不是人力所能创造的，物质在量上既不会增加也不会减小，地球就是由物质所构成。人力所能做到的，只不过是改变已经存在的物质之形态。所改成的新形态，或提供前所未有的效用，或只扩大原有的效用。因此，人力所创造的不是物质而是效用。这种创造

我叫做财富的创造。

……所谓生产，不是创造物质，而是创造效用。①

人类只有通过各种劳动才能获得必需品的充裕的供给和其他物品的供给。②

从中可知萨伊持以下观点：价值是自己和别人都承认的；物品的效用是物品价值的基础；人力创造效用，只有通过劳动才能获得供给；满足精神需求的物品同样有价值；财富是价值的积累。

没有效用的东西，我们不会去保存，没有效用的物品，我们不会去生产，我们生产的产品肯定是为人所用的。但有效用并非就有价值，比如空气、阳光、雨水。没有空气人们就无法生存，但一般情况下没人去买空气，也没人去卖空气。效用也只是价值的必要条件，而非充分必要条件。

萨伊解释一件物品的效用大小与其数量即稀缺性密切相关，大家可以无限地享用空气，所以空气没有价值。按照萨伊的观点，稀缺性是决定效用大小的因素之一。后来有人归结边际效用随着数量的增加有递减关系，认为稀缺性与效用相结合才是价值形成的充分必要条件，这就是边际效用价值论。稀缺性导致供求不平衡，供求关系决定价格。不过，边际效用价值论，并没有完全排除劳动因素，依然把劳动当作价值生产的四要素之一，只是认为劳动价值就等于工资，这与马克思的剩余价值理论不同。我们可以得出如下结论，在效用价值论中，价值有劳动的意义，也有效用的意义。

效用价值论还认为效用有物质的，也有非物质（精神）的，还有对未来效用的认可。效用价值论提出等边际法则：我们在每一种物品上所支出的最后 1 美元，都能给我们带来相等的边际效用。③ 实质就是认为等量价

① 〔法〕萨伊：《政治经济学概论——财富的生产、分配和消费》，陈福生、陈振骅译，商务印书馆，1963，第 58 ~ 59 页。
② 〔法〕萨伊：《政治经济学概论——财富的生产、分配和消费》，陈福生、陈振骅译，商务印书馆，1963，第 61 页。
③ 〔美〕保罗·萨缪尔森、威廉·诺德豪斯：《微观经济学》第 19 版，萧琛主译，人民邮电出版社，2012，第 79 页。原文是："我应该这样安排自己的消费，即在每一种物品上所支出的最后 1 美元，都能给我带来相等的边际效用。"

值应换得等量效用。效用价值论更多地站在消费者的角度。

效用价值论的观点用数学式表示如下：

$$商品的价格 = \frac{商品的边际效用}{货币的边际效用} \qquad (1-2)$$

货币的效用（使用价值）就是可以换取其他任何效用（使用价值）。货币能换取任何使用价值，并不是说货币是万能的，货币换取的是可以作为商品的任何价值，不是任何事物都能作为商品，所以货币不是万能的。

（三）劳动和效用结合在一起形成价值概念

我们每个人都是消费者，同时又是生产者。任何商品交换中价值都是买卖双方共同确立的，劳动和效用会结合在价值的概念中。不管价格如何制定，只要买方选择不买或卖方选择不卖，交易都不能成立。不过，价值交换中的买卖双方对价值的关注点不同。我们撇开其他可能的环节，分析生产者和使用者直接的买卖行为。

卖方是产品的生产方，他关注的是自己的劳动值多少钱（有经营成本和材料等成本，在成本之上的部分是自己劳动所得，成本也是以前的劳动所得换来的），对自己的劳动时间和成本有直接感受，他在卖这个产品时会考虑赚多少钱才对得起自己的劳动。生产者拥有这个产品的数量肯定不止一个，至少是满足自己需求后的剩余产品，产品的边际效用对生产者来说是小的，甚至是没有的。不过生产者首先会考虑自己产品的效用要得到买者认可，否则产品就不会有人买。卖者既考虑劳动，也考虑效用，二者总合是价值。

买者关注的是产品对自己有什么用处，带来的便利有多大，即使用价值有多大。买者会意识到此产品的效用是经过对方的劳动创造出来的，会大致估算对方的劳动，也会假设自己来做行不行，将付出多少劳动，考虑该产品花费多少钱才适合。自己的钱是自己的劳动换来的，即便不考虑产品花费了别人多少劳动，也会考虑自己付出多少劳动得到这个效用合适。尽管产品的效用不是买者的直接劳动生产的，但是实质上等于买者的直接劳动换来的。买者既考虑效用，也考虑劳动，二者总合是价值。

卖者和买者对劳动和效用的认可程度不相同，但只要总合相同，也就是价值相同，就形成交换。纯粹地对比效用，不同的效用是没有可比性的，但人们对效用的感受，对获得效用过程的认识，是有可比性的，"人人心中都有杆秤"，比较效用其实是心理比较和心理平衡，简称量比。如果是被迫的商品交换，或者是被欺骗的交换，获得低于期望值的一方心理会不平衡。经济价值交换就是价值天平，是双方对劳动和效用综合评价相等而达到的平衡，实质是心理的平衡，心理平衡是成交的基础。

不仅是生产者，商人在买卖过程中，也是一方面考虑售出价和进货价的差，这个价差就是利润，就是自己商务劳动的回报；另一方面考虑自己经销的产品应具有一定的效用，否则便不会有销路。

所以，无论是仅由劳动决定价值，还是仅由效用决定价值，都是片面的，两者应该结合起来；无论是用劳动来替代价值，还是用效用来替代价值，都是有缺陷的，都会遇到解释不了的客观事实，价值是劳动和效用综合的概念。价值有效用的意义，也有劳动的意义，但价值的概念既不等同于劳动的概念，又不等同于效用的概念，价值是在劳动、效用概念基础上综合并独立出来的一个专门的概念。价值是人类通过劳动和利用自然创造给人们生活带来的效用，同时是人们对此劳动和效用的承认，也是对这种承认的量化和比较。

以货币为主要标志的经济价值体系涉及的范围相当广泛，可以说货币经济无孔不入，与人们的生活密切相关，无论生活在何处，在任何方面遇到问题和事情都常用货币来衡量。

蒲鲁东称"价值是构成财富的各种产品的比例性关系"，产品交换实为财富再分配形式，我们可以理解为：价值是构成财富的各种产品在交换式分配中的比例性关系。

只关注产品的比例不同是不够的，还要考虑比例不同的内在因素，这个观点与劳动价值论的观点可以结合起来，即价值是构成财富的各种产品在交换式分配中的比例性关系，这个比例是以劳动量为依据的。

可以再与效用价值论结合，即价值是构成财富的各种产品在交换式分配中的比例性关系，这个比例是以劳动量和效用为依据的。

这个比例关系的依据还可以细化，与多种因素有关，比如安全、精神压力等。并且，在交换中的比例关系也被延伸到非交换的分配方式中，也就是应用到所有的分配形式中，再综合，即价值是构成财富的各种产品在分配中的比例关系，这个比例以劳动量和效用为主要依据，以其他因素为辅助依据。

我们的经济生活中贯穿着两大基本理念：等量劳动应获得等量价值，等量价值应换得等量效用。等量价值是转换中介，省略之，两理念化为等量劳动应获得等量效用。此外，等量工作时间希望获得等量工资，等量资本希望获得等量利润，等量投入希望获得等量产出，价格低则需求增大、价格高则供应增大，都是这两大基本理念的表现或延伸。

（四）价值 = 效用 × 劳动

如果用数学式来表达价值与效用和劳动的关系，应该用乘法来表示：

$$m = u \cdot l \qquad\qquad (1-3)$$

m 为价值；u 为效用；l 为劳动。当效用为 0 时，价值就为 0，不管劳动量有多大；当劳动为 0 时，价值也为 0，不管效用有多大。任何有效用的东西，都需要人付出劳动来获取，哪怕是举手之劳，地上一颗钻石，如果你不弯腰捡起来它就不是你的，0 劳动是得不到价值的。效用决定是否有价值，没有劳动也没有价值。

当劳动不变或相等时，可理解成 l 等于 1 时，价值 m 就由 u 来决定。当效用不变或相等时，可理解为 u 等于 1 时，价值 m 就由 l 来决定。

> 价值是生产费用对效用的关系，价值首先是用来解决某种物品是否应该生产的问题，即这种物品的效用是否能抵偿生产费用的问题。只有在这个问题解决之后才谈得上运用价值来进行交换的问题。如果两种物品的生产费用相等，那么效用就是确定它们的比较价值的决定性因素。[①]

这个论述，一段时间内，不少马克思主义学者认为是错误的，也有不少学者认为是正确的，但把这句话解释得很复杂。其实这句话不仅正确，

---

① 《马克思恩格斯全集》第 1 卷，人民出版社，1956，第 605 页。

而且简单易解，它很好地体现了恩格斯的观点，就是价值既包含了劳动因素，又包含了效用因素。这里的生产费用包括劳动消耗和原料等其他费用，如果原料等也是劳动者自己生产的，那么生产费用只需考虑劳动消耗。当两种物品的劳动因素相等时，即劳动比例为1:1，物品价值的差异就由效用或者说使用价值来决定。这是《政治经济学批判大纲》一书中的观点，这本书得到了马克思的高度评价——"批判经济学范畴的天才大纲"，这说明马克思也是赞同这个观点的。

养羊是人类发展最早的养殖业之一，羊是作为整体生产的，从而每头羊的羊肉和羊骨是同时生产的，生产费用是相同的，饲料、羊舍等费用是相同的，劳动因素也是相同的，但是这两者的价格是不同的，每斤羊肉比每斤羊骨贵。羊肉和羊骨的生产费用相等，它们的效用就是确定它们的价值的决定性因素。同理，一个肉铺里的羊肉、羊头、羊心、羊肝、羊杂碎……价格各不相同是因为效用不同而非劳动不同，这个效用也是由人的舌尖决定的。羊的饲料主要是草，羊舍由养羊户用树木和石块搭建，草、木头和石块来自大自然，养羊户可以不花钱，那么养羊的生产费用完全是劳动耗费，比较羊肉、羊皮、羊毛、羊骨、羊角、羊蹄等的价值，l 相同可设为1，于是 $m = u$。

$m = u \cdot l$ 可以很好地解释空气、水、阳光的效用很大，价值却为零，因为它们都不需要劳动，也就是 l 为0，所以 m 为0。当大气污染严重时，我们到氧吧去呼吸清洁空气，这个空气就是有价值的了，因为它含有人们的生产劳动和服务劳动。我们到河边喝水不要钱，要喝别人辛辛苦苦从很远的河里挑来的水，可能就要付钱了，因为这个水包含着劳动。

$m = u \cdot l$ 也可以很好地解释买者和卖者虽然对劳动和效用的认可程度不同，但价值认可相同。商品对卖者来说是剩余产品，边际效用小，对买者来说是需求产品，边际效用大。假设卖者认为某产品的劳动是5、效用为2，买者却认为该产品的劳动为2、效用为5，他们对产品价值的认可依然是相同的，都为10。

$m = u \cdot l$ 还可以很好地解释产品效用基本相同、生产劳动基本相同，价格却很不相同。同座城市同样的商品，在富人区价格高，在普通区价格低，虽然富人付价高，而付出的劳动并不高。同样的价格，高收入的人往往觉得不贵，低收入的人往往觉得不便宜，因为同样的钱，高收入的人付出的劳动很少，低收入的人付出的劳动很多。这也是当一个地区工资水平普遍提高后，物价水平也随之抬高的主要原因。

用数学式来表达商品的价格：

$$商品的价格 = \frac{商品在生产过程中所消耗的劳动量 \times 商品的效用}{货币在生产过程中所消耗的劳动量 \times 货币的效用} \tag{1-4}$$

我们把一定货币的劳动量和效用设定为 1，那么（1-4）式就成为（1-3）式，即 $m = u \cdot l$。有时候，还有其他因素也能影响产品价值的大小，比如风险，我们把一定货币的风险系数设定为 1，某种商品生产过程的风险系数（或风险值）设定为 f，那么该商品的价值 $m = u \cdot l \cdot f$。两种商品相比，如 u、l 相等，风险值 f 越大，价值越大，反之越小；两种商品的风险系数相同，f 可视为 1，价值差异则由效用和劳动决定。

同理，我们可以把稀缺性（供需比）、替代性、预期性、保值性等，甚至职业的尊重性都按照这种方法纳入价值的量比。其实这些因素都是效用的细化，一般情况下只以劳动与效用作为价值的两个基本维度。

三　从主要比劳动到主要比效用，再到供需关系决定价值

价值的量化和比较是个发展变化的过程。

> 我们的祖辈，也就是在一百多年前的普通的中国人，能够消费的东西，和古代秦汉隋唐时期没多少区别，甚至还不如宋代。在欧洲也一样，一个普通英国人在 1800 年时能消费的东西，古罗马人都能享受到，甚至罗马人比他们享受得更多……
>
> 有人测算过，按照零售商库存记录的商品种类计算，在 250 年前，人们能够消费的商品种类大致是 10 的二次方，也就是上百种而已。[①]

从图 1-1、图 1-2 可见，如果不采用现代机械作业，2000 年前的农耕技术与现在没有太大的区别，生产力几乎同在一个水平上。

---

① 张维迎：《市场经济与财富》（上），《上海证券报》2008 年 1 月 8 日，第 B6 版。

图 1 - 1　汉代砖石

资料来源：《农耕的历史痕迹》，央视网，http://www.cctv.com/program/kjy/20041 013/100645.shtml，最后访问日期：2015 年 12 月 15 日。

图 1 - 2　农耕时节（2010 年大山于浙江省丽水市拍摄）

资料来源：腾讯网，http://act3.news.qq.com/4939/work/show - id - 58380.html，最后访问日期：2010 年 9 月 15 日。

从原始社会一直到第一次工业革命之前，社会生产力虽然在提升，但总体上仍处在较低的水平，产品的品类比较匮乏，主要是农产品、畜牧业和手工业产品。并且，生产方式比较简单，机械应用很少，普遍采用较简单的生产工具，行业间的生产条件差别不是很大，行业间的信息壁垒也很少或没有。一个农民，改做银矿的矿工，或酒厂的伙计，或建宫殿的石匠，都不存在技术上的困难，全靠劳力吃饭。人的劳动是产品生产的主要因素或唯一能动性因素，并且都比较辛苦，用现在的说法即为大部分产业属于劳动密集型，产品的价值基本以劳动为准，并以劳动时间为主要参量。少数权贵享用的奢侈品，制作工艺会比较复杂，常常需要工匠们夜以继日地工作，依靠的是更大量的人力，虽有稀缺性因素和技术性因素，价值仍以劳动量及劳动时间为主要依据。

当今社会，仍存在许多欠发达地区，这些地区生产力水平低，人们创造出来的价值相对于整个社会的需求始终存在不足，可以说，几万年甚至几十万年来都属于短缺经济。加上社会制度等原因，分配上存在不公平，虽有少数品类商品满足需求，但大多品类商品的供给方往往在交易中处在主导地位，也就是所谓的卖方市场。卖方关注的是自己的劳动和付出要得到相应的回报，劳动成为定价的主要依据。

随着分工的细化，许多产品的生产过程变得复杂，买者越来越不清楚产品大概会经过多少人劳动、每个人付出多少劳动。买方关注的是效用、性价比，卖方为了在竞争中取胜，也积极提高产品的性能和销售服务质量，因此在定价上效用越来越重要。尤其是自工业革命以来，生产力水平大幅提高，现代化工业的发展形成这样的格局：某种产品只要有需求，资本、劳动等生产要素就会马上到位，在很短的时间生产出来，甚至会蜂拥而上，形成供过于求的局面，交易中商品的需求方逐渐占主导地位，也就是所谓的买方市场、过剩经济。在很多场合，购买者似乎只考虑效用的大小，对其他因素不予考虑，效用逐渐取代劳动成为定价的主要依据。

然而，买方在关注效用的同时，必然会考虑自己的收入，大多数人的收入由生产劳动或脑力劳动所得，买方议价实际上就是衡量自己以多少劳动获得多少效用最合适。效用即使成为定价的主要依据，也无法排除劳动在定价中的作用。

市场经济形成后，生产的产品几乎都不是为了自己使用，而是用来交换，先卖出去，换得货币，再用货币买自己需要的产品。其他条件不变，产品价格升高，享有该产品等量的效用，买者就得付出更多的劳动，就会减少购买量，相应地，买者还会变少；反之，价格降低，买者变多，购买量增多，这就是需求曲线的变化特性。产品价格升高，卖者等量劳动获得的收入增加，生产积极性提高，会增加供给量；反之，价格降低，会减少供给量，这是供给曲线的变化特性。供给量上升，超过了需求量，有的卖者担心自己的产品不能及时售出，变质浪费，便会降价促销，价格会下降；需求量上升，超过了供给量，有的买者担心自己的货币换不来所需的效用，会提价抢购，价格会上升。供求关系影响着价格，价格也影响着供求关系。供给和需求的平衡点对应的价格就是价值，也就是需求曲线和供给曲线的交叉点。需求曲线和供给曲线都会因外在因素变化而左右移动，平衡点的位置也移动。比如天热，对冰激凌的需求会增大，需求曲线向右移动，平衡点沿供给曲线上移，价格上涨，销量也增大，其实，需求曲线向右移动正是天热使得冰激凌带给大家的边际效用增加的表现。表面上供求关系决定价值，实质上还是劳动和效用决定价值。

价值是由供需双方共同确立的，供给方和需求方的博弈始终存在，供需关系实际上就是买方的效用主义和卖方的劳动主义进行交锋，两者逐渐达到平衡。尽管目前市场经济中需求方多占主导地位，但供给方的作用不可忽视，供给方常通过产品的差异化、构建技术和信息壁垒、垄断或不完全垄断等方法，来确保在交易中的地位。

价值是人们在生产和分配产品过程中形成的概念，体现了生产与分配的关系，价值概念形成后，又极大地影响着产品的生产和分配。稀缺性是分配中的主要问题，供求关系（供求矛盾）主要是资源的稀缺性导致的。从这一点讲，供求关系属于分配范畴。除了稀缺性，分配还要考虑并解决公平、效率、生存、发展等方面的问题。物以稀为贵，价格高会减少需求，供需趋于平衡，价格成为解决稀缺性问题的一种方法，不过，最根本的方法还是应该提高产量和供给量。

回顾以《国富论》为标志的经济学诞生以来的发展历程可知，早期劳动价值论的声音较大，然后劳动价值论和效用价值论争论不休，后来效用价值论的声音更强，现在大多数人认为决定价格的最主要的是供需关系。

与这一过程同期，就是越来越多的商品从卖方市场转为买方市场，发达国家几乎成为完全的买方市场。

第二节　怎样量化和比较价值

既然价值主要由劳动和效用决定，量化和比较价值就应从劳动和效用两方面着手，并进行细化。

一　价值是矢量，有方向性

（一）受益不同，方向不同

某产品的效用或某生产活动会对某个人或某群人有利，却可能对另一个人或另一群人甚至自己产生有害影响（也称负外部性），也可能对其他人无关紧要，还可能会给其他人带来或多或少的利好（也称正外部性），这种利害关系，就是价值的方向性。简单来说，价值的方向指对谁有价值，效用的方向决定着价值的方向。这是个抽象的概念，为了更好地研究价值，我们举个例子。

一个人吸烟是在享受香烟的美味，但会让身边的人受到"二手烟"的危害，也会对自身的健康造成伤害，对离得很远的人就无关紧要。所以，香烟的价值有正有负，对比来看，负效用更大更广泛，禁烟运动越来越受到欢迎。

损人利己是自私，是被谴责的；舍己为人是美德，是被赞誉的；利己不损人、利他不舍己，则是无可厚非的。经济学所探讨的就是如何在不损害他人合法利益的前提下，自身获得更多的利益；或者既让别人得到利益，也让自己得到利益，也就是常说的"双赢""共赢"。

（二）价值通常以共同利益为取向

任何两个人的利益都不可能完全相同，每一个人就是一种价值方向。不同的人对产品的价值可以取得一致意见，即有相同的价值取向；不同的人利益也可能相互矛盾，即形成利益冲突、相反价值取向。

我们泛指的价值，不会以某个人为中心，而是以一定范围内所有人的共同利益为中心。比如，以家庭、企业、地区、民族、国家、全人类的利益为价值取向。价值取向概念多用在哲学范畴，心理学家奥尔波特①把价值取向分为六类：理论取向、经济取向、审美取向、社会取向、政治取向和宗教取向。狭义的价值主要指价值的经济取向，广义的价值主要指价值的社会取向或综合取向，而且广义的价值是以共同利益为中心的。全球变暖这个问题就是以全人类的共同利益为取向的，低碳生活对我们每个人都是有价值的。

在封建君主制国家，不仅政治取向以君主为中心，而且经济取向也以君主为中心。在现代民主制国家，都应该以人民的利益为中心，价值以最普遍、最广大人民的利益为取向，最大便是以全民共同利益为取向。

（三）货币的方向性

价值具有方向性，而货币似乎没有方向性，金钱（货币）任何人都可以使用，都能获得好处、享受利益，都可以有正价值，所以货币具有万向性，就像万向节一样，这使得货币可以和任意形式的价值形成对接，这样原来相反方向的价值最终会形成交换。

法国拿破仑军队的服装会是他们的敌对国英国的企业生产的，这就是货币的效用。一个小小的细节也许是这次战争最好的注脚：拿破仑曾嘲笑英国是一个"小店主"的国家，但是这位法国领袖却没有想到，无论自己用多么强大的力量，采取什么严格的封锁措施，也难以阻挡"小店主"国家的产品涌入它要去的地方。拿破仑更不愿承认，即便是自己的军队与英国人面对面作战时，法国人身上穿的军服，也都是来自英帝国的棉纺织品。②

生活中我们常说，钱多了未必是好事。货币也有负效用——激起人的贪婪、扭曲人格、诱发罪恶，其实根本原因不在于货币，是人的自私和道德丧失，货币只是众多诱因中的一种，美物、权力、地位等都会是诱因。这些负效用往往是政治、社会、道德范畴的，在经济范畴，货币具有万向性。

（四）规避方向冲突，引导价值取向

中国民间有个神话故事：

---

① 弗劳德·亨利·奥尔波特（Floyd Henry Allport），美国心理学家，实验社会心理学的创始人之一。

② 节选自央视纪录片《大国崛起》第四集《工业先声》解说词。

传说关公升天之后，成为一方神仙，专管人间行风布雨之事。一次，关公有事外出，让下属周仓掌管一下关帝庙。

不多时，种田人来跪拜，说是禾苗干旱，请求降雨。周仓立即布雨，且连下了三天。这一下子可坑了开染房的人家，因为他们染的布匹无法晾晒，都快烂在染缸里了，只好到神前跪拜，请求住雨。周仓一听，马上赶散乌云，住雨停风三个整天。这样一来，云开日出，风平浪静，船家扬不起帆，开不了船，也来祷告，请求刮风。周仓又行起风来，风势还挺猛。不曾想果园又遭了灾，树上的果子刮落满地。果园的主人又来请求停风。

这下周仓可傻眼了。正在为难时，关老爷回来了，周仓赶紧请教。关公微微一笑，不慌不忙地说出几句话来：白日晴天晒布梅，夜晚下雨浇庄田，风打江边过，绕过果树园。[1]

从经济学角度来分析这个故事可以发现：田农、染匠、船家、果农的价值取向不同，甚至相矛盾，关公巧妙解决，凸显管理智慧，体现管理价值。

狩猎是人类最早的生存方式，也是最早的生产活动。狩猎也常被称为围猎，狩猎多是集体劳动，发现动物后，在头人的指挥下，众人先形成包围圈，并逐步缩小包围圈，直至捕获或杀死野生动物。头人指挥围猎，就是最早的管理劳动，是将大家劳动方向统一，集中到一个目标。除了指挥，还有教育、示范、宣传、引导、鼓励、监督等，作为统一价值方向的工作，是为保持或改变众人劳动的方向性，将大家的劳动统一到一个目标。

二 价值的量比实际上是模糊比较

(一) 价值的计量标准是浮动的

任何特殊的价格变动，究竟是起于被计量的商品的特殊性，还是

---

① 根据民间故事略作修改。

起于计量标准的特殊性，无法说定。①

我们先来看计量标准。1889 年的第一届国际计量大会确定"米原器"为国际长度基准，它规定 1 米就是米原器在 0℃时两端的两条刻线间的距离……1983 年 10 月，联合国度量组织在巴黎举行会议，规定了新的"米"的定义，即把光在真空中 1/299792458 秒所走的距离定为一个标准米。② 1791 年规定，1 立方分米的纯水在 4℃时的质量，并用铂铱合金制成原器，保存在巴黎，后称国际千克原器。③ 包括米、千克等在内的七个国际基本单位，我们的测量器具都是直接或间接依照这些国际标准确定的。

1 元的计量标准是什么？它是浮动的，找不到，也做不出它的原器。即便采用金本位，黄金的价值也是变动的，只是相对其他物品来说稳定得多。有些经济学家希望能精确地测得商品的价值，总想找到一种标准商品，让标准商品成为一种不变的价值尺度；不少人想把一些非经济领域的研究成果借鉴到经济领域，以解决"绝对价值尺度"的问题。其实这是徒劳的，也是没有必要的，只要满足交换就够了，我们没有必要将商品的价值精确测出，而且令其保持不变。商品价值的一个主要含义——效用，本身就源于我们的身心感受，尽管有差别、可区分，但是我们无论如何都不能将身心感受的变化精确测算出来，并且，对同一商品的效用，不同人的感受更不可能都相同。

绝对相等、绝对精确值只有在数学抽象概念中存在，现实生活中是不可能有的。我们对万物的测量都是相对的，都不能绝对地计算准确，我们计算的精确度可以根据不同场合的需要而变化，数量级可以精确到小数点的前几位或后几位，其余的误差可以忽略不计。

（二）价值相对准确就能满足交换需求，促进经济发展

在吃烤牛排的时候，师傅会问烤几分熟，顾客回答七分熟或八分熟等，在熟的程度的区分上，有经验的师傅和经常光顾的食客是可清楚分辨

---

① 〔英〕斯拉法：《用商品生产商品——经济理论批判绪论》，巫宝三译，商务印书馆，1991，第 23 页。

② 《国际米原器》，百度百科，http://baike.baidu.com/view/141066.htm。

③ 《千克》，百度百科，http://baike.baidu.com/view/166130.htm。

的,但"七分熟"和"八分熟"之间具体的分界是模糊的。价值的量化和价值量的模糊性就像分辨烤牛排的熟生程度一样。价值差别在一定程度上可以明显区分,价值差别在细节上又是模糊的。

同样的商品,价值相同,但劳动不会完全相同。如一个人生产出两把镰刀,第一把可能打了1000锤,第二把可能打了1100锤,作用在每一把镰刀上的劳动都不是完全相同的,但这丝毫不影响我们对相同产品认定相同的价值。在我们的商业交换过程中,劳动是估算的,不需要精确,只要满足交换的需求就可以了。

> 劳动虽然是一切商品交换价值的真实尺度,但它们的价值通常却不是按劳动估计的。要确定两种不同劳动量的比例往往是困难的。两种不同工作所费的时间并不能老是单独地决定这一比例。还必须考虑到所经历的不同程度的困难和所运用的不同程度的智巧,困难工作一小时所包含的劳动也许比容易工作两小时所包括的更多。在须经十年学习的行业中,工作一小时所包含的劳动比在普通明白易懂的行业中一个月的劳动还多。但难易程度和智巧性都不易找到准确的尺度。诚然,不同种类的劳动的不同产品互相交换时,对于这两方面通常都已作了某种估计。不过,这不是根据任何准确的尺度,而是根据市场上按一种大致平等关系所进行的讨价还价来调节的。这虽不精确,但对于进行日常生活事务说来也够用了。[①]

我们永远都不能确定商品最准确的价值,但我们可以形成一个大家都能接受的交换比值,做到这点不难,这就足够了!这样就可以交换、买卖、贸易、信贷……我们的经济就可以发展。

(三)价值是价格的规律

商品价值的表现形式,就是价格。价格和价值的概念是相辅相成的,商品交换中价格不是一成不变的,我们希望有稳定的价格。价值的概念就是稳定的、真正的价格,最合适的价格、最准确的价格。用概率论来理解就是,价格是随机现象,随机现象多次重复,呈现出统计规律性,价格的

[①] 转引自《李嘉图著作和通信集》第1卷,郭大力、王亚南译,商务印书馆,1962,第16页。

内在规律性就是价值，简单来说，价值是价格的规律。

图 1 – 3 是英国生物统计学家高尔顿（Galton）设计的用来研究随机现象的模型，又被称为高尔顿钉板（伽尔顿板）、统计规律演示器。我们把钉板上的每一个小球比作商品的一次成交，每个槽位比作成交价位，那么一段时间内，某种商品的价格呈现如图 1 – 4 所示的规律。

图 1 – 3　高尔顿钉板

资料来源：《高尔顿钉板》，微商铺网，http://www.windmsn.com/detail181121.html，最后访问日期：2015 年 12 月 12 日。

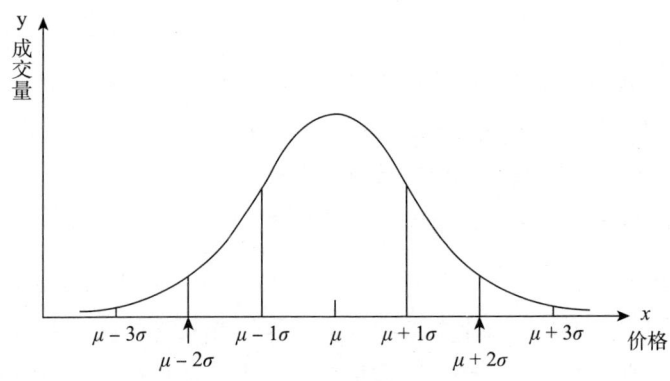

图 1 – 4　价格的统计规律性

以 μ 价格为中心成交的最多，在 $\mu \pm \sigma$ 价格区间成交的占成交量的六七成，在 $\mu \pm 2\sigma$ 价格区间成交的占成交量的八九成，与 μ 价格差价越大，成交量越少，μ 价格就被视为该商品的价值。不同时期，中心价格 μ 也会有变化，在 x 轴上移动，但变动范围相比所有成交价范围要窄得多。

以价格为纵坐标，时间为横坐标，价格 μ 常变为平均价格。价值是设想的稳定值，实际生活中我们常常有必要了解这个值，波动价格的平均值最接近准确价值，误差最小，也最为客观，于是我们常把平均价格等同于价值（见图 1-5）。

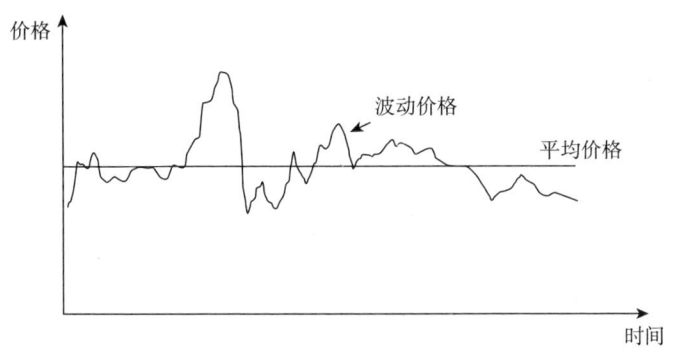

图 1-5 平均价格

只要是计算平均值就必然有统计范围，包括起止时间和市场区域。举例说：我们买苹果时，会询问若干个水果摊子的苹果价格分别是多少，会回想一下上次买时苹果的价格，然后就有了基准价位，决定在哪家购买。若干个水果摊子就是我们统计的市场区域，上次购买和这次购买就是起止时间。起止时间不会间隔太长，可能只有几天或几个星期，间隔几个月或几年的话，生产要素会变动太多，产品特征也会有一些变化，价格的同比性降低；统计取样范围也就不会过大，区域过大，生产条件不同，产品个性特征显著，价格的同比性也降低，甚至没有可比性。

人们活动的范围越广、信息的来源越广，平均价值的取样范围也就越广。随着互联网时代的到来，我们对商品价值的掌握会越来越方便、及时、准确。

三　时间、周期与价值

（一）劳动时间越长价值越大吗？

1. 简单产品的价值以劳动时间为主要参量

价值由劳动和效用共同决定，如果效用相同或相近，那么我们通过计算劳动量来计算价值。同样 100 斤小麦，一般情况下效用应是相同的，去年风调雨顺，而今年干旱，通过汲水灌溉才保住产量，今年的 100 斤小麦就比去年同期价值高，因为劳动量增加了。

劳动量有一项具有直接的可比性，就是劳动时间，劳动时间可以直接地、客观地、精确地比较。价值交换中，价值具有模糊性，不需要太精准，用对比劳动量的方法对比价值，又用对比劳动时间的方法来对比劳动量，虽较为粗略，却十分简捷，在一定范围内是行之有效的，时间成为计量价值的一个维度。

不过我们的交换往往在不同产品之间进行，不同产品的效用基于人的主观感受，模糊性大，难以比较，那么我们是怎么确定交换比例（价值）的呢？我们通过以下例子进行分析。

一个樵夫和一个渔夫，他们的产品分别是柴和鱼，假若他们的劳动异质性很小，没有信息壁垒，也就是说樵夫也能捕鱼、渔夫也能砍柴，且劳动效率差不多，也知道对方每天能砍多少柴或每天能捕多少鱼。他们进行产品交换，樵夫一天砍柴量是 X，渔夫一天捕鱼量是 Y，必然是渔夫用 Y 量的鱼换得樵夫 X 量的柴，即 Y 量鱼的价值 $=X$ 量柴（或 X 量柴的价值 $=Y$ 量鱼）。否则，渔夫便会自己去砍柴，樵夫也会自己去捕鱼。

大多数情况下他们的劳动有一定的异质性，即各具比较优势，樵夫的力气更大一些，渔夫对鱼的习性更了解一些。劳动的异质性主要是后天学习和锻炼形成的，是分工的结果，先天性天赋形成的异质性也有，但占比很小，尤其简单劳动可以忽略之。假设，樵夫去捕鱼，一天能捕 $Y/3$ 的鱼，渔夫去砍柴，一天能砍 $X/2$ 的柴。鱼与柴交换，樵夫的底线是用 X 量的柴换 $Y/3$ 量的鱼，渔夫的底线是用 Y 量的鱼换得樵夫 $X/2$ 量的柴，用今天的话说，$Y/3$ 的鱼是樵夫的机会成本，$X/2$ 的柴是渔夫的机会成本。从用 $3X$ 量的柴换 Y 量的鱼，到用 X 量的柴换 $2Y$ 量的鱼，之间的交换比例都有可能，柴与鱼的交换对应劳动比例在 $1/2$ 至 3 之间。

柴、鱼的交换比例如果大于 X/Y 很多，即有利于渔夫，那么樵夫就会多练习捕鱼技术，捕鱼并不是一个难度很高的活儿，樵夫用不多久每天捕的鱼就可以接近 Y 量，柴鱼再有交换，比例必然回到 $X:Y$。同样，柴鱼的交换比例如果小于 X/Y 很多，即有利于樵夫，那么渔夫就会多锻炼砍柴能力，砍柴几乎没什么技术门槛，多下点力气渔夫每天砍的柴很快就会接近

X 量，柴、鱼再有交换，比例必然也回到 $X:Y$。

物物交换发展为货物与货币交换，任何商品的生产者想消费其他商品，同柴、鱼交换的道理都是一样的。某种产品的价格与劳动时间比如果很高，该产品的生产者每天的劳动收入就可以换得别人几天的劳动成果，其他商品的生产者就会从事这种产品的生产，既可能是为了自己消费，也可能是为了用此产品换钱。这种商品的价格肯定会下降，不久商品价格与劳动时间比，和其他产品在同一水平线上，最后各种商品的价格比基本上就是劳动时间之比。不过，有个前提条件，就是各种产品的生产没有难以逾越的技术、信息、资源等壁垒，往往只有简单产品满足此条件。

所以，对于简单产品来讲，不同产品的效用即便不同，在交换中，价值比较还是以劳动量及劳动时间为主要依据。

上一节我们分析过，在社会生产力水平较低的阶段，产品大都属于简单产品，又几乎全是劳动密集型产品。这一时期，劳动尽管存在异质性，但这种差异不是很大，因为生产者的劳动熟练程度和劳动体能差别有限，制造某种使用价值所需的劳动时间差别不太大。如果统计一段时间内成交的某种商品的劳动时间便会发现，与商品的价格一样，劳动时间也会呈现统计规律性。

劳动时间在 μ 左右的商品成交的最多，劳动时间在 $\mu \pm \sigma$ 时间区间成交的商品占六七成，劳动时间在 $\mu \pm 2\sigma$ 时间区间成交的商品占八九成，劳动时间与 μ 相差越大，占比越小，μ 时间就被视为该商品的平均劳动时间，或称社会必要劳动时间（见图 1-6）。

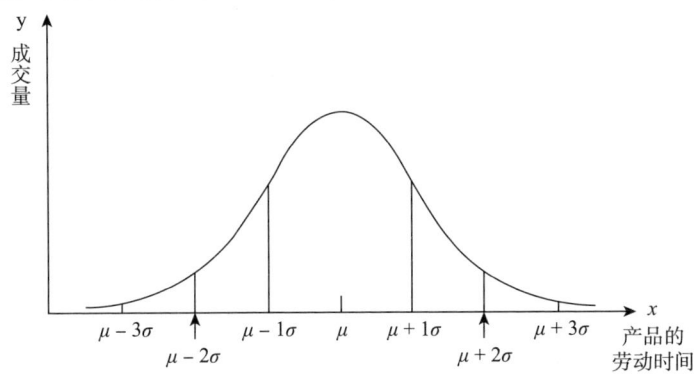

图 1-6　劳动时间的统计规律性

　　社会必要劳动时间是在现有的社会正常的生产条件下，在社会平均的劳动熟练程度和劳动强度下制造某种使用价值所需要的劳动时间。①

　　马克思总结：一种商品的价值同其他任何一种商品的价值的比例，就是生产前者的必要劳动时间同生产后者的必要劳动时间的比例。"作为价值，一切商品都只是一定量的凝固的劳动时间。"② 今天来看，这一论点在社会生产力水平较低的阶段更加适合：价值以平均劳动时间为基准，商品的价值由社会必要劳动时间决定。

2. 等量价值所需的劳动时间越来越少

　　简单产品用比较劳动时间的方法比较价值，复杂产品则不行。复杂产品的生产有许多道工序，由许多人生产，买者基本上不了解产品的生产过程和生产成本；即便了解，生产需要具备一定的技术、资源等条件，买者也无法自己生产，甚至尝试生产一下都做不到；有些产品买者自己也能生产，但耗费的时间多，成本也很高，质量也不如别人，与购买相比，得不偿失。所以，对于复杂产品，买者几乎不存在用自己生产它的成本作为交换它的机会成本的情况。那么，买者如何考量产品的价值呢？一般情况下，买者首先考虑产品对自己有多少效用，再对比产品的价格与自己的劳动收入，结合起来就是买者要考虑消耗多少劳动来获得一定量的效用，买者的机会成本就是买者一定时间的劳动。

　　分工和交换的不断进行，传统的简单产品的生产过程也变得越来越复杂，即便作为生产者中的一员，也不清楚整个生产过程，仅仅了解自己做的那段工序。比如米，因为现在是农业机械化生产，每一粒米中不仅有农民的劳动，也有农机工人的劳动，还有燃油生产者的劳动……可见，计算产品中确切包含多少劳动越来越困难，几乎成为不可能的事，其实这也是大可不必的事，因为我们只需要计算自己多少劳动能获得一定量的某种商品。

---

① 〔德〕马克思：《资本论》第 1 卷，人民出版社，1975，第 52 页。
② 〔德〕马克思：《资本论》第 1 卷，人民出版社，1975，第 53 页。

一段时间内，买方（消费者）的平均收入变化不大，若商品的性能没有变化，即效用不变，商品的价格（价值）也就基本不变，不过商品中包含的卖方（生产者）的劳动却在改变，因为卖方（生产者）会想办法让单位产品所付出的劳动变少，从而增加收益。分工让产品由许多阶段性生产组成，阶段性产品会成为下一生产阶段的原料，为增加获利，每个阶段的生产者都会努力提高生产效率，虽然难以算清每个最终产品的劳动时间，却清楚每个阶段性产品的劳动时间在减少，因而总的劳动时间必然在减少。

每隔一段时间，统计一次某种商品的劳动时间，一定会发现成交量最多的商品的劳动时间在不断减少，也就是说，此产品的社会必要劳动时间是在减少的（见图 1 - 7）。

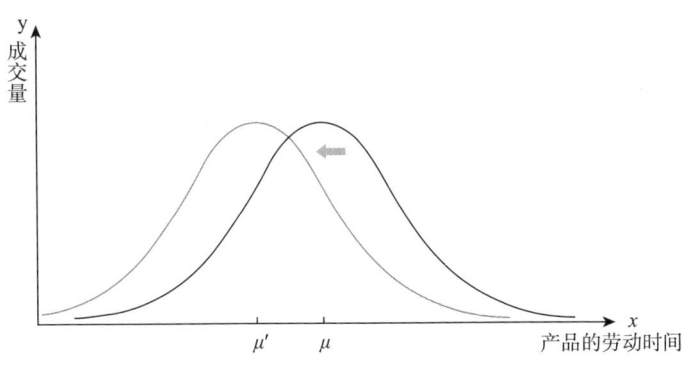

图 1 - 7　产品的劳动时间变动趋势

社会生产力水平较低时，劳动生产率的差别不太大，进入工业社会则不同，产品的劳动时间会有天壤之别。手工纺纱，纺得最快的织女比一般人快一倍就了不得了，而机器纺纱，同样一个人使用先进的机器比使用旧机器快百倍都正常。劳动效率高的企业可以选择适度降低价格以增加销量，价格甚至低于劳动效率低的企业的生产成本，那些低效率的企业要么被淘汰，要么积极应对，努力把生产效率提得更高。如此，你追我赶，降低了生产成本，也降低了产品价格，不过降低价格的幅度一般小于生产效率增长的幅度，否则便会无利可图。除了提高生产效率，企业还会努力提高产品的性能，也就是提高效用，最后的结果就是等量价值的劳动时间越来越少。

很长时间内，许多学者和政界人士对斯密、马克思等经济学家关于价值的解释没有放在历史背景下去理解，没有用发展的眼光认识价值的含义，完全用劳动时间的量比来等同价值的量比，这显然是不科学的。如果仅以劳动时间来量比价值，那么生产变快收入反而不增，不如越慢越好，这样的话提高生产效率岂不毫无意义。

（二）边际效用越大价值越大吗？

当劳动相同时，效用越大，价值越大。对消费者来说，效用具有边际递减的特性，那么产品的价值也边际递减吗？

1. 消费周期和消费时间

我们一般过着一日三餐的生活，也有一日四餐的，但都不可能一直吃个不停，是间歇的，也是周期的。鞋子穿旧了，我们会买双新鞋穿，讲究生活质量的人买新鞋的次数多些，节俭的人可能等到旧鞋破了再换新鞋……消费的种类很多，大多数人都不是一次消费，有过暂停、更换或重复，我们的许多消费具有间歇性和周期性。

造成消费的间歇性和周期性的因素有很多：产品的使用寿命，人的生理因素，季节和气候的变化，消费偏好的变化，改善生活，社会环境的改变，淘汰老产品等。

消费时间指产品价值下降到零的时间。有的消费是间歇性的，消费时间应是产品的使用时间加上待用时间（或闲置时间）；有的消费是持久性的，使用时间就是消费时间。不过，很多时候我们不区分使用状态还是待用状态，而是把消费时间看作使用寿命。并且，很多时候，产品的使用寿命并没有完全结束，还可以用一段时间，但残值（留存价值）已很低，只剩原值的一两成，就被大家视作使用寿命到期了。或者，有些产品的使用寿命还很长，但出现新的效用更好的同类产品，新产品为"优品"，原产品则为"劣品"，原产品的消费时间提前截止。"优品"具有缩短"劣品"消费时间的效应。比如，随着制造手机技术的发展，手机的价格下降很快，许多才用了一年的、好好的、八九成新的 BP 机便被淘汰了，没人用了。

消费具有周期性，能起到延长消费时间的效应。物质不灭，通常我们把物质产品特定的效用属性消失或改变作为对它的消费结束。不过，有些产品的消费时间有必要重新理解一下。比如，食物，吃下它就是完成消费了，消费时间是我们吃下它的时间，很短。食品的作用是满足人对营养和热量的需求，是人类的基本消费需求，实际上它发挥效用的时间要远超过我们吃下它的时间，粗略地算，食物的消费时间应该是我们不感到饿的这段时间。再如，理发，理发师给顾客的服务时间就是生产时间，这个时间一般也认为是顾客的消费时间，然而，顾客理完发过一两个月还需要理发，这是理发这项消费的周期性，理发的消费时间就等效为一两个月，消费时间被延长了。我们不妨把这类消费时间称为延长性消费时间。

个人消费的周期性综合起来会形成某产品或某行业的周期性。个人消费的周期性是行业周期性的基础，但它们又有不同。个人消费有间歇性，但是消费者的消费不可能是同时进行的，某产品或某行业不会呈现零销售，但会有多和少的变化，于是行业周期性就表现为淡季和旺季。行业周期循环并非简单的重复，运行规律也不是一成不变的。

2. 边际效用递减规律具有周期性

下面我们举例说明边际效用递减规律：

> 比如说，所消费的第 1 单位冰淇淋给你带来了一定的满足和效用。现在推想一下消费第 2 单位的情况：你的总效用会增加，因为该物品的第 2 单位会给你带来一些新增的效用。进而，增加同一物品的第 3 单位和第 4 单位又会有什么影响呢？最后，当你吃了足够多的冰淇淋之后，它将不再能够增加你的满意程度或效用，相反，会使你难受甚至作呕。
>
> …………
>
> 边际效用是指多消费 1 单位商品时所带来的新增的或额外的效用。
> 需求理论背后的一个基本理念就是边际效用递减规律。这个规律指出，随着个人消费越来越多的某种物品，他从中得到的新增的或边际的效用量是下降的。[①]

经济学家们用数字图表形象地表述了边际效用（见表 1 – 1、图 1 – 8、图 1 – 9）。

---

① 〔美〕保罗·萨缪尔森、威廉·诺德豪斯：《微观经济学》（第 19 版），萧琛主译，人民邮电出版社，2012，第 77 页。

表 1-1　总效用随消费量增加而增加，边际效用随消费量增加而下降

（1）某一物品的消费量	（2）总效用	（3）边际效用
Q	U	MU
0	0	
		4
1	4	
		3
2	7	
		2
3	9	
		1
4	10	
		0
5	10	

资料来源：〔美〕保罗·萨缪尔森、威廉·诺德豪斯：《微观经济学》（第19版），萧琛主译，人民邮电出版社，2012，第77页。

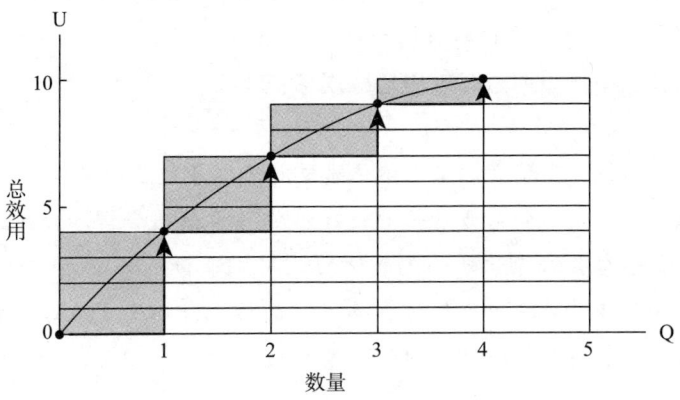

图 1-8　边际效用递减规律（a）

说明：总效用随着消费量的增加而增加，但它是以递减的速度在增加。如果我们使消费的物品的单位越来越小，则总效用的阶梯棱角就会消失，总效用就会变成图中的平滑曲线。

资料来源：〔美〕保罗·萨缪尔森、威廉·诺德豪斯：《微观经济学》（第19版），萧琛主译，人民邮电出版社，2012，第78页。

当吃冰激凌的边际效用为 0 甚至为负的时候，人们不会再继续消费，需求暂停，而不是终止，过了几个小时，尤其是在夏天和运动后，人们会想再吃冰激凌，而且需求会与吃第一个时一样强烈。于是，第 6 个边际效用等同第 1 个，第 7 个边际效用等同第 2 个，同样，我们对其他产品的消费也会是如此继续和反复，呈现周期性，如图 1-10 所示。

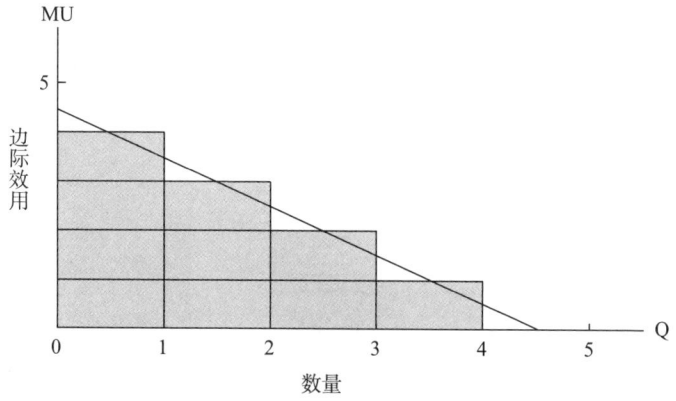

图 1 - 9　边际效用递减规律（b）

说明：斜线表示经平滑处理的边际效用。

资料来源：〔美〕保罗·萨缪尔森、威廉·诺德豪斯：《微观经济学》（第19版），萧琛主译，人民邮电出版社，2012，第78页。

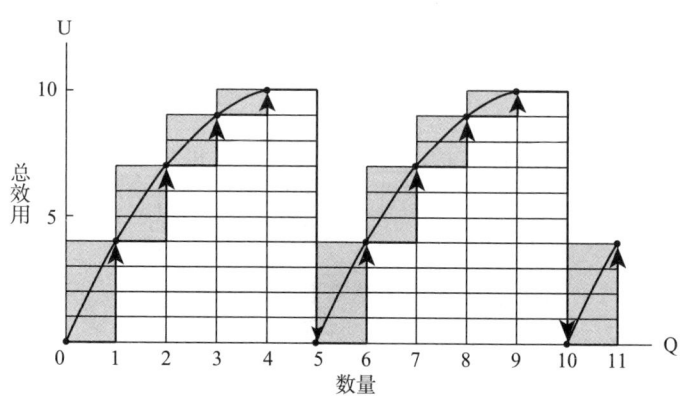

图 1 - 10　总效用的变化规律

说明：总效用达到最高后暂停消费，经过间歇后会降到0，此后继续消费，进入下一个消费周期。

当边际效用为 0 时，进入消费间歇期，也就是总效用下降期，总效用降到 0 时则代表一个消费周期的结束，也是新的消费周期的开始。一个消费周期由消费持续期和消费间歇期组成。消费持续期就是产品消费量持续变化的阶段，也是个人消费趋于饱和的过程，边际效用为 0 时就是消费饱和时；消费间歇期在时间上有变化，在产品消费数量上没有变化，图 1 - 10 中是一条垂直向下的线段和箭头。下文我们再以时间为参数作图。

由图 1 - 11 我们可以知道，边际效用递减不会持续下去，递减规律只是在一个消费周期中的消费持续期呈现的规律。

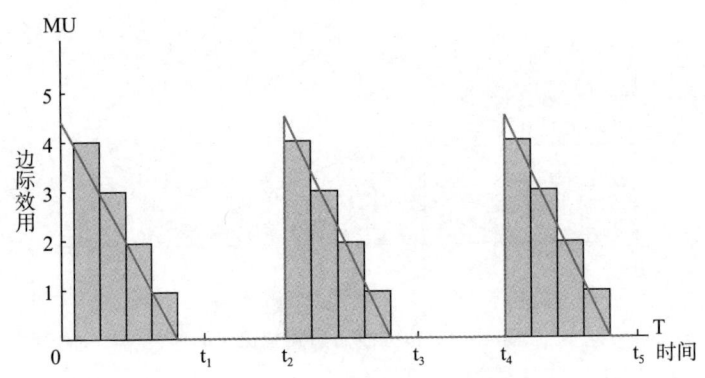

图 1 - 11　边际效用变化规律

说明：消费持续期 $0 \sim t_1$，$t_2 \sim t_3$，$t_4 \sim t_5$……；消费间歇期 $t_1 \sim t_2$，$t_3 \sim t_4$……。粗线条代表经平滑处理的边际效用，可见，边际效用递减是在消费持续期的规律。

实际上，这个周期是经验性规律，并非十分严谨，是近似的。首先，时间不是完全相同，消费持续期 $0 \sim t_1 \neq t_2 \sim t_3 \neq t_4 \sim t_5$……消费间歇期 $t_1 \sim t_2 \neq t_3 \sim t_4$……各时间段最多是近似相等；其次，每次消费持续期的最高边际效用不同，最低边际效用也不同，不会在边际效用为零的时候才停止消费，边际效用较小时就停止了，也不会在边际效用最高时才开始消费，边际效用较高时就开始。比如，人不会觉得胀肚子时才不吃，也不会当肚子十分饿才吃下顿饭，往往不太饿就到了吃下顿饭的时间了。本周期第一个面包的边际效用比起上周期第一个面包的边际效用就小些；还有，每次消费持续期的消费量，即达到消费饱和的消费量也不完全相同，最多也是近似相等。消费第一个产品的边际效用如果大，往往本次消费持续期消费量也会大些。如：肚子不太饿，吃的就少些，肚子饿的时候吃的就多些（见图 1 - 12）。

尽管间隔的时间并不相同，同一消费者对某产品的消费，每个消费周期的数量和效用量也不是完全相同的，具有随机性，但我们依然可以认定这是具有周期性的规律，确切地说，是近似周期性的规律。

虽然我们对产品效用的感受是随消费量的增加周期性递减的，但是我们会以此来判断产品的效用吗？如果是，产品的效用岂不是跌宕起伏，我们选购商品的时候如何拿得准呢！我们选择商品，必然考虑对自身是否有

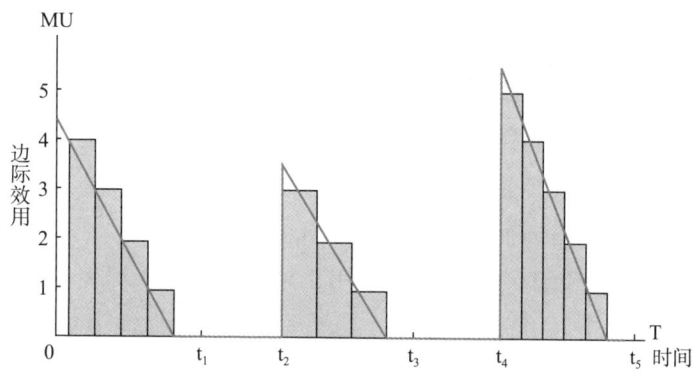

图 1 - 12 边际效用变化规律是近似的规律

效用（使用价值）、有多少效用。对曾经消费过的商品效用的认识，既不是最高的第一个边际效用，也不是最低的最后一个边际效用 0 值，而是印象值，是平均感受，最接近于边际效用的平均值；对没有消费过的商品效用的认识，一方面基于同类商品（替代商品）的认识，为期望值，另一方面销售者可能提供少量的免费尝试，让消费者感受效用，这样也是对效用的平均认识（见图 1 - 13）。

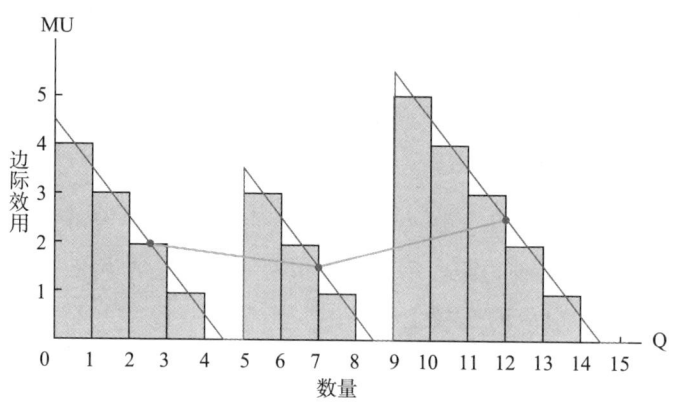

图 1 - 13 边际效用和平均边际效用

由图 1 - 13 我们可以了解，尽管我们对产品边际效用的感受是随消费量的增加而周期性递减的，但我们对产品效用的认识是基于平均效用，这个值虽有波动，但总体上趋于稳定。

另外，需要指出的是，效用递减规律周期性更适用于生活性消费，因为生活消费的主体是人，与人的生理因素有关，而生产性消费的主体是企业或其他社会组织，主要与生产条件和生产周期有关。

3. 产品或行业的周期性

当你在吃冰激凌的时候，肯定不仅仅是你一个人在吃，会有许多人或前或后或同时在享受同样冰激凌的效用。不仅是冰激凌，还有面包、音乐会……某一个产品或行业都是由多人先后或同时消费的。往往，一个人吃最后一个面包时，另一个人在吃第一个面包，或者吃第二个面包……多人消费同一种产品，每个产品的边际效用又是什么样的情况呢？我们选择若干个人，他们的个人消费周期相同，以消费1个产品时间为单位消费时段，而且他们之间的时差均等，见图1-14。

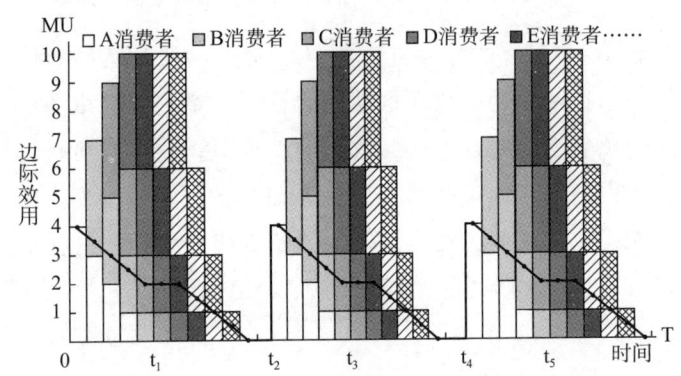

图 1 - 14　某产品多人消费时平均边际效用变化之一

说明：A 消费者的消费持续期 $0 \sim t_1$，$t_2 \sim t_3$，$t_3 \sim t_4$……

A 消费者的消费间歇期 $t_1 \sim t_2$，$t_3 \sim t_4$……。图 1 - 15 至图 1 - 17 同理。

当最后一个消费者进入消费间歇期时，第一个消费者也处在消费间歇期。每个色块代表一种边际效用，对应消费1个单位产品。当边际效用为0时，图1-14中对应的是横坐标轴上一个单位线段。由此，我们可以算出每个时刻平均1个单位产品的边际效用，并用实心点标出，我们再用粗线将这些点连接起来（图1-14中点对应的边际效用数值：4、3.5、3、2.5、2、2、2、1.5、1、0.5、0……）。粗线有段是水平的，这代表所有消费者的平均单位产品的边际效用会有一段稳定值。

当消费者的数量增加时，最后一个消费者的间歇期就会与第一个消费者的下一个消费持续期重合，如图1-15所示。

此时，折线呈波浪形（图1-15中实心点对应的边际效用数值：4、3.5、3、2.5、2、2、2、2、1.5、1、1.7、2.3、3、2.5、2、2……）。我

们发现，单位产品的边际效用一开始下降，然后稳定，后面虽然有小的起伏，总体上是比较稳定的。

消费者的数量继续增加，消费前后衔接，均匀分布在每个时间段，如图 1 - 16 所示。

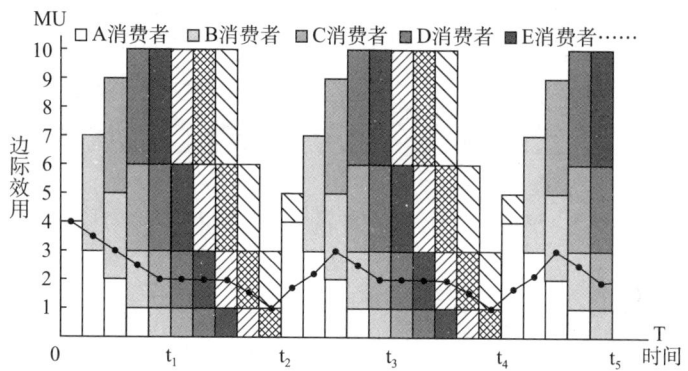

图 1 - 15 某产品多人消费时平均边际效用变化之二

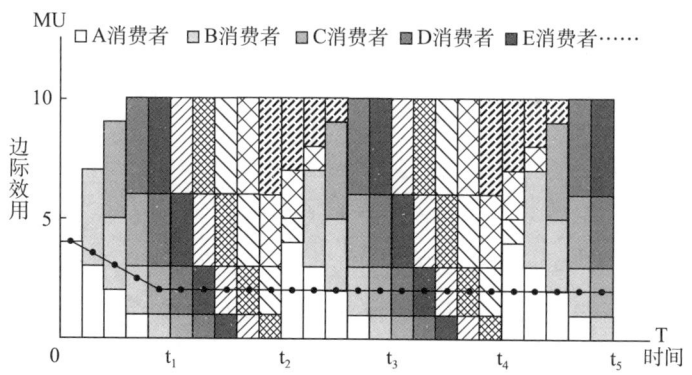

图 1 - 16 某产品多人消费时平均边际效用变化之三

我们发现，单位产品的边际效用一开始下降，很快进入稳定期。如果在每个时间段消费者数量相同，消费者的消费周期相同，那么单位产品的边际效用也不变。

当后来的消费者与最初的部分消费者的周期完全重合，又会如何，如图 1 - 17 所示。

这时，一些新的消费者与最初部分的消费者的周期完全重合（相同颜色、大小的矩形表示消费周期重合），那么此重合时刻消费者和消费量都增加，会带来平均边际效用的波动，但幅度不会很大，总体上边际效用仍

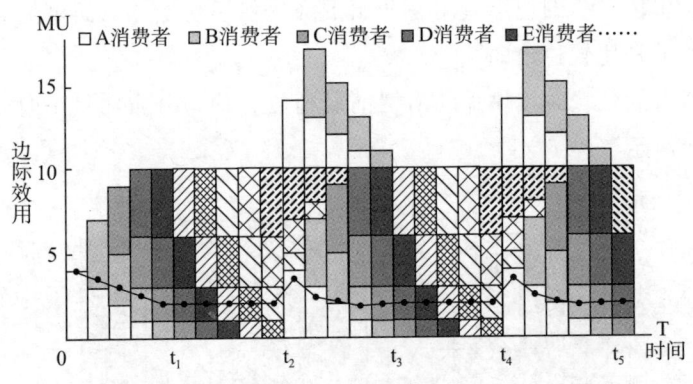

图 1 - 17　某产品多人消费时平均边际效用变化之四

是趋稳的。

图 1 - 13 至图 1 - 17 都属于设计模型，实际情况又会是什么样的呢？有多少是与模型吻合的，又存在多大出入呢？

首先，消费时段，我们能以分钟、小时、天、月、季度、年、N 年等分别为单位，不同消费时段，统计结果不同。对某产品来说，以分钟为消费时段，消费者人数和消费量是不同的，但若以小时为消费时段，则消费者人数和消费量可能是均等的；以小时为消费时段，消费者人数和消费量是不同的，但以天为消费时段，则消费者人数和消费量可能是均等的；以年为消费时段，消费者人数和消费量是不同的，但以 N 年为消费时段，则消费者人数和消费量可能是均等的。

然后，在各消费时段消费者人数和消费量均等的情况下，代表 A、B、C、D、E……消费者边际效用的色块，可以分别代表均等边际效用和单位消费量。

其次，每个同样产品的使用寿命是相近或相等的；消费者的身体条件和生理周期也是类似或接近的，都要吃饭，饭量也差别不大，夜里都要休息、睡眠时间也差不多相同，冬天都要穿暖装……假设人人都不浪费，也不过分节俭，那么对某产品的消费周期和消费量，是接近的或均等的。

所以，我们可以按以上的模型来分析产品和行业的周期性规律。

一个消费持续期（Ts）和一个消费间歇期（Ti）组成一个消费周期（Tx）。消费周期的倒数，我们定义为消费频率（Fx），或者消费频次。

消费频次不是使用频次，汽车的使用频次很高，几乎天天用，但汽的使用寿命长达几年，正常情况下，十年内消费汽车的频次不过一至三次。消费频次也不是购买频次，买回来不用，是实物储蓄，不是真正的消费。不过许多人把购买等同于消费，这里请注意二者的区别。消费频次与购买频次有正相关关系。消费周期短、消费频次高的产品，消费者的购买频次就高，购买了就会很快消费了，这时候才可以将购买频次等同于消费频次；消费周期长、消费频次低的产品，购买频次也相应较低，消费频次和购买频次不完全相同。食品消费频次最高，住房的消费频次最低。

4. 消费的周期性使价值趋稳，价值多以平均效用为依据

效用是决定价值的要素之一，它的稳定是价值形成和趋稳的重要原因，它的变化也是价格变化的重要原因。

一般来说，消费者希望花出去的每一元钱都能获得一样多的效用，否则，获得的效用少就感到那一元钱有点不值得、有点浪费、东西有点贵，也就是等边际法则 。所以，当生产成本、供需关系、替代品、货币的供应和效用等决定价值的要素不变时，效用的大小就决定了价值的多少，下文我们假设其他条件不变，对价值进行分析。

由图 1 - 13 我们知道，对一个消费者来说，他对某产品的效用的感受是变化的，在消费持续期边际效用的是递减的，当边际效用为 0 时，消费饱和，这并不意味着消费者对产品边际效用的感受会永远停留在 0 的位置，随着时间的推移，消费需求会再生，边际效用又恢复，接着又递减，又饱和，如此反复变化。这样的周期性变化会促使消费者对产品效用的认识趋于平均值，平均边际效用曲线是起伏不大的波浪线，这就意味着：对个人来说，虽然存在价格波动，但产品的价值是趋于稳定的。

对产品和行业来说，就是许多人消费同种产品，产品或行业的周期呈现新的特征。某产品，你觉得效用低，可能有许多人与你的感受相似，但也有许多人觉得效用高，你不买，有人买；某产品，你觉得效用高，可能有许多人与你的感受相近，但也有许多人觉得效用低，你买，别人不买。个人对产品效用的感受可能影响某一次价格，但价值不是由某个人对效用的感受决定的，只有公认的结果，也就是大家对产品效用最为普遍的感受，才决定价值的高低。众人平均边际效用曲线最接近于大家对某产品的效用实时公认结果，即反映了某产品或行业的价值变化规律。

图 1 -14 适用季节性强的产品。在温带气候区，从秋天转向冬天时，

羽绒服、保暖内衣、棉被、取暖器等产品，陆续进入消费持续期，消费量逐渐上升。经历一段稳定期，随着寒冬过去，春天来临，陆续进入消费间歇期，夏天几乎都进入了消费间歇期，此时即便有人购买，也不可能马上消费，是储存一段时间后才真正消费。需求量稳定会决定消费量稳定，往往也是价格稳定的时候。不过现实中，需求量下降时，即便产品的消费量降到 0，价格也不会降到 0，因为价格还受到成本等其他因素的影响。

图 1－15 适用淡季和旺季差别明显的产品。我们看到，旺季是消费集中期，顾客多，价格高；淡季是消费分散期，顾客少，价格低。

图 1－14 和图 1－15 都有段水平线，这是消费饱和时期。产品消费进入饱和状态，从该消费时刻始，新增消费的和结束消费的人数是相同的。进入消费饱和并不是消费品已经被消费了，也可能正在使用中，只是消费数量不再增加。

个人消费饱和是产品消费饱和的基本原因，产品消费饱和的时候，一方面有消费者达到消费饱和进入消费间歇期，另一方面有消费者结束消费间歇期而进入新消费持续期，而二者的人数是相等的，此时消费量是稳定的值。消费量不变是个人消费饱和与产品消费饱和的相同点。两者也有不同，产品消费饱和的时候始终有个人消费没有进入饱和。

产品或行业消费饱和的时候，每天的供给最好等于消费量，也就是供需平衡，供给多了，多余的只能在仓库等着。

消费饱和不等于市场饱和，有时候消费量仍在上升，如果供给量上升的速度超过了它的速度，消费没有进入饱和，而市场饱和了。

某些产品，消费一个单位就达到饱和，一次只能消费一个。比如床，一张床可以使用十几年甚至更长时间，而且对消费者来说，每天只能睡一张床，如果增加床，那么总有床处在闲置状态，在一定程度上是浪费。

图 1－16 适用消费频次高、消费者多、消费量大的产品，如食品类和日用消费品。消费者多、消费量大、消费频率高的产品，价格最为稳定。当这三个变量都足够大，各消费时段的平均边际效用不变，是常数。

相对来说，消费者越少、消费量越小、消费频次越低，价格的波动越大，如文物、艺术品等。

由图 1－17 可了解消费者数量的变化对价格的影响。比如，外来人口带来消费量增加，或部分消费者收入增加，给一些价格较高的产品带来消费量的增加，这些会引起平均边际效用的变化，价格先升后降。

从图 1-14 至图 1-17 中我们还可以了解到：新产品投入市场后，具有新鲜效应，开始价格最高，随后对消费者的边际效用递减，即便消费量增加，价格仍递减，当产品销量稳定后，价格也稳定了；还有，价格高并不是在消费者最多的时候，而是在消费者增加的过程中。对刚增加的消费者来说，效用是最大值，所以消费者增加最快的时候，往往是价格最高的时候。

许多产品具有多重周期。比如冰激凌消费，在白天需以若干小时为周期，到晚上不再消费，所以按天是大周期，到冬季白天和晚上都几乎无人消费，所以按季度又呈现更大的周期。多重产品消费周期相互叠加、寄生，就像无线电波。

综合效用图形，我们可以知道，产品和行业边际效用曲线比个人边际效用曲线更加平缓，这就表明：对众人来说，价格波动更小，价值更稳定；对大多数产品来说，决定价格的是众人的平均效用，不是边际效用。事实上，消费中随机因素和个性需求很多，我们的研究是基于一些近似条件，真正的曲线变化更为复杂，但我们将曲线粗描下，会发现其还是有规律的。我们的结论是：消费的周期性是价格稳定的基础，稳定的价格可以确立为价值。

应用效用价值论的基本原理，对边际效用递减规律再分析，得出价值是个平均值；劳动价值论认为价值由社会必要劳动时间决定，价值也是平均值。这两种理论的方法不同，但结果是一致的。

第三节　不可忽视的两种价值

经济学从不同角度对价值进行分类，如劳动价值、使用价值、交换价值、绝对价值、相对价值、社会价值、经济价值等，这里仅对两种容易被忽视的价值稍作详述，一种是增加产品价值的，另一种是消减产品价值的。

一　非物质化价值

人类的需求概括起来就是生存需求和发展需求，发展实际上是为了更好地生存。人类的需求又可分成两个方面，即物质方面和非物质方面，两方面往往表现在同一事物上，比如一封书信是物质，但其传达的情感能满足人们的非物质方面的需求。马歇尔将人们的财富分为物质财货和非物质财货，这里引申为物质化价值和非物质化价值，一般来说，满足物质化需求的为物质化价值，满足非物质化需求的为非物质化价值。

很多时候，人们将价值分为物质价值和服务价值，简单说就是产品和服务（或产品和劳务）。然而，服务是非物质化价值的主要部分，不是全部。比如品牌的价值，纳入物质价值不合适，纳入服务价值也不合适，只有纳入非物质化价值范围比较合适。

我们常常把人类的需求分成物质和精神两方面，精神需求不是非物质需求的全部，比如将数学知识归于精神需求肯定不合适。因此，为与物质化价值对应，用非物质化价值概念表述更全面些。

（一）为什么要区分物质化价值和非物质化价值？

以书为例。做书的纸张是造纸工人的劳动生产的，书上的字是印刷工人的劳动实现的，装订成册则由其他工人完成。从物质上看，书的作者的价值在哪里呢？看不到，作者的价值是非物质化的，即书中蕴含的知识、精神、美感等，通过版权、稿费体现。可见，物质产品的价值是由不同的人共同创造的，不同人的贡献不同，有的人的贡献在物质上看不出来，或不明显。区分出非物质化价值，原因之一是为了我们能清楚这些人的贡献。

以衣服为例。衣服有御寒的作用，能满足我们物质上的需求，同时我们会选择衣服款式和颜色，这是对美的需求，属于非物质方面；同样的布料，给同一个人做衣服，裁缝的手艺有差距，好裁缝做的衣服合身、美观、抬人，比一般裁缝做的衣服价值高，高出来的这部分多半属于非物质化价值。可见，产品的效用具有多方面性，有的体现在物质方面，有的不体现在物质方面。区分出非物质化价值，原因之二是为了我们能更清楚产品的价值所在。

以舞台剧为例。演员在台上表演，观众在台下欣赏，演员创造的价值在哪里？没有物质载体，价值在表演的过程中，是给观众带来艺术美的享受。可见，许多效用体现在物质运动的过程或人活动的过程中，随运动和活动停止而结束。区分出非物质化价值，原因之三是为了引起人们对这些没有物质载体的价值的重视。

以产品设计为例。研发人员设计图纸，工人按图纸生产出产品，产品的价值中包含设计人员的贡献，而且这个贡献更关键，但我们看到的只是工人生产的产品。可见，有的人的劳动起间接作用，创造的效用最终体现在别人生产的产品上。区分出非物质化价值，原因之四是为了这些物化在别人直接生产的产品上的价值不被忽视。

以企业管理为例。有些产品或服务的效用通过对比才能充分反映出来，才被认识到有无价值及价值大小，我们称这些产品或服务具有相对价值。一个工厂，工人数量不变，机器设备也不变，一直亏损，但换了企业负责人后，很快转亏为盈，前后对比，差异就体现了管理者的相对价值。区分出非物质价值，原因之五是为了清楚地认识一些相对价值。

1. 物质化价值有时是为了非物质化需求

最初的衣服就是块遮羞布（一块兽皮或一簇树叶围着裆部），起不了御寒的作用，衣服最初是满足人们精神方面的需求的。精神需求是人类的基本需求，人类文明发展主要是人们精神方面的需求推动的。衣服是物质，由此可见，物质化的价值有时是为了非物质化需求而生成的。

我们看球赛，是对运动美的享受，是非物质化需求，球场、座椅、球、门票等属于物质化价值为了非物质化需求，或者说是非物质化需求派生出来的物质化需求。

赠送礼品能表达我们的情感，礼品是物质，满足的是非物质需求。

2. 非物质化价值有时是为了物质化需求

我们的物质产品的生产要有计划，这个计划需要进行考察研究和开会讨论，这些是为了物质化需求，却是非物质价值的创造。现在的世界是开会次数越来越多、规模越来越大，会议的类型五花八门、形式多种多样。生产调度会议、年终总结会议、年度计划会议、财务核算会议、产品发布会、电影新片宣传会、演唱会、娱乐动态吹风会、国家领导人会议、石油输出国会议、21 国集团财长会议、金砖五国会议、联合国大会……打开电视看新闻，都是一个会议接一个会议的报道。开会成为我们生活中不可缺少的一种方式。这些会议中有不少是围绕经济主题，有直接为了生产某些物质性的商品而开的，也有间接为了一些物质化生产需求而开的。所以非物质化价值也会是为了物质化需求而生成的。

（二）价值需要一定的物化形式，却不能过于强调物质化

> 处于流动状态的人类劳动力或人类劳动形成价值，但本身不是价值。它在凝固的状态中，在物化的形式上才成为价值。①

马克思这句话过于强调物化的形式，应该说处于流动状态的人类劳动力或人类劳动形成价值，本身就是价值。其实，货币既是凝固状态的人类劳动形成价值的物化形式，也是流动状态的人类劳动形成价值的物化形式。

的士司机的劳动是满足人出行的需求，载乘客从甲地到乙地后，乘客付给司机 5 元的士费，这应该是司机劳动的报酬，是价值的体现，在乘客身上找不到凝结了的士司机劳动的物质，难道说的士司机没有创造价值吗？显然不是。的士司机劳动创造价值的时间，也是顾客消费价值的时间，社会总价值的变化为零，的士司机获得 5 元就是价值得以物化。

医生给病人看病，告诉病人买某种药吃，病人照办后痊愈。药的价值是药厂和药店创造的，医生只是说了几句话（最关键），医生的劳动价值没有凝结到任何物质上。还有售货员、服务员、教师等的劳动虽然没有生产出物质产品，却都是创造价值的，不能认为只有生产实实在在的物质产品的工人才创造价值。

除了直接作用在物质产品上的劳动，还有许多的其他工作与产品的生产密切相关，如原料的采购、检验、记账、分配等，没有直接作用在产品上，这些劳动多半是非物质化的，创造的非物质化价值最终都要在产品上体现出来，也就是要计入产品的生产成本中，非物质化价值要加价在物质化产品上。所以，大多数的物质产品都是物质化劳动和非物质化劳动的结合创造出来的，是物质化价值和非物质化价值的共同体。物质化价值和非物质化价值之间并没有明显的界限。

我们一直说"生产"产品，"生产"的概念一方面源于植物的生长、开花、结果，人们认为物质是可以创造出来的；另一方面源于动物的繁衍，人们把生育也称为生产。在人类最早的朴素认识中，需求可以通过物质来满足，并且人类通过生产创造出所需物质，这一错误认识影响至今，

---

① 〔德〕马克思：《资本论》第 1 卷，人民出版社，1975，第 65 页。

人们对价值的认识很多方面都局限于物质上。前面说过，人类创造不了物质，只能转移物质，改变物质的组成形式，使之具备对人类有用的特性。不过，我们仍然继续用"生产""产品"这两个词，但我们要明白，生产和产品都包含非物质化的含义。如银行推出的"理财产品"、保险公司的"保险产品"，这些产品其实就是非物质化的。

判断是否有价值其实很简单，一是劳动，二是效用，两者要结合起来，效用就是满足人类的需求，只要是通过劳动满足人类的需求就有价值。至于有没有物质为依托并不是有无价值的绝对条件，依托于物质的就是物质化价值，不依托于物质的就是非物质化价值。

（三）人本身就具有非物质化价值

> 人的非物质的财货分为两类。一类是由他自己的特性和活动及享乐的才能构成的，例如人的经营能力、专门技能，或从阅览或音乐中得到享受的能力，都属于这一类。这一切都在人身之内的，所以称为内在的财货。第二类称为外在的财货，因为这类财货是由有利于他与别人的关系构成的……现在这种有利于所有者的关系的主要例子，就是商人和自由职业者的信誉和营业关系。[①]

马歇尔的这段话告诉我们，人本身具有非物质化价值，可分成两类：一类是人的知识和才华，体现人的创造能力；另一类是人的信誉和人际关系，体现人的协作能力。

人才流失，工厂、机器、货物等都在，从物质上似乎看不出损失来，然而随着时间的推移，损失就会凸显出来。人才离去，流失的就是非物质化价值。

（四）用 $m = u \cdot l$、非物质化价值来解释两个经济问题

1. 斯密的价值悖论

> 没有什么能比水更重要，然而水很少能交换到任何东西。相反，

[①] 〔英〕马歇尔：《经济学原理》上卷，朱志泰译，商务印书馆，1964，第74页。

钻石几乎没有任何使用价值，但却经常可以交换到大量的其他物品。[①]

这其实并非悖论，只是当时的人们普遍看到了物质化的价值，没有认识到非物质化的价值。原因很简单：钻石的使用价值是满足人们的非物质化需求，满足人们对美的需求、拥有欲的需求、炫耀性消费的需求。钻石是典型例子——物质化的商品满足了非物质需求。

水能满足人们的需求，具有效用，但水比较普遍，在绝大多数地区，几乎随手可得，没有必要去交换水。但在水资源匮乏的地区，往往要付出劳动才能得到水，水就可以交换东西了，具有物质化价值。有个大家都知道的故事，美国的淘金热中，先发财的不是淘金者，而是运水卖的人。

价值概念源于我们的生产和生活，在交易中频繁应用，现实交易中不可能，也没有时间对商品价值进行复杂的剖析和演算，只会简单考虑"有多少用"和"多少付出"，即 m 和 l 这两个基本点。

2. 明星的高收入

劳动价值理论无法解释歌星、球星的劳动和高收入、高价值的关系，有人用注意力来解释，即所谓"眼球经济"，关注越多，价值越高。这种解释有些勉强，其实很简单：歌星、球星的收入也来自劳动，他们劳动创造的是非物质化价值，歌星的动人歌声、球星的精湛球艺以及其个人的形象美就是产品，也是许多歌迷、球迷需要的非物质消费品；他们的劳动几乎没有变化，但借助一些媒介，如碟片、磁带、电视、电影、互联网等，他们产品的效用得以极度放大，因而价值也被极度放大。

明星收入快速增长的过程，同时是电影、电视、无线媒体等技术快速发展的过程，而且正是因为媒体技术的发展，才推动了文化、体育等非物质产业的发展。文化体育与新媒体结合的产品的生产有特殊性——可以不断地被复制，明星一次生产劳动可以成千上万次和别人交换。当消费者购买某歌星的专辑时，就是用自己创造的（获得的）价值，交换了一部分碟片制作成本的价值（不含歌星及制作公司的专利费、版权费，占比少），也交换了歌星创造的非物质化价值（专利费、版权费，占比高）。歌星的

---

① 转引自〔美〕保罗·萨缪尔森、威廉·诺德豪斯：《微观经济学》第 19 版，萧琛主译，人民邮电出版社，2012，第 86 页。

歌唱往往只需一次制作，并不需要给每个购买专辑碟片的歌迷（粉丝）唱一回，而购买者能有无数次的听觉享受，所以相对于一般劳动者来说，歌星歌唱的效用被放大，价值随着碟片销量增长而显现很高的放大效应。

（五）非物质化价值的认识在加强、产值在增多

亚当·斯密将劳动分为生产性劳动和非生产性劳动。

> 有一种劳动，加在物上，能增加物的价值；另一种劳动，却不能够。前者因可生产价值，可称为生产性劳动，后者可称为非生产性劳动。制造业工人的劳动，通常会把维持自身生活所需的价值与提供雇主利润的价值，加在所加工的原材料的价值上。反之，家仆的劳动，却不能增加什么价值。[①]

显然，斯密的这个认识具有时代局限性。所谓的非生产性劳动，现在看来，应该是创造非物质化价值的劳动，也是生产性劳动。不仅仅斯密，当时的人们普遍不认可或忽视非物质化价值。欧洲著名的音乐家如舒伯特、贝多芬等生活都很贫困，就与当时人们对非物质化价值的认识不足存在必然的联系。如果价值必须以物质为条件的话，马克思的一生就没有价值。正是因为马克思本人创造的知识价值是非物质化的，在当时的社会环境中普遍不被承认，所以马克思一生穷困潦倒。假若是现在，按照马克思著作的发行量，仅依靠版权费，马克思也可以成为千万富翁。

> 物质生产领域和非物质生产领域的劳动都创造社会财富，都形成价值。[②]

随着社会的发展，非物质化的价值越来越多、越来越普遍，大家的认识在加强，精神价值、劳务价值、服务价值、管理价值、知识价值、无形资产等已被广泛认可。

---

① 〔英〕亚当·斯密：《国民财富的性质和原因的研究》上卷，郭大力、王亚南译，商务印书馆，1983，第303页。
② 谷书堂主编《社会主义经济学通论》，转引自何炼成《价值学说史》，商务印书馆，2006，第511页。

不过，非物质化价值不能完全脱离物质，没有绝对独立的纯粹的非物质化的价值。电影带给观众精美的视觉艺术享受，满足我们非物质方面的需求，是非物质化的价值，但电影必须具备放映机、胶片、电影院、电、输电设备等物质条件，才能实现播放，才能实现价值；商标权、专利权等需要专门的证书来确权；技术需要书本、磁盘、U盘等物质载体。很大的非物质化价值可以依托在价值很小的物质上，虽然小，但不可或缺。

非物质化价值更具有模糊性，价值量测算和确定的方式比物质化价值困难。早期社会将非物质化价值区别出来并给予回报的方式不多，经历了长期的发展，现在有多种多样的方式，这其中公司起到的作用不可替代。

> NBA是一种篮球比赛，也是一个公司，每一次完美的对决，都会转化成合约和钱，公司能将一个人，甚至一双拳头、一只脚，包装成明码标价的商品；这是世界上最华丽的声音，这也是一门财源滚滚的好生意，公司能让形而上的艺术待价而沽，把最高贵的精神享受换算成一个具体的数字。①

库兹涅兹把生产结构区分为三个主要部门：A部门包括农业、渔业、林业和狩猎业；I部门包括矿业及采掘业、制造业、建筑业、电力、煤气和水、运输、仓储和通信等；S部门包括商业、金融、保险和房地产、住房所有权、政府及国防、其他服务等。也被称为第一产业、第二产业、第三产业，这三个产业都是物质化价值和非物质化价值的综合产业，不过，第一、第二产业的物质化价值比重高，第三产业的非物质化价值比重高。据世界银行统计，发达国家第三产业产值占GDP的比重一般在60%以上，中等收入国家平均在50%，第三产业在国民经济中的比重越来越高，也意味着非物质化价值的比重越来越高。现在的体育运动、文化等都形成了巨大的产业，形成了紧密相连的产业链。

（六）非直观物质价值和非物质化价值不要混淆

物质化价值也有两种：物质特性直观的，物质特性不直观的。我们称后者为非直观物质价值。如今，非直观物质化产品越来越多，比如电是电

---

① 节选自央视纪录片《公司的力量》第一集《公司 公司》解说词。

厂工人劳动生产出来的有用的物质属性，是可利用的能量，是商品，人却看不到、摸不得，生产它的设备是物质化的，电厂工人创造的是非直观物质化价值。

再比如手机信号，物理性质是电磁波，通信运营商建大量的基站，就是在不断"生产"和发射、接收电磁波，从而确保信号覆盖的范围，实现手机通信的通畅。

有人把天然气理解为无形资产，显然是错误的，原因是天然气不直观，采用低温高压技术把天然气液化后，我们就明白天然气和水一样是物质，和油一样具有物质化价值。不过开采液化气、运输液化气的技术和特许权具有非物质化价值。

（七）非物质化价值列举和简析

1. 知识、知识分子

马克思强调凝结到物质上的劳动才创造价值，这造成了相当长时间内的思想混乱。知识和文化价值在很多情况下没有物质依托，许多人形而上学地将其扩展为知识分子没有创造价值，中国沿用苏联的理解模式，在"文革"时期知识分子都被打成"臭老九"，甚至说"知识越多越反动"，知识分子的收入被理解为农民、工人创造的物质产品的价值的再分配。这种观点最终被邓小平理论修改——知识分子是工人阶级的一部分。这句话最早是周恩来说出的，邓小平重提之时，我国刚从"以阶级斗争为纲"的思想环境中走出，这使无数知识分子感动不已。这句话的实质就是知识分子也是创造价值的主体，按照现在对价值的理解，很简单，知识分子创造的很多是非物质化的价值。随着社会的发展，知识分子将越来越普及，每个劳动者都必须有知识，许多岗位上的工人，必须具备大学学历。知识分子，尤其是人才型的知识分子，本身就具有很高的非物质化价值，人才是资源也是资本。

知识价值往往不能用劳动量来衡量，知识的效用是知识价值的主要依据。然而，知识的效用有时具有滞后性，有很多学术成果的价值过了几十年或更长时间才被广泛认识，诺贝尔科学奖得主大多是几十年前的研究成果被认可。

教育和培训的价值作为非物质化价值十分典型。老师教给学生的是各类知识，学生在学习了知识后，并不是马上走上工作岗位，知识在储备和待用期，这时候看不到任何的价值增长。然而，以后学生可能成为工人，可能成为设计员，也可能是管理者……他们最后创造价值的能力，与他们曾经受到的教育是分不开的，教育做得好，就是为以后的价值生产提前打好基础。教育是最重要的、最大的非物质化的价值生产，最终会体现在各种物质化价值和非物质化价值上。德国是很好的例证，历经两次世界大战的近似毁灭性破坏，德国都能很快把经济搞上来，依旧是世界强国，与德国的教育水平高是分不开的。

我们的经验也是非物质化的价值，有过经历，在下次做同样的事情时，会节省时间，这就会提高同样时间内的产量，这就是价值。经验积累并转化为知识，会更有价值，并赋予物质价值。

人如果没有学会对火的利用，煤炭就不具有功能价值；人如果没有学会对金属的冶炼，铁矿永远也不会具有功能价值。[1]

2. 政治、精神生活

非物质化价值主要就是精神价值，人们的精神需求是多方面的，安全、公平、展示、艺术、情感、隐私等。精神生活往往偏向个人、家庭、族人、小型组织，如果是大的群体，如政党、团体、宗教、国家等，其需求就被称为政治需求，也属于非物质化价值，比如政治会议、选举等。政治关联的物质和非物质消费品很多，也就有了政治消费品一说。不能把政治消费品都当成贬义词，在我们的生活中政治消费越来越重要，应该越来越透明化、民主化，这是社会发展的必然。

美国的总统选举，必然有演讲、做报告、各种各样的集会等，需要有媒体宣传、安全保障等工作，这些就是政治消费品。有物质的，比如广告画、广播器材、运输工具、安检设备等；也有非物质的，比如说话的内容、集会的形式、场面秩序、人气氛围等。一张选票是物质的，但代表的选举权是非物质的，选票的制作就是一张纸和印刷的费用。选举谁、拉选票有时被货币化了，出现贿选的现象，需要有监督、批评和媒体曝光等，

---

[1]　仇德辉：《使用价值的辩证分析》，第一范文站网，http://www.fanwenz.com/lunwen/jingji/lilun/178222_2.html，最后访问日期：2015 年 12 月 17 日。

这就是衍生出来的非物质化需求和价值。

克里姆林宫外无名英雄碑前经久不息的火炬，代表人民对英雄的纪念，是精神方面的需求，保证火炬不灭的燃料是物质的。

非物质化价值与风俗、宗教、文化、认识等关联很大。信奉基督教的地方，许多人在精神上需要教父的帮助，教父的作用属于非物质化价值，社会中神职人员也较多。孔子不语怪力乱神，儒家思想根深蒂固的中国提倡无神论，神父之类的人就很少。

3. 拥有欲

拥有欲也是一种精神需求。对宝物的收藏往往要花大价钱，对真正的收藏家来说，拥有它才是最惬意的事情，欣赏和保值升值反而是次要目的。在中国很多地方买房子的钱要多于一辈子租房子住的钱，但人们仍然热衷于购买房子，这就是拥有欲的心理需求。

拥有，实际上是大家的承认，属于你的事物，就是大家承认在你生命中，你有任意支配权。很多时候，过强的拥有欲望体现为占用欲，表现为一种变态的消费行为，至少可以说是不健康、不理智的消费行为。有人鞋子买了一大堆、衣服买了满屋子，根本穿不完，许多被永远地摆在柜子里，这就是不健康和不理智的占用欲，实质上是浪费。

货币（钱）不是消费品，但能换得物质的或非物质的消费品，人们的需求几乎都能通过货币来换得，于是货币成为人们的目的。有的人为金钱痴迷，拥有大量金钱能给这些人无比的快感。"四大吝啬鬼"一方面拥有巨大的财富，另一方面舍不得多花一毛钱，过着十分节俭甚至是贫困的生活，他们追求的就是对金钱等财富的一种病态的拥有欲，成为守财奴，完全忘记了货币只是中间目的，用货币换得我们方方面面的需求才是最终目的。严监生、葛朗台等最终还是会死，且是在巨富中死去，他们的财富自己花得很少，最后还是留给后人，他们追求的是到死都拥有财富的满足感。

4. 公平

公平是人们的基本精神需求，也是物质需求的派生需求。春运是中国特有的文化和生活现象，春运期间在外人员集中返乡，铁路系统运力时段性不足，有时会"一票难求"，许多票贩子高价倒卖车票，侵害旅客的利益。于是，火车票开始采用实名制，而实名制火车票本身并不多产生一张火车票，其目的就是避免倒票行为，维护旅客利益，是为了公平，这个公平是非物质化的需求和价值。

在生产和生活中，人与人之间，企业与企业之间，不同的群体之间，人与集体、企业之间等，都会出现矛盾，解决矛盾，需公平、公正。法院、仲裁机构、各种协会都起着协调和维护公平、公正的作用，这些机构中的人的工作就具有非物质化价值。

一个国家或地区，当官的、当警察的最挣钱，那么这必定是个腐败、混乱和缺少公平的地方，科学家和高技术、高知识人才最挣钱，那么这必定是个高度发展和文明的地方。

5. 安全

安全的范围有大有小，有个体安全和集体安全，如个人安全、家庭安全、家族安全、企业安全、民族安全、国家安全、世界安全。为了集体安全，必须有一部分人专门从事保障安全的工作，比如保安、警察、军人。集体安全主要是防止外来的侵害，或者去争取更大的利益。军人的价值就是保障国家安全，处在和平时期的军队没有进行一次真正的战斗，但军队的威慑力依旧对国家安全起保障作用，是非物质化价值。

检验、监察是保证安全生产的重要手段。在平安无事时，似乎看不出监察、检验等工作的价值，一旦事故发生，损伤惨重，就会充分认识到保障和维护安全生产秩序的意义，安全监督检查工作创造的是非物质化价值。

6. 尊重、荣誉感

每个人都有自尊，都有荣誉心，都希望获得尊重和赞扬，想体验一把成功感。但是，过分追求荣誉会扭曲为虚荣心。有些特定的产品，或特定的价格，就是针对一部分人的虚荣心而产生的，如高档皮包、高级美容品等奢侈品。许多奢侈品是代加工的，出厂价并不高，贴上商标后价值会增长许多倍，这倍增的价值中占大部分的是虚荣心拉动的非物质化价值。满足虚荣心的消费表现为炫耀性消费，在很大程度上是浪费。

要正确区别荣誉心和虚荣心。并不是奢侈品才具有非物质化价值，普通的商品都或多或少包含了非物质化价值，品牌知名度高的商品比其他同类商品价值高些，就包含了消费者对时尚的追求。只不过奢侈品中，对非物质化的需求表现得更为极端、更为疯狂。为了树立品牌的形象，维持产品一定水平的高价位，有良好的信誉、过硬的质量，消费者买得放心、用得舒心，并以此为时尚，这是正常的荣誉心。

竞技体育，运动员展示自己的身体技能和动作技术，炫耀自己非同寻常的一面，赢得大家的喝彩，给大家运动美的享受，创造的是非物质化价值，自己也获得荣誉感，这是正常的荣誉心。一味地追求比赛成绩，不惜服用禁药，这是蒙骗消费者，是虚荣心作祟。

7. 交易

商人买卖产品，只是转下手，加价部分，似乎是白赚的，其实不然，买和卖都有具体行为，有包装、分类、标识、贮存、运输、装卸、摆放、记账等，这些都是劳动，加价其实主要是这些劳动的报酬，是这些劳动的价值。买主购得产品，他付出的货币，一方面包含此产品原来的价值，另一方面包含此产品交易过程中新加的劳动的价值。尽管产品本身没有任何变化，但从生产者的手中到消费者的手中是有人付出劳动的。交易过程中商品未变，而价值在变大，增加的部分就是所谓的交易成本。

交易成本理念最早由科斯提出，威廉姆森（Williamson）将交易成本区分为六项：搜寻成本、信息成本、议价成本、决策成本、监督成本、违约成本。达尔曼（Dahlman）则将交易活动的内容加以类别化处理，认为交易成本包含：搜寻信息的成本、协商与决策成本、契约成本、监督成本、执行成本与转换成本。这些是交易派生出来的需求，也就需要有人来满足这些需求，这就是价值。交易成本多数是非物质化价值，也包括物质化价值，比如消耗的燃料、水、包装材料等的价值。

> 在创除了运输、包装、保管、部分加工等"生产过程在流通过程中的继续"之后，商业部门的职工还要进行搬运、清洁、整理、陈列商品；向消费者介绍、取递商品；捆扎、包装商品和计算、收付款项的劳动。在这个过程中，他们把商品变成货币，把货币变成商品，完成买卖过程。以上这些劳动还是不是物质生产劳动呢？我认为是。
>
> ············
>
> 过去的理论把物品的使用价值仅仅理解为物品的形态、"性质"

对人的有用性，至于物品的位置、场所对人的有用性就没有考虑在内。[1]

以上内容发表于 1980 年，是中国改革开放的初期，许多人的思想上还停留在只有物质才能凝聚劳动价值的层面，由于商品销售过程中基本不改变物品形态，只是商品的位置在不断变换，商业部门职工的价值难以确立，此文的主要目的是承认商业人员的劳动也创造价值。现在看来，没必要非得往物质上牵扯，看作商业人员劳动创造的是非物质化价值即可。商品流通领域同样存在生产。

交易存在时间差，小物件可以一手交钱、一手交货，服务或大物件做不到，先付钱后服务，或先服务后付钱，或先付钱后交货，或先交货后付钱，无论怎么办，都存在时间差，哪怕很短。价值给了别人，自己暂没有收到别人的等价物（服务、货物或货币），这就存在一定的风险，时间差越大，风险越大。解决这个风险就是满足交易安全的需求，就是非物质化价值的创造和消费，银行业、保险业的担保业务属于此类。

（八）非物质化价值的损失

列车按时刻表准点运行，促进了全世界对时钟的应用，人们开始按照时、分、秒的观念来计算时间。随着社会的发展，准点成为人们的价值需求。当我们等候晚点的火车时，就感觉自己受到了损失。有时候，晚点的火车会造成一笔生意的失去，或者急需的药品不能及时送达造成一个病人的生命没能挽回，时间损失会变成真真切切的价值损失。

高铁开通了，某车次因为故障，临时改为动车，顾客要求赔付差价和一定的补偿，这其实是合理的要求，因为这里有非物质价值损失。时间造成的损失可能千差万别，有的高、有的低、有的无。随着现代社会的发展，时间带来的价值损失会被更多的人认识和重视。

我们花比较多的钱去看某明星的演唱会，如果歌星是假唱，这就是非物质化价值的损失。

和平是最大的非物质化价值，失去和平，无论是物质化还是非物质化的社会财富都会急剧损失，社会发展停滞甚至倒退。

---

[1] 杨百揆：《商业部门职工的劳动是物质生产劳动》，《经济研究》1980 年第 4 期。

二 负价值

前面我们说过价值的方向。价值的方向由使用价值（效用）的方向决定，同一价值对不同人的方向可能相同，也可能不同，我们以最普遍的人受益为价值取向。

一般情况下，我们把能使大多数人受益的价值称为正价值，使大多数人受损的价值称为负价值。如果不牵涉到其他人或群体，可以某人或群体为中心，受益是正价值，受损是负价值。

（一）正价值与负价值往往共存

不加特指，我们通常所说的效用都指对自身有利的，是正价值，价值是以自我为中心的。然而那些被我们认为具有很好效用的物品或事物，也同时存在对我们不利的效用，只是很多情况下并没有被我们认识到，或者觉得太小而忽略之，或者认为伤及不到自己而无视之。正、负价值有以下共存的形式。

1. 负价值伴随正价值而生

劳动创造效用，同时也形成效用的方向，又往往形成正、负两个方向的效用，也就是说，劳动创造出有利的效用时，同时也会创造出不利的、有害的效用。此外，我们在使用产品、享用产品带来的正效用时，也会产生负效用，也就是说，产品既具有一定的正价值，又具有一定的负价值。

> 商品的生产和消费这两个方面都发生了对环境的损害，从生产方面看，比如发电厂对空气的影响，钢铁厂对附近的湖泊有影响，汽车尾气对肺部的影响，等等。①

汽车保有量上升，大气污染日趋严重，汽车尾气污染占大气污染的70%，我国每年因大气污染而患肺病的人达1700万，其中死亡100多万。汽车在生产和消费两个方面都形成负价值。

劳动创造价值，劳动过程本身既有正价值又有负价值。工人生产劳动的过程牺牲了休息和安乐，劳动过度则牺牲更大，使身体透支和寿命减

---

① 卢大振主编《世界经济学名著导读手册》，中国城市出版社，2004，第354页。

少。工资名为劳动的价值，名义上包含对牺牲的补偿，而过度劳累或工资过低往往使劳动者得不偿失。

劳动中有痛苦也有快乐，杰文斯用图表示劳动中快乐与痛苦的变化过程（见图 1 - 18）。

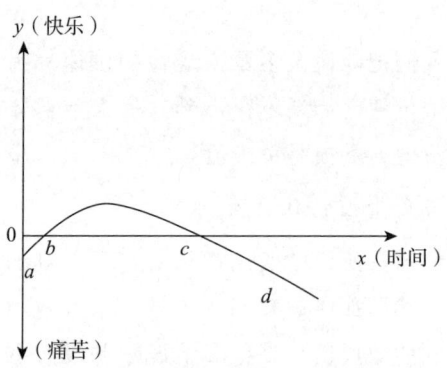

图 1 - 18   劳动中快乐与痛苦的变化

在这图解内，$0x$ 线以上各点的高度指示快乐，$0x$ 线以下各点的深度指示痛苦。在开始劳动的那一瞬间，因心身尚不惯工作之故，通常有点觉得苦。所以最初是由 $0a$ 量计。在 b 点，既无快乐亦无痛苦。b 与 c 之间，代表快乐的余额，那是由劳动本身生起的。但至 c 点以后，能力是很迅速地趋于枯竭，结果所生的痛苦，由 cd 线的下降趋势表示之。[1]

从图 1 - 18 及图解中我们十分明了，适度劳动是快乐的，劳动最好是在 c 点前结束。最佳的劳动过程应是快乐的过程，创造了价值，而且没有给身体带来负效用，未来生产方面当以这种效果为目标。

撇开劳动创造的价值不说，劳动本身会带来快乐，音乐就起源于劳动中的号声和欢庆的呼声；撇开劳动创造的价值不说，劳动本身会带来健康，许多体育运动就源于劳动，跑步、标枪就源于狩猎。适度劳动是有利于人的身心健康的，不可过量，否则就有伤害。然而，远古时代生产力水

---

[1] 〔英〕斯坦利·杰文斯：《政治经济学理论》，郭大力译，商务印书馆，1984，第135页。引图笔者略作了修改。

平低下，社会分配不公，为了生存需要，绝大多数劳动者劳作的时间都在 cd 上，并且远离 c 点，劳动给人们带来的更多的是痛苦的记忆。随着社会的发展、技术的进步、生产力的提高，如今，工作时间从 d 向 c 靠近，也有落在 bc 间的。

劳动中会有危险，危险虽然是随机的，但存在一定的必然性，是伴随正价值而来的负价值。如打猎可能被凶猛的野兽伤害，甚至伤及性命；出海捕鱼可能遇到飓风、海啸，有的人一去不返。

有些工作必然会有伤害，这些伤害造成各种职业病，是创造正价值同时难以避免的负价值。如尘肺、中毒、眼病、放射性病、中暑、高原反应……

2. 正价值在前、负价值随后

运输食品必须有包装，包装具有正价值，但是，这些包装不能食用，会成为垃圾，这就是负效用，为了解决这些负效用，就必须有人付出劳动，这就是食品包装的负价值。

一个塑料袋形成的污染，我们清除它消耗的价值是生产它的价值的 5 倍，这就是负价值。塑料地膜的使用可以增加农作物产量，是正价值，然而，地膜残留问题也越来越严重，残膜会使土地减产，是负价值，几乎可以抵消它的正价值，提高残膜回收率，开发和使用可降解地膜，是大势所趋。

3. 负价值在前、正价值随后

大自然的洪水会带来灾难，这是负价值；洪水过后，沉淀的淤泥肥沃了两岸的土地，日积月累的泥沙堆积成平原，这是正价值。江汉平原在先秦时是湖泊群，古称云梦泽，后因长江和汉水带来的泥沙不断沉积，汉江三角洲不断伸展，湖泊范围逐渐减小。魏晋南北朝时期已缩小一半，唐宋时解体为星罗棋布的小湖群。随着江汉内陆三角洲的进一步扩展，日渐浅平的云梦泽主体大多已填淤成陆，生成三角洲平原，历史上著名的云梦泽基本上消失。这些平原就是我们赖以生存的土地，是财富之母。

付出在前，收获在后，科学实验往往是经历了 N 次失败才成功的。耗费的精力和财力、经历的失败和痛苦，是受损，是负价值；最后的成功是受益，是正价值。

4. 对此是正值、对彼是负值

在不加特指的情况下，在经济学领域，价值就指正价值，对应的我们把负价值简称为负值。充满竞争是市场经济的特点，竞争的结果，成功者获得价值，对失败者而言就是负值。竞争的结果要从社会层面考察，整体为正，方为正价值。

自由的、公平的交易，双方都获得需求，都受益。通过欺诈、强迫形成不公平的交易，一方多赚的钱，就是另一方损失的钱。卖给我的是没用的东西，就是浪费，你赚得利润，我损失价值。过度包装，对生产者而言，收入增加，对最终的消费者来说基本是多余的，是价值浪费，加上清除包装形成垃圾的费用，过多包装形成的负价值是双重的。

申请仲裁、打官司，控辩双方，你得到的恰是我失去的，我得到的也恰是你失去的。从经济角度看，总的财富不会增加；从社会层面看，公正的裁决有利于社会秩序的稳定，形成正向的非物质化价值。

(二) 负价值的计量

1. 负价值常具有隐藏性、滞后性、更大的模糊性，计量更难

当我们抱怨雾霾天气影响视线、不利出行，以及让我们呼吸不爽、有害健康的时候，是否想到几年前我们还为添置了汽车而欣喜，为家中通了暖气而高兴，是否想到越来越多的汽车尾气，提供暖气的热电厂排放的烟尘，正是形成雾霾天气的主要原因。很多人都会回答起初没有想到，因为负价值的呈现并不明显，具有隐藏性，且是逐渐形成的，具有滞后性。

"是药三分毒"，药物的副作用就是负效用、负价值。肺结核，俗称"痨病"，曾是对人类危害最大的传染病之一，患上结核病就意味着被判了死刑。自从 1944 年链霉素诞生后，它的抗结核杆菌的特效作用，开创了结核病治疗的新纪元。从此，结核杆菌肆虐几千年的历史得以改写。然而，链霉素容易损害听觉神经，许多儿童因此丧失了听力，已过去了几十年才被人们确认。同链霉素一样，许多的负价值被发现是付出了沉重代价的，往往很长时间后才被认识到。如今国家对使用抗生素的要求十分严格，就是在避免或减少负价值。

现代社会电气化发展很快，电器产品也越来越多、越来越普及，带来的电磁辐射也越来越多。电磁辐射是以一种看不见、摸不着的特殊形态存在的物质。很长时间内，人们没有认识到它的危害。如今，"电磁污染"

已成为继大气污染、水污染、固体废弃物污染和噪声污染之后的第五大污染，直接作用于机器或人体，是危害严重的"隐形杀手"。电气化带来的负价值究竟有多大，无法算清。

负价值的模糊性更大，常常难以预料。切不可因为已知的负价值小而忽视，更大的危害往往在后面；我们感觉到危害很大的时候，危害或许才刚刚开始，更可怕的还在后面，只是我们尚未发现、尚不清楚，当我们弄明白的时候，可能已经迟了。

今天，我们仔细想一想，就会发现负价值无处不在。正是负价值的难以计量，我们的世界，是会变得更加美好，还是更加糟糕，难以预料。

2. 负价值的效用计量

首先，许多负价值是直观可察的。如滚滚的黑烟、发臭的河水、裸露的山脊……

其次，可以通过受损时间来比较负效用的大小。受损（危害）时间越长，负效用越大。

再次，通过与正效用的对比，来计量负效用的大小。比如，捕鱼，同样的季节、位置、作业方法，捕鱼量应差不多。但捕的鱼一年比一年少，就是渔业资源正在枯竭，说明我们的捕鱼存在负效用，破坏了鱼群的生态恢复能力，使得鱼越来越少。

最后，还可以通过负价值的影响范围来比较负效用的大小。负价值也具有关联性，会派生出新的负效用。多年前，某市建委的 4 万元不合理收费（合理收费 170 元），使该市几千名居民交了液化气管道建设及使用费后，7 年仍不能用上液化气，阻碍了当地经济的发展：①阻碍了液化气公司的生产，直接阻碍了价值的创造；②居民对液化气的消费不能实现，使用液化气比煤节约能源，还节约时间，节约的时间可以用于其他价值的创造，间接阻碍了价值的创造；③用液化气比用煤污染少。从这个事件可以看出，政府机关的乱作为，负值是相当大的。

3. 负价值的劳动计量

要消除负效用，就需要新的劳动，而且很多负值是付出再多劳动也无法补救的。造成负价值的劳动不是计量负价值大小的因素，消除负价值的劳动才是计量负价值大小的因素。消除负效用的劳动量依然主要由劳动时间和劳动强度来决定。负价值的大小 = 负价值的效用 × 消除负效用的劳

动 + 消耗的物质资源价值。

扔个烟头引起森林大火，扔烟头的劳动量很小，救火加植树的劳动量却很大。负价值大小主要由森林大火的负效用和救火加植树的劳动量决定，而不是扔烟头的"劳动量"。

不文明行为就是带来负值的行为。比如，随便丢垃圾，就需要保洁员们的劳动来消除；不遵守交通秩序，就需要辛苦交警来维持。在很多情况下，我们设置了许多固定的或临时的工作岗位，这些岗位上的人员的劳动完全是为了阻止和消除人们的一些不自觉行为带来的负效用（见图 1 - 19）。

图 1 - 19　清洁工刘峰在崀山景区悬崖冒险捡拾垃圾

资料来源：《湖南卫视现场采访崀山清洁工》，中国崀山网，http：//www. langshan. gov. cn/Info. aspx？ ModelId = 1&Id = 34325，最后访问日期：2015 年 12 月 19 日。

4. 技术进步使负值加大，破坏自然和自然破坏都是负值

技术进步并不是带来的全是好处，其弊端总是随之而来的。技术进步使自然环境遭到重大的损害，环境污染已成为一个不可忽视的不良现状，使生态环境遭受破坏，这些现象最终会反作用于人类自身，带来更大的恶果。[①]

[①]　〔美〕丹利尔·贝尔：《后工业时代的来临》，转引自卢大振主编《世界经济学名著导读手册》，中国城市出版社，2004，第 342 页。

从工业革命开始，人类社会进入了前所未有的高速化发展阶段，人类创造的价值呈现指数型增长。然而，人类创造的负值也是呈指数型增长的，只是人们并没有充分地认识到。

从自然保护生物学的角度来说，自工业革命开始，地球就已经进入了第六次物种大灭绝时期。据统计，全世界每天有 75 个物种灭绝，每小时有 3 个物种灭绝。[①]

前五次物种大灭绝事件，主要是由地质灾难和气候变化造成的，正在进行中的第六次物种大灭绝，人类是罪魁祸首。当代生物物种的灭绝速度比自然灭绝的速度要快 1000 倍。[②] 工业革命后的这 250 年，包括以后，是物种消亡最快的阶段。

2010 年是联合国确定的国际生物多样性年，然而，依然有人对生物种类的减少不以为意，认为只要人类生存得好就行。事实上，我们破坏了自然，反过来会加重自然对人类的伤害。破坏植被，会加快水土流失和土地沙漠化，造成耕地面积减少，威胁粮食安全；缺少了植被，暴雨冲刷就容易形成泥石流，直接淹没城镇、道路，夺去许多人的生命。温室气体排放过多，全球变暖，气象灾害频发，干旱、暴雨、极寒等极端天气，影响范围广、持续时间长、造成的灾害大，人类的生存环境直接受到威胁。这一切在很大程度上是人类自身造成的。

大自然赐予人们土地、矿产等资源，同时也带给人们地震、海啸、干旱等灾害，前者给人们的是价值和财富，后者是负值，需要通过劳动来弥补，每次弥补自然灾害的损失需要的劳动和资源有多少价值，那么此次灾害的负值就至少是这个价值，而且许多损失是多少努力都挽救不回来的。

政府、企业、媒体总是热衷于统计 GDP 是多少，没有人统计各经济体或全球总负价值是多少。哥本哈根气候大会上各国还在讨价还价。其实，

---

① 《物种灭绝》，百度百科，http://baike.baidu.com/view/788272.htm#3，最后访问日期：2015 年 12 月 19 日。

② 《第六次物种大灭绝》，百度百科，http://baike.baidu.com/view/2500006.htm，最后访问日期：2015 年 12 月 19 日。

负价值积累起来的"负财富"也是天文数字。

(三) 正负价值的相互派生和综合考量

1. 正负价值的相互派生和转换

> 负价值和正价值,会以相同的方法继续发生变化,那是用不着详细说明的。久旱之后忽降大雨,当初,人们会说,这是甘霖。此时,若不降雨,农作物都会枯死。所以,这一次雨有重生农作物的功用。大雨可以挽救饥馑之灾。但雨降至某期间以后,农民就会觉得,雨已经下得很够,再下会妨碍自己的工作,或伤害正在生长的农作物。如雨继续下,他会忧虑更大的损害,例如水泛滥田中,使田地和作物有冲坏的危险。不幸雨越下越厉害,则农作物、田地、房屋、家畜甚至人自己都会被淹没。水是一样的,适度的量有这样的利益,过多的量却有这样的损害,以致酿成家破人亡的灾祸。①

从以上分析可知,正反价值的相互派生,往往是量变到质变的过程。药品就存在这种情况,过量则弊大于利。比如,滥用抗生素,过早或者过量使用某种抗生素,细菌慢慢便适应了这种药物环境,致使该药物的杀菌力下降甚至完全失去杀灭该细菌的能力,原细菌成为耐药菌。

> 大量耐药菌的产生,使难治性感染越来越多、治疗感染性疾病的费用越来越高……20 世纪 50 年代在欧美首先发生了耐甲氧西林金黄色葡萄球菌的感染,这种感染很快席卷全球,有 5000 万人被感染,死亡人数达 50 多万人。目前,临床上很多严重感染者死亡,多是因为耐药菌感染,抗生素无效。许多专家忧心忡忡地说:"抗生素的滥用将意味着抗生素时代的结束。"②

有百害而无一利的毒品,是典型的负价值产品,但它和所有正价值产品一样可以换取货币。货币可以将负价值转换为"正价值",货币的万向

---

① 〔英〕斯坦利·杰文斯:《政治经济学理论》,郭大力译,商务印书馆,1984,第 108 页。

② 吴建萍:《抗生素滥用的严重危害性》,《中华医学实践杂志》2004 年第 3 卷第 8 期。

性作用好比数学上的绝对值符号，使正负数都成为正数。

此消彼长、此正彼负，竞争中的正负价值转换是最寻常不过的，也常常是最激烈的。通过非法的、非正义的、不正当手段获得价值，本身就是负价值。

负价值可以是正价值派生出来的，正价值也可以是负价值派生出来的。古语"塞翁失马、焉知祸福""福祸相依"，从经济学角度解释就是正负价值相互派生和转换。

2013年初的欧洲马肉风波，部分原因是金融危机使得不少政府削减开支，食品监察部门费用压缩，监察的范围缩小和能力降低，一些唯利是图的商人钻了空子。监察人员的工作价值，就是食品业不法商人的负值派生出来的正价值。

相对于各国的法律，美国的法律条文最多，法律更健全，然而相关制度设计常常是历史上许多惨痛代价换来的。

> 1911年3月25日位于美国纽约市埃斯克大楼的三角女工衬衣公司发生大火……这场无情的大火和146个消失的生命，撼动了素来人情冷漠的金钱之都。4月5日，阴雨绵绵，纽约的华盛顿广场凯旋门下，停放着一具空棺，数万名工人和市民进行了一场沉默的游行，没有口号，也没有呼喊，只有哭泣，哀痛仿佛沉默的河流，从曼哈顿的心脏淌过，那一刻，人们重新发现，还有比金钱更宝贵的价值。有人将它称为改变美国的一场世纪大火，它实质性地推动了一系列保护性法律的制定。[①]

法律具有一定的滞后性，在某种程度上属亡羊补牢。吸取教训，利用负价值的反面教材作用，就是将负价值的反作用力转换为推动正价值的力量。

2. 反制负价值就是正价值，负负得正

2012年关于世纪末日的宣传，是少数人对玛雅历法的误解，精明的、见利忘义的商家利用此误解，销售所谓的避难设施，有的邪教借此机会扩

---

① 节选自央视纪录片《公司的力量》第四集《进步之痛》解说词。

大自己的影响，并以此敛财。这些制造和传播世纪末日的活动，影响了许多人的正常生活，一些不明智的人误以为真，产生精神负担且损失了许多财富，这些是负价值。但这些关于世界末日的宣传，其实也在无意间宣传了玛雅文化，虽然是误解，但经过政府和一些组织、媒体的解释和宣传，制止了负价值的扩大，许多人知道了玛雅文化，促进了玛雅文化地区的旅游事业，形成了正价值，负负得正。

通过立法，建立监察机制，惩治不当获利，制止犯罪，就是正价值。合法的、正常的生产和消费形成的负价值，就需要政府来设法解决。

> 一个消费者或生产者的行为可能有利于或者有害于其他消费者与生产者，对其他消费者或生产者带来的利润是一种利润溢出现象，这就需要政府的调节。①

轮船触礁是负价值，建立灯塔，指引正确的航向，避免触礁，这就是正价值。我们在生活中也需要"灯塔"引领方向，那些凡人善举、道德楷模、先哲和英雄，起到了灯塔的作用，给我们提供人生指南。

负价值是浪费价值，是破坏价值。产生负效用往往还在于人们使用了它，和正效用一样，具有使用价值的东西，你不使用也就实现不了，不浪费、不破坏也就不会造成负价值。

3. 正价值大于负价值，才具有真正的价值

> 我们可以发明 disutility（负效用）一语来指示效用的反面——这是一个抽象的概念。负效用和无效用是有别的。很明白，效用在变为负效用以前须通过无效用的点。这些概念的关系，有如 +、0、- 的关系。②

不破坏环境，就不用费力保护环境。工业生产对环境造成破坏，日后，挽回被破坏的环境所做的劳动创造环保价值，可能与当初工业生产的价值相抵消，甚至是超过它，即负值大于价值。

---

① 〔美〕劳埃德·雷诺兹：《微观经济学——分析和政策》，转引自卢大振主编《世界经济学名著导读手册》，中国城市出版社，2004，第370页。

② 〔英〕斯坦利·杰文斯：《政治经济学理论》，郭大力译，商务印书馆，1984，第64页。

过分砍伐森林会引起洪水泛滥，生产冰箱采用的氟制冷剂会引起臭氧空洞……这些情况（负值）开始人们没有认识到，认识到以后，为了眼前利益，仍继续为之，则是人类的愚蠢；认识到了，也制止了，效果不行，则是人类的无能。我们不怕犯错误，就怕不能认识到错误，更怕知错不改。

好在我们还是认识到了这些问题，低碳经济逐步成为共识，世界范围内越来越多的地区或国家付诸行动，只是做得还远远不够。低碳经济，实质就是负值最小化的经济，是负值趋近于零的经济。绿色 GDP——除去对环境的污染损失和资源的不可再生的损耗后的 GDP，其实就是除去负值后的 GDP。

正价值小的负价值未必小，正价值大的负价值未必大，产品的正价值大小与负价值大小没有关系。多数产品的正效用大于负效用，有些产品的负效用大于正效用，如香烟、武器、弹药等。很多情况下，负价值小了我们就忽略不计，然而，聚少成多，积小致巨，小的负价值如同细微尘埃，一日不扫尘满屋，消除负价值，不是一劳永逸的，需警钟长鸣，永不停息。

4. 综合考量，规避和减少负价值

从广义上来说，任何人都有负价值，任何生产活动都有负价值，很多种负价值是不可避免的，只是负价值的大小不同而已。从最低层面上讲，任何人都要排泄，排泄物需要有人来清洁，清洁工作就是为了消除排泄物造成的负价值。我们只有一个地球，地球能养活的总人口是有限的，人口膨胀具有负效应，每个人都是造成人口膨胀的一分子。

对负价值的认识最早是从自然灾害开始的，消除负价值也是从战胜自然灾害开始的。如今，更多、更大的负价值是人类造成的。所有价值我们都要综合考量，减少和消除负价值我们要注意以下几点。

第一，自己有收益的同时不让别人受损。即便是合法的、不可避免的，也至少将损害降到最低。如果同时让别人受益则更好。

第二，公共利益优先。个人利益和公共利益价值方向不同时，只能牺牲个人利益，维护公共利益。实际上，维护了公共利益，个人利益也就得到了保障，局部利益和整体利益，也是同样的道理。比如：洪水来临，保护大堤的安全是关键，如果各自都抢着搬运自家财产，无人护堤，大堤下

的居民都将不能避免损失；保持了公共场所的卫生，每个人都会享受环境之美。

第三，忠诚比能力更重要。忠诚代表了价值的方向，能力代表了价值的大小，能力如果对整体利益来说是反方向的，结果是能力越大，负价值越大，整体价值减少的幅度也更大。

第四，不能因噎废食。不能因为有点风险和负价值就完全控制我们自己的需求和禁止生产。燃油汽车会排放有害气体，我们不可以不生产汽车，可以开发绿色汽车，如天然气汽车、电动汽车、太阳能汽车，以及其他绿色能源汽车。

第五，制度是关键。不同人的活动，其效用很有可能是部分相反的，也就是价值和负价值的相抵，这就要求建立一定的制度来制止、避免和减少此类情况的出现。科学合理的制度能推动人们创造出更多的财富，也就是创造出更多价值，所以制度经济学是需要长期研究的课题。制度筛选出的人才，可能不是英雄或最优秀的，但必然是有一定才干的，否则其不可能脱颖而出。将来社会仍然需要英雄，但不会依赖英雄，而是要依靠制度。

第二章

价值的增减和转移

消费是所有生产的唯一目的和终点。

——亚当·斯密

第一节 价值有生有灭有转移

价值通过劳动产生，通过消费和浪费而消失，通过商品的交换和再分配而转移。

一 价值的产生

（一）生产与增加值

我们经过劳动生产了某产品，并且产品具有一定的效用，就创造了价值，或者没有物品，经过劳动直接产出效用也一样创造了价值。除了劳动，价值的生产常常还需要一些必要条件，这些必要条件和劳动一样被称为创造价值的要素，即生产要素。

如今，几乎所有产品的价值都并非一次劳动创造，而是多次劳动的成果，且许多价值是多人多次协作劳动的成果。一种商品既是另一种商品的生产资料，又可能用多种商品作为生产资料。新产品会消耗作为生产资料的前端产品，本阶段新创造的价值加上所消耗的前端产品的价值等于新产品的价值。或者说，新产品的价值包含两部分：一部分是转移来的价值；另一部分是新创造的价值，又被称为附加价值，或附加值、增加值。新的产品又有可能成为下个新产品的生产资料，直至形成最后的生活消费品，每一次新价值的产生就形成了价值增值。增值税就是对新增值的部分按比例抽取的价值，采用货币形式。

（二）价值能凭空产生或增值吗？

劳动和效用的增加可以引起价值的增加，人们的主观认识也可以引起价值的增加。煤本是石头，当人们认识到煤可以燃烧后，煤便具有了价值；当人们认识到煤能提炼出化工原料时，煤的价值就更大了。这属于对效用的重新认识，可视为效用的增加，此时价值的增加是实的。

有的主观认识虽然属于凭空产生的热情，却激发了价值的增长。某些实物产品或金融产品实际的价值并没有显著变化，但人们的心理预期逐步升高，而且不是一两个人的个性表现，是大多数人的共性表现，人数多到一定程度就表现为社会性，价值就真增加了。这时效用没有增加，价值的增加是虚的，常被人们称为"经济泡沫"，然而这些泡沫会换来实实在在的货币，再经货币会换来那些没有乱涨价的、具有实际价值的产品。最终，人们分不清哪些是泡沫，哪些是实际的价值。

有些人把这种增长形容为价值凭空产生，实际上并不是凭空，这种增长的实质是价值分配比例的改变，某些东西的价值是大家意识中的增长，有的人受益、有的人受损，全社会的总财富不变、总效用不变。假如所有产品的价格都以相同的速度增长，即便从 1 元涨到 100 元，我们也不会认为财富增长了。如果有的产品价格增长速度快，有的产品价格增长速度慢或不增长，通过交换，增长速度快的财富在增长，增长速度慢的财富在缩水，如此，价值在重新分配。

（三）生产具有周期性和批量性

生产具有周期性。畜物生长有周期，农作物生长有周期，水生物生长有周期，这决定了农业生产具有自然周期性。受此影响，以农业产品为原料的工业生产也具有一定的自然周期性。工业生产常分解为多道工序，相互衔接，平行交叉，流水作业，呈现周期性。服务业也有周期性，服务的对象主要是人，人的生活具有一定周期性，服务因此有周期。

生产周期并非不间断生产，有工作期和间歇期。农闲是间歇期，工人下班期间是间歇期。有的间歇期是完全停止生产，有的不是，只是机器运行速率减慢到最低水平，工人数量降至最低人数，仅有值班人员。

我们可以设法改变生产周期，但得适度，无论缩短周期还是延长周期都是有限度的，不能违背自然周期的规律。

生产具有批量性，每个生产周期的产品数量需要达到一定的规模，即批量生产。生产周期不变，批量生产使得单位产品的平均生产时间变得很短，能够减少单位成本，形成规模效益。一粒米和十万斤米的生产周期是相同的，一人种植百亩地，平均一粒米的生产时间微乎其微，一粒米所含的价值也变得很小很小，即便一个人一年的口粮，折算出所需的生产时间，也是个较小的数字。可见，虽然生产周期具有不易改变的特点，但我们能通过提高批量来降低成本，尤其是时间成本。一般情况下，生产周期越长的产品，生产批量就得越大。

二 除了消费，浪费也使价值消失

万物皆有生有灭，价值也如此，既有价值的产生，也有价值的消失。价值的产生不是物质的产生，价值的消失也不是物质的消失，只是物质的某些满足人类需求的属性和效用的消失。价值 = 效用 × 劳动，效用没有了，价值也就没有了。

价值消失通常是被消费了或被浪费了。

> 每一个产品都可以消费，因为加在任何物品上的价值，也能从该物品减掉。如果一个物品的价值通过人的努力或者劳动增加，那么也可由它的使用或由于各种意外事故而减少。①

使用属于消费，意外事故属于浪费，下面以看病为例，对比消费和浪费。

生存是人类的基本需求，疾病是人类生存的最大威胁之一，求医问药、期盼康复是病人的基本需求。病人花钱得到了医院的治疗，最终痊愈，病人的钱是自己以前创造的价值，再用钱换来自己身体的健康。医院

---

① 〔法〕萨伊：《政治经济学概论——财富的生产、分配和消费》，陈福生、陈振骅译，商务印书馆，1963，第436页。

收到病人交纳的治疗费用，是医疗人员服务工作价值换来的货币价值。这是等值交换的过程，也是生产过程和消费过程。病人消费的价值就是医疗人员创造的价值。从整体上看，创造的价值等于消费的价值，社会财富没有增加，只是作为媒介的货币发生了转移。

有时候，病人得的是绝症，虽花了不少钱，最终还是不幸去世，他消耗了大量价值不菲的药品，医院也为其做了许多治疗工作，可最终结果呢？病人未活下来，没得到价值（生命的挽回），或获得较少的价值（生命延续了一段时间）。对医院来说，病人付费了，他们工作的价值换得了价值（货币——可以转换为任何需要的价值）；对病人及家属来说，他们失去了价值（货币——代表以前创造的其他价值），没有换得希望得到的价值，此时，价值消失，就是被浪费了。当然，即便是浪费，家属也愿意，不愿放弃一丝希望，因为生命是无价的。

> 把价值的纯粹象征性的表现——价值符号撇开，价值只是存在于某种使用价值中，存在于某种物中。（人本身单纯作为劳动力的存在来看，也是自然对象，是物，不过是活的有意识的物，而劳动本身则是这种力的物质表现。）因此，如果使用价值丧失，价值也就丧失。[1]

物的使用价值消失有两种情况：一种是刚生产出的物就没有或缺乏使用价值，比如，生产出来的残次品，新的使用价值没有形成或不足，原料的使用价值就丧失了；另一种是产品在使用过程中，性能逐渐降低，使用寿命逐渐缩减，使用价值逐步减少，直到消失。物失去了效用，物的价值也随之消失，前一种是价值浪费，后一种是价值消费。

主观认识的转变也会让价值蒸发，与高涨的热情相反，当人们对社会经济失去信心后，价值会急速缩水。对某些实物产品和金融产品，少数人看跌不会导致价值的缩水，但如果像多米诺骨牌一样传递下去，形成共性认识，价值就凭空消失了。产品的效用不会凭空增长和减少，但价值可以凭空增长和减少，这体现了价值的实质就是一种承认，价值本身具有主观性。

---

[1] 〔德〕马克思：《资本论》第 1 卷，人民出版社，1975，第 228～229 页。

三 价值的转移

（一）从商品的角度看价值的转移

生活用品的价值消失和生产资料的价值消失，给人们的印象不同，前者我们会直观地认为价值经过消费而消失了，后者我们会认为转移到下个产品上了。其实二者是一样的，都是因消费而消失了，生产资料被消费是为了生产出新的产品，我们主观上都会认可新产品包含原来生产资料的价值，尽管此时生产资料已经消失得无影无踪了，这也体现价值的实质就是一种承认。生产资料以后会转化为生活用品而被消费，是间接消费品。

1. 价值转移可分成两个过程

生产资料在丧失自己的使用价值的同时并不丧失价值，因为它们通过劳动过程失掉自己原来的使用价值形态，实际上只是为了在产品上获得另一种使用价值形态。①

马克思将价值变化的两个过程综合起来看，认为生产资料的价值不会消失，只是从一个商品转移到另一个商品上。生产中，价值转移可分为两个同时变化的过程：原材料价值被消费，新产品价值产生。原材料先前的价值 a 被消费，新产品的价值 b 被产出，产出的价值 b 大于被消费的价值 a，人们就认为被转移的价值 a，加上新增加的价值（$b-a$），构成新产品的价值 b（见图 2-1）。

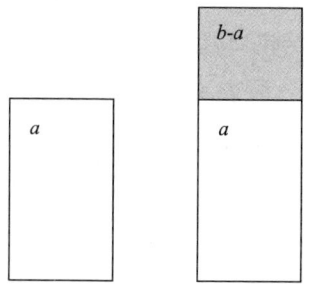

图 2-1 价值转移过程

---

① 〔德〕马克思：《资本论》第 1 卷，人民出版社，1975，第 229 页。

当价值的生产值 b 大于消费值 a 时，我们看到了价值的增长，剩余价值 $(b-a)$ 表现为利润；当生产值 b 小于消费值 a 时，我们看到的反而是比原有价值小，不仅没有剩余价值，而且亏损，失去的价值 $(a-b)$ 到什么地方去了？价值 a 转移成价值 b，综合起来看，亏损情况下的价值转移不好解释。

为发动机器而燃烧的煤消失得无影无踪，为润滑轮轴而上的油等等也是这样。①

如果产出的产品被顺利地销售，并获得了利润，我们可以看作价值获得了另一种使用价值形态。但如果产出的产品没有销售出去呢？可能是生产的产品质量达不到要求，也可能是竞争激烈，产品没有及时找到客户，这些产品最终失效而成为废品。煤和油是要花钱买的，具有价值。煤的物质分子转变到二氧化碳和水等其他分子上，并挥发和排放出去；润滑油随着磨损物的增多变成油污，会被定期清理，并被新的润滑油替代。皮之不存，毛将焉附？煤和油的原本物质形态已不复存在，价值还能存在吗？分成两个阶段来分析就容易多了。盈利状态，煤和油的价值是在生产的过程中被耗费了，同时，更大的新产品价值被生产了出来；亏损状态，煤和油的价值是在生产的过程中被耗费了，同时，新产品的价值被生产了出来，但产值小于耗费的价值。前者，耗费是消费；后者，耗费是浪费。

原材料耗用有两种情况：一种是原料的物质转移到产品上，是实际原材料；另一种是材料的物质没有在产品上，是消耗料。比如工业革命时期的纺纱，棉花作为主要原料，转移到棉纱上；纺纱机器运转损耗的润滑油，蒸汽机驱动消耗的煤，润滑油、煤没有物质转移到棉纱上。这两种情况，我们都会认同被消耗的原材料的价值转移到新产品上了，因为价值的本质就是一种承认。原有的价值在生产过程中消费了，要将原有的价值计算到新产品的价值中去。

2. 价值转移不成就成浪费

新生产的产品有价值，并且大于所消耗的生产资料的价值，则看作原

① 〔德〕马克思：《资本论》第 1 卷，人民出版社，1975，第 229 页。

来生产资料的价值转移到新产品上；新产品的价值若等于消耗的生产资料的价值（不变资本），生产新产品的劳动（可变资本）就没有形成附加值，被浪费了；新产品的价值若小于消耗的生产资料的价值，不仅生产新产品的劳动被浪费，而且生产资料的价值也由消费变成浪费了。

比如："大炼钢铁"的时候，由于不懂技术，加上过分的热情，人们将有价值的铁锅、铁桶、铁犁等作为原料投进了土炉，砍伐树木、拆门窗作为燃料，炼出来的是无用的、杂质含量很高的铁疙瘩。消耗的生产资料是有价值的，生产出来的产品却是无价值的，价值被浪费了，不存在任何转移。

投资某新项目，厂房建了，员工宿舍也建了，配套的食堂等也都建了，部分原料也进仓了，出于某些原因（比如东南亚金融风暴），始终没能投产，项目停止了，设施锈损，成为烂尾工程。没有产品，价值不存在转移，投入的庞大资本的价值大都消失了，造成巨大的浪费。

固定资产折旧是测算价值转移量的，就是长期消费的厂房、机器等价值，逐步地"转移"到产品上去。在计提折旧时，对固定资产的贬值和留存价值是估算或预计的，企业选择折旧方法不同、国家规定最低折旧年限不同，固定资产的价值存量也不同，是个弹性较大的数字。

（二）从物权的角度看价值的转移

从物权的角度看，价值的转移是价值所有者的变换，或享用者的变换。价值转移有三种情况：交换、赠送（继承）、占取。它们都是价值的分配方式。无论在物权关系上价值如何转移，社会总的财富均不变。

1. 交换（交易）

交换是价值转移的普遍方式。交易后，买卖双方的具体使用价值（效用）发生了相互转移，买者获得商品的具体效用，卖者获得货币的通行交换效用，价值名义上相等，视为没有发生转移。

每一次交换都体现价值的个性，表现为价格有差异，最普遍的价格体现着价值的共性，常以此为基准价格。价格偏离基准价格不大，我们都视为等价交换；偏差大到一定程度，就是不等价交换。不等价交换就形成一定的价值转移，也就改变了价值的分配，过低是买者得利，过高是卖者得利。

等价交换也被视为公平交换，欺骗性交换、强制性交换常常被视为不公平交换，不公平交换直接导致不等价交换，形成剥削。公平交易的前提是独立、自由、自愿。不过，即使完全的自由交换，也并不都是等价交换，仍然存在不对等的现象，即不等价交换（不等交换）。不等价交换既有买卖双方信息不对称造成的，也有经济力量的差异形成的。

2. 赠送、继承

财物的拥有者直接将财物馈赠给别人，就直接改变价值的分配。价值的赠送是人类诞生以来就有的本性和美德。原始社会，人们会将以食物为主的财物分配给没有生产能力的老人和幼儿；今天，抚养儿童和赡养老人是人类社会的基本准则。

施舍是小馈赠，捐赠是大馈赠。慈善事业从道德上体现奉献精神，在经济学上就是价值的重新分配，国际的救助也是国际的价值再分配。

奉献也是一种赠送，有大有小，有物质的有非物质的。义工、志愿者不求回报的义务劳动，服务的对象是随机的，我们称之为社会创造的价值，被社会消费，在 GDP 的统计中往往看不到这份价值，但它是不可磨灭的。

有很多人的财物获得是继承先辈或亲人的遗产，这些是先人没有消费完的价值，其中许多是先人主动留给后人的价值。物质文化遗产和非物质文化遗产，自然科学知识和社会科学知识，是一代又一代的先人创造的价值，具有永久性，被全人类所继承。

有的价值表面上是赠送，实际上是交换。比如送礼，很多时候送礼是为了办事，价值较大就是贿赂，这实际是交易，这种交易往往使个别人获得利益，但会给社会其他方面或其他群体带来负价值。

3. 占取

价值分配最朴素的原则：谁创造的价值谁拥有，共同创造的价值共同分配。但是，这个原则并非人类社会一开始就有的，相反，如同动物会夺取其他动物捕获的食物一样，人也会去占取别人创造的价值。在原始社会，食物短缺，人的求生本性让人有抢夺食物的行为。在人类社会发展的历程中，逐步形成以交换为主要途径的分配习惯和分配制度，然而自始至终都伴随着占取别人价值的现象，甚至比动物更为直接、更为残忍。

掠夺是最直接、最野蛮的占取价值的方式。战争的发动者有一个共同特点，就是夺取别人的财物和资源。战争之后，他们又往往确立一些占取价值的制度。一部落把另一部落的族人变为奴隶，可以不断地、无偿地占取奴隶创造的价值；一国统治者强迫另一国定期进贡财物，就是掠夺另一国人民创造的价值；在本国内，统治者设立名目繁多的税种，其中相当大一部分就属于强占人民创造的价值。在经济上，剥削就是无偿地强占别人创造的价值。

从价值的转移角度来看，税收具有两种性质：一种是交换，按一定比例抽出全体劳动者创造价值的一部分，与提供公共服务、满足公共需要的价值进行交换，这种交换是大范围的、必要的、不均等的；另一种是占取，将纳税人缴纳的价值无偿拿去消费。二者往往是混合在一起的，如何分别，就看上缴的税如何花，即财政如何支出。归根结底，税收的性质是财富的再分配。

社会上存在许多不合理收费，也是占取。贪污、偷窃、骗取、赌博、赖账也是占取，也是不公正的，还有一些是披着合法外衣的强占，都属于非法占取。

不等价交换可以看作一部分等价交换，加上一部分赠送或占取。

（三）价值转移的成本

1. 商品中价值转移的成本

从商品角度来看，作为原料的产品不可能100%地转移到新产品上，不可避免有浪费，浪费的这部分就是价值转移成本。厂家将浪费的原料成本加价到新产品上，厂家的价值没有损失，事实上，价值链的下个环节——消费者，支付了这个浪费的价值，价值浪费部分由消费者承担，所以，从总的社会角度来看，浪费并没有被消除。比如用木材做成家具，会剩有锯末、刨花、木屑、木块等边角料，它们同样是原材料——木材的一部分，它们的价值没有真正转移到家具上，但计入家具的成本中。

合格产品中包含的材料数量与生产该产品的材料总消耗量的比值就是材料的利用率，提高原材料的利用率，就是减少价值的转移成本。把边角料应用到副产品上，就是提高材料的利用率，减少价值的转移成本。

材料的具体使用有多种情况，可分为组合型和转化型。在组合型生产中，材料的物理或化学特性不发生根本的变化或无变化，材料的价值转移往往是可逆的，或部分可逆，如生产汽车的螺丝，可拆下来后再使用，回归为原材料。不论从材料到产品，还是从产品逆回为材料，都需劳动，这两个过程的劳动的方向是相反的，若必须返工，原料的价值就没有浪费，浪费的是两份劳动。在转化型生产中，材料的物理或化学特性发生根本的变化，材料价值转移往往是不可逆的，风险更大。转化型生产不成功，损失的不仅是劳动量，原料的价值往往也被浪费了。如生产饮料，柠檬酸加入搅拌池中，再想取回，已是不可能了，若产品不达标，劳动和柠檬酸的价值都会被浪费。

从严格意义上说，任何一次价值的转移都会有转移成本，废气、废水、废物中总会残留少量有效成分，并且废气、废水、废物形成负价值，也是转移成本。相对于产值，有时转移成本显得微小，被我们有意或无意地忽略不计。

2. 物权上价值转移的成本

财物的所有者或享用者发生变化，就形成物权上的价值转移，这种转移会派生出新的需求，需要耗费人力和物力来满足此需求，这也形成转移成本。

交易成本的概念自科斯提出后，已被大家广泛接受，交易成本属于物权上价值转移的成本。广义地说，所有的商场建设和经营费用都是交易成本。网购得以迅速发展，主要原因就是减少了交易成本。

慈善事业的实质是社会再分配的实现形式，撇开再分配的物质和非物质财富，要想实现再分配，一方面需要有专门的组织架构，有专人来做这些工作，另一方面也需要物质和非物质资源，这些就是成本。比如，红十字会需要办公场所，接收捐款需要银行账户和转账服务。有时候财产继承也有成本，遗嘱的公证，继承者的身份确认，相关服务就是成本。即便乞丐获得乐善好施者的施舍，乞丐也有行乞的辛劳。

非法占取的价值对应的就是被侵害者失去的价值，非法占取属于负价值行为，同时非法占取本身要耗费人力和物力。掠夺者凭借武力强取财物，暴力实施本身就是成本，有的没有实施暴力，而凭武力威慑作用取得财物，但练就武力也是耗费成本的。即使小偷的盗窃也有成本，小偷不仅需要制作或选购盗窃工具，还要练就盗窃的"技艺"。

如果把社会看作巨人，物权上价值的转移好比将左口袋的财富放到右口袋，这本身不但不会带来社会总财富数量的变化，还要耗费从左口袋到右口袋的动作之劳。不过，公平合法的转移会促进以后价值的生产，不公平、非法的转移会制约以后价值的生产。

第二节　消费简析

"所有的产品迟早总是拿来消费。其实，生产它们完全是为消费。"①萨伊这句话告诉我们，如果没有消费，我们就无须生产。我们生产什么、生产多少，都是由消费来决定的，产品也就是消费品。

买卖是一种交换方式、方法，货币实际是中间目的，消费为最终目的，用自己的产品直接或间接地换回别人生产的自己需要的产品进行消费。占取也是最终以消费为目的，占取别人生产或拥有的产品来进行消费。捐赠的东西一定是对受捐助一方有用的财物，让受捐者消费。

一　消费的分类

根据价值的特性，结合前人的研究，我们可以从不同方面对消费进行不同的分类，以便更清楚地了解消费，也更清楚地了解价值。

（一）物质消费和非物质消费

人类的需求包含物质方面的和非物质方面的，满足这些需求的过程就是消费，自然就可分为物质消费和非物质消费。与物质消费对应的生产，可能是物质化生产，还可能是非物质化生产，也可能兼而有之；与非物质消费对应的生产，可能是非物质化生产，还可能是物质化生产，也可能兼而有之；更多时候，产品既具有物质化价值，又具有非物质化价值，那么消费此产品就既是物质方面的消费，又是非物质方面的消费。

随着收入的提高，人们更追求生活的质量，不仅仅要求商品具有功能性，更考虑商品内在的文化和品位、外在的美感和时尚。名牌高端产品往往包含最先进的技术、最和谐的产品美学、最个性化和人性化的品质内涵，迎合了消费者的非物质化消费需求。

炫耀性消费包含的非物质化消费成分较多。许多炫耀性消费品的物质

---

① 《消费者剩余》，百度百科，https://baike.baidu.com/item/，最后访问日期：2018 年 8 月 7 日。

功效与普通同类消费品相差无几，它们的主要作用是展示消费者的金钱实力和社会地位，成为"位置商品"，让有钱人显示出自己的优越和荣誉，消费本身存在很大的浪费。一块百元的手表与一块 18K 金做壳、镶满钻石、价值百万元的名牌手表，其看时间的功能是相同的，但后者能显示出主人与众不同的身份。

名品与国家的形象相关，具有一定的符号性作用，如法国香水、美国香烟、巴西咖啡、中国丝绸……有的品牌蕴含了本国家或本地区的品位，在中国代加工的同款美国名牌皮包，为什么在中国卖得比美国还贵？其实这包含了对品质和品位的需求，美国人在美国，不缺乏美国品位，不需要再加钱来消费。中国人想感受美国品位，于是加上品位这一剂非物质化消费，也就给精明的美国商人在同样的商品上加上了非物质化价值。

> 但价值不能消费两次，价值一经毁灭，就没有可能再毁灭的东西。[①]

萨伊的这个观点基于当时社会普遍认可物质化价值，对非物质化价值没有充分认识。应该说，物质化价值不能消费两次，随着物质属性的改变、功能的消失，价值也消失，不能再消费了。而许多非物质化价值则不同，知识价值、文化价值可以消费无数次。比如，音乐家谱写一首美妙的乐曲，可以无数次地被演奏；大夫开出治疗某病的药方，在以后遇到同一病症时，可以再次按这个方子抓药治疗；程序员开发出来的软件，购买之后，可以无数次地运用；学生从老师那里学习到的知识，在以后的生活和工作中可以不限次数地应用。

随着社会的进步，消费由主要满足享受、彰显富足逐渐向智力开发与艺术审美转移。非物质化消费越来越多，质量也越来越高。

（二）有一种消费也是生产

萨伊将消费分为生产性消费和非生产性消费。现在看来，可称为生产消费和生活消费。

---

① 〔法〕萨伊：《政治经济学概论——财富的生产、分配和消费》，陈福生、陈振骅译，商务印书馆，1963，第 436 页。

从广义上说，消费分为生产消费和生活消费。

生产消费：生产要素在生产过程中的运用和消耗。如：劳动者消耗的脑力和体力；钢铁厂每天要消耗大量的煤；机器、厂房的折旧等。

生活消费：人们日常的衣、食、住、行、用，也就是人们消耗生活资料或接受服务以满足生活需要的行为和过程。[1]

生产消费是生活消费的对称。[2]

我们通常所说的消费都仅指生活消费，不包含生产消费。"当我们吃饭、穿衣或看电影时，我们就正在消费经济的部分产出。所用形式的消费总计占到 GDP 的大约 2/3。"[3] GDP 剩下的 1/3 就应该是生产消费支出，美国国民的生产消费支出与生活消费支出之比大约为 1:2。

1. 生产消费是生活消费派生的

生产最终的目的是生活，生产过程中需要使用工具，生产过程也是工具被消费的过程；产品的生产过程往往需要消耗原料，生产过程也是原料被消费的过程。工具和原料的消费就是生产消费，工具和原料就是生产性消费品。

弓箭最初是用来狩猎的，借此可以更快、更多地捕获动物——获得食物，食物是生活消费品，弓箭是生产消费品。弓箭就是早期人类对食物的需求派生出来的需求，使用弓箭就是生活消费派生出来的生产消费，时至今日仍有少数地区使用弓箭打猎，弓箭是人类历史上一种悠久的生产消费品。

当今，天然气已成为城市居民的主要生活燃料，具有安全、方便、快捷、污染少的特点；液化天然气（LNG）还可以作为汽车燃料，具有价格低、噪声低、污染少、安全等优点。天然气既是生活消费品，也是生产消费品。跨洋运送液化天然气需要 LNG 船，LNG 船就是生产消费品，一艘

---

[1] 《生活消费》，百度百科，http://baike.baidu.com/view/1896322.htm。

[2] 《生产消费》，百度百科，http://baike.baidu.com/view/703126.htm。

[3] 〔美〕N. 格里高利·曼昆：《宏观经济学》（第 7 版），卢远瞩译，中国人民大学出版社，2011，第 56 页。

LNG 船一次运送的天然气可以满足上海市一个月的需求。一艘 LNG 船的安全使用寿命是 40~45 年，也就是 LNG 船作为生产消费品最长能被消费 45 年。LNG 船的运用必然先有 LNG 船的建造，液化天然气的运输极其危险，货轮制造难度极高，一艘 LNG 船的造价高达 2 亿美元。其中，殷瓦焊接是 LNG 船制造最难掌握的工艺。选拔和培养出一个合格的殷瓦焊接工需要花费 30 万元人民币，这些培训费用也是生产消费，是由天然气的生活消费派生出来的（见图 2 - 2）。

图 2 - 2   中国建造的第一艘液化天然气船

资料来源：《上海造出世界难度最高船舶——我国第一艘 LNG 液化天然气运输船"大鹏昊"》，船舶数字博物馆网，http://amuseum. cdstm. cn/AMuseum/ship/industry/worldfamous/best02. html，最后访问日期：2015 年 12 月 21 日。

2. 生产消费与价值转移

生活消费可分为物质消费和非物质消费，生产消费也可分为物质消费和非物质消费。生产过程中的物质消费品存在两种情况。

一种是新产品物质中包含被消费的产品物质。如自行车由许多零件组成，车架的生产原料有铝材，轮轴的生产原料有钢材，原料的大部分或全部的物质转移到新产品上了，可以简单理解为原料的价值随同原料本身转移到新产品上了。原料原有的形态已经改变了，原有的使用价值也因消费而消失了，同时新的使用价值诞生了，新产品的形态呈现了。物质价值的转移由消费和生产两个部分组成，生产消费可以看作价值的传递方式。

另一种是新产品物质中不包含被消费的产品物质。如，把钢材加工成轮轴，加工钢材的机器在作用过程中本身的消耗，以及润滑油的消耗，新的轮轴上丝毫没有属于消耗的润滑油和加工机器的物质。这些生产消费品，在新产品生产过程中价值在不断减少，直至消失，它的物质本身不进入新的产品中。由于生产消费是为了创造新的价值，生产消费的物质价值可视为转移到新的价值上，就像我们把劳动的价值视为凝结在新产品的价值上一样，我们仍会把机器消耗的价值和润滑油的价值加在新的轮轴上。此类情况还有厂房、车辆、设备等固定资产折旧，它们的价值被看作以缓慢的速度转移到新产品上，它们同原料一样是生产消费品，不同的是原材料的消费时间短，固定资产的消费时间长。由此，即便新产品物质中不含有被消费的产品物质，生产消费依然是价值的传递方式，以燃料及能源的消费最为典型。

生产消费存在非物质价值消费。比如，企业购买专利或技术、组织人员培训，这些都是为了生产而进行的消费，是非物质化的价值消费。企业也会组织人员进行新产品的开发和设计、召开生产调度会议、制定制度并依此管理和监督等，尽管没有直接作用在新产品的生产上，但间接对产品的生产起作用，往往起的作用更重要，我们会把这部分劳动价值视为凝结在产品上。

生产消费——消费的同时也是生产，但不是所有的生产都是生产消费。生产开始了，并不代表生产一定是有效生产、不代表一定会生产出合格的新产品、不代表新产品的价值一定高于原投入的价值，如果新的价值没有诞生，或者诞生的量不足，那么价值转移就没有实现或没有完全实现，系无效生产或生产性浪费。

3. 生活消费是最终消费

处在上游的最初的产品都是源于自然，前产品价值在生产中消费了，新的价值经生产而产生，前产品的价值传递到下游产品上，下游的最终产品都是为生活所用，价值最终被生活消费了。生活品的价值包含着前面所有的生产环节创造的价值，最终产品之前的产品（中间产品）的价值都是被最终产品的消费者转移支付。

生活消费（或称非生产消费）是满足人们某种生活需求，没有再生产什么价值，但没有再生产是相对的，与再生产价值并非没有关系，人们生活消费是维持和再生人的劳动和创造能力，是为再生产价值打好基础。所以，最终消费是相对最终，是阶段性最终。不过，我们不必把生活消费归结到再生产中，这样就无始无终、无限反复循环，反而不利于理清生产与消费的关系。就像昼夜交替、昨天和今天，必须有界限。虽然不经过昨夜就不会到今晨，但昨夜是昨天的结束，今晨是新一天的开始。"吃饱了饭好干活"，吃饭消费了粮食的价值，干活是另一种价值的生产，不能把粮食的生产也纳入另一价值的生产中。如果纳入的话，那么不仅这顿的、上顿的、曾经吃过的每顿饭都可以纳入，这样价值将无法计算，显然是荒谬的。

生活消费包括基本生活消费和非基本生活消费，或称基本消费和非基本消费。满足人类生存需求的是最基本的消费。基本生活必需品往往是物质消费品，人们都希望生活得更好，生活必需品的层次在不断升级。非基本生活消费是可选择性消费，如休闲消费、学习消费。随着社会的发展，非基本消费增长得越来越快。文明社会，看书并不都是为了提高工作能力，也成为一种需求，一种消遣。

4. 生产消费和生活消费存在交叉

马克思将社会生产分为生产资料的生产和消费品的生产，对应来说，生产资料的生产是满足生产消费需求，是间接满足生活消费需求；消费品的生产是直接满足生活消费需求。不过所谓的消费品并不仅仅能作为生活消费品，也可以是生产资料。如葡萄，直接食用，是水果，是生活消费品；也可作为原料酿造葡萄酒，属于生产资料，是生产消费品。产品既可能是中间产品，也可能是最终产品。

你通过道路送货到某地，道路是生产消费品，你通过道路去访亲探友，道路是生活消费品。生产消费和生活消费有时是同一的。出差到某地，工作之余，顺便看看亲友，两地间来回乘火车既是生产消费，也是生活消费。

生产消费和生活消费存在交叉，有时不必严格区分，它们都是消费，区别在于生产消费要求能产生增加值。不过，由生产创造的价值，最终并不都是被消费了，还有很多被浪费了。

(三) 个人消费和集体消费

消费分个人消费和集体消费。集体消费其实就是多人共同的个人消费。集体是一定范围内的人员，有相对固定人员的集体，有相对不固定人员的集体，不固定人员还可能是随机组成的。

集体的范围有小有大，家庭消费可以说是最小的固定人员的集体消费，集体的范围最大是国家，乃至全人类。

> 必须注意的一点是，一个国家不仅仅是作为生产者而存在的，它同时也是消费者。[①]

国防支出，就是一个国家全体国民的集体消费。

我们常常提到的公共消费就是集体消费，并且公共消费占国民消费的比例越来越大。公共消费又称为公共支出，费用往往是政府埋单，实际是广大纳税人埋单，但消费的人员很多时候是不固定的，是随机的，可能包括了部分纳税人，又可能不是纳税人。比如，城市园林和道路等公共设施是公共消费品，负责建设和管理的单位很多是依靠财政拨款，是非营利性机构，非营利并非不创造价值，他们的劳动给城市带来美丽和便捷，受益的是城市居民和来到城市的流动人员，这些人虽然具有很大的流动性，但又属于较为稳定的人员。集体，是由一个个的人组成的，这些人并不特定。公共消费，是人人都有权受益，人人都能够受益。

集体消费，常常需要人员在空间上和时间上的集中。市场为满足人们集中交易的需求应运而生，作为市场的场所就是集体消费品。人们的宗教活动、政治活动、文化活动，以及教育和医疗方面都存在各种各样的需求，满足这些需求的过程就是集体消费，城市是提供这些需求的空间场所，城市本身就是广义的公共消费品。

也存在借集体之名，行个人消费之实的情况，公款吃喝就是典型。

（四）直接消费和间接消费

人的需求有直接需求，也有间接需求（也称派生需求），相应就有直接消费、间接消费。生活消费是直接消费，生产消费多为间接消费。我们乘车出行，车要被生产出来，生产车的设备要先于车被生产出来，设备的

[①] 〔英〕约翰·理查德·尼古拉·斯通：《国民收入与支出》，转引自卢大振主编《世界经济学名著导读手册》，中国城市出版社，2004，第 379 页。

使用过程就是生产消费过程，也是乘车的间接消费。间接消费体现了价值的关联性。

食、衣、住是基本需求，此类消费品是直接消费品，基本需求弹性小。派生需求，是基本需求派生出来的需求，此类消费品是间接消费品，派生需求弹性大。派生存在多重派生。汽车是派生需求品，轮胎是汽车派生的消费品，也是人们出行需求多重派生的消费品。

（五）规范消费和非规范消费

规范消费是符合社会法律和道德规范的消费，是阳光的。非规范消费是不符合社会法律和道德规范的消费，是阴暗的，非规范消费品在很大程度上是负价值。

规范消费和非规范消费有时是前后或交叉相连的。比如，乘出租车去某场所赌博，前阶段打的是规范的消费，但后阶段赌博是非规范的。非规范消费的价格往往很高，供方是暴利的。毒品的生产和消费都是非规范的，毒品的销售一样能换来钱，而这些钱可以去规范消费食品、衣服、汽车、房子等，而房子、车等又可能被毒贩作为制作和贩卖毒品的场所和工具。钱是"万向节"，规范的、非规范的生产与消费都被货币连接。

消费往往会带动生产，生产又能促进消费。一种消费又会派生另一种消费，可能是规范的消费带动非规范的消费，也可能是非规范的消费带动规范的消费。比如有不少娱乐场所含有色情消费，离开了这些色情消费，相当大一部分会关门歇业，色情业是不规范的，但它带动了娱乐场所的兴建和装潢（往往都是高档的），由此带动了建筑器材和音响、电视、灯光、监控设备等的销售——这些是规范的生产和消费。VCD 机、DVD 机的发明及生产是规范的，促进了碟片的生产和销售，许多盗版和淫秽碟片混杂其中并一度热销——这些是非规范的。

高消费往往伴随着高浪费，许多高消费是服务性消费，消费的商品是"生产者"的尊严和人权，消费给"生产者"带来的是痛苦和负价值。在市场经济条件下，似乎什么都可以变成钱，或者说什么都可以用货币来换，尊严、亲情、肉体、器官、道德等，这些消费其实不产生价值沉淀或价值积累，消费的过程就是"生产"的过程，是对冲的，往往有负价值，如道德沦丧、腐败和恶势力滋生。非规范消费多会引起社会的不稳定，所以消费需要引导和限制。

同样的生产和消费，在不同时期、不同区域，其规范性不同。当今中国内地是禁色又禁赌的，色情业在中国内地是非规范的，是法律不允许的，而在日本、泰国等国家是允许的，是正常职业。有的国家禁赌不禁色，阿拉伯国家禁色不禁赌，也有的国家色、赌都不禁。在中国古代，乃至近代，性服务是正常的职业，有历史记载管仲最早开官办妓院，通过此项收益来填补军用开支。

（六）有偿消费和无偿消费

交换对应的是有偿消费，占取、赠予对应的是无偿消费。不等价交换和等价交换都属于有偿消费，可以把不等价交换看作一部分有偿消费加上一部分无偿消费。

公共消费对很多人来说是无偿消费。公共消费并不是没有人埋单，而是消费者或受益者并没有付费或付出。如免费医疗，费用由政府支出，实际上是纳税人支付，没有纳过税的人享用免费医疗才是无偿消费。

免费软件，被越来越多的人使用，逐渐形成一个庞大的信息平台，提供者通过广告效应获得收益，消费者与提供者是非物质价值的交换，消费者并不是不付出成本，其需要接受插进来的广告，只不过这个成本没有被消费者量化，或者是因太小、太模糊而被忽略。

世上没有免费的午餐。以免费为诱饵，含有陷阱的，属于欺诈，不是无偿消费，消费不成反被对方占取价值，让对方无偿获利。如：手机上捆绑的许多所谓免费软件，其实暗藏费用陷阱，只要点击就会扣取用户的话费。

免费的事物容易让人忽视或不能充分认识到它的价值，免费的会让一些人产生"不拿白不拿"的想法，容易造成资源紧张和浪费。免费医疗的国家，常出现排队等待就医的情况。

　　一位英国小女孩登记扁桃体手术，20 年后接到手术通知，已成两个孩子的母亲……①

---

① 曹鹏程：《翻过那座"看上去很美"的山（域外采风）》，《人民日报》2013 年 10 月 24 日，第 5 版。

统治者往往不劳而获，其中很大程度属于无偿消费百姓创造的价值，历史上的专政君主大都骄泰奢侈、浪费无度。发行货币是政府的权力和职能，如果政府无任何抵押发行纸币，并用新发行的钞票购买消费品，就是政府的无偿消费，货币贬值就此开始。

二　消费的替代性能限制价格上涨过高

第一章中我们说了消费具有间歇性和周期性，现在我们再看消费的替代性。

有个广为人知的故事：一位吝啬的财主给孩子请私塾先生，膳食供给很微薄，一位书生与他立约（当时没有标点符号），财主看了欣然接受。他认为是"无米面亦可；无鸡鸭亦可；无鱼肉亦可；青菜一碟足矣"，并依此置办。然而，第一顿饭书生就提出抗议，指出约定是"无米，面亦可；无鸡，鸭亦可；无鱼，肉亦可；青菜，一碟足矣"。财主无言，只得照办。这位机智的书生，一方面运用了断句的技巧，另一方面运用了一个经济学常识——消费的替代性，面可以替代米，鸭可以替代鸡，肉可以替代鱼。

人的需求是多样的，因而消费也是多样的，多样消费品之间有的可以相互替代。牛肉涨价了或短缺了，可以换羊肉；肉涨价了，可以买鱼吃……牛肉涨价了，不仅可以用羊肉替代，也可以用其他肉类食品替代。选择什么产品替代与消费者的偏好有关，与产品的价格有关，而消费者的选择又会反过来影响价格，价格过高消费者减少购买，销量下降会迫使生产者或销售者考虑降价。同类产品的替代性大，异类产品的替代性小。

经济学家用无差异曲线来诠释替代效应，不过这只能表示两种或者两类产品之间的替代关系（见图2-3）。在实际生活中，一种产品可能有多种替代产品，增加一种产品我们或许可以用三维坐标图来表示，再增加一种产品就不行了，我们是画不出四维坐标图的，但可以简化为两个变量间的关系，并总结出：

当某一物品的价格上升时，消费者倾向于用其他物品来替代变得较为昂贵的该种物品，从而更便宜地获得满足。①

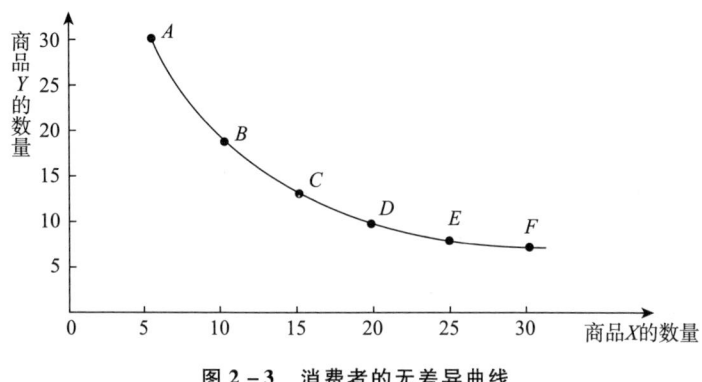

图2-3　消费者的无差异曲线

三　消费带动生产，生产促进消费

此生产者，亦为彼消费者。衣服的生产者，是鞋子的消费者；牛肉的生产者，是美酒的消费者；音乐会的演奏者，是咖啡的消费者；而音乐会的观众，其中可能有咖啡的经销商……我们经常是某一种商品的生产者，同时是万种商品的消费者。

消费带动生产，只有产品不断地被消费，我们才会持续生产此产品，企业才会生存。"顾客是我们的衣食父母""客户是上帝"，这些口号虽然有些偏激，但不是没有道理的。如果消费者越来越多，这个产品的生产就会兴起，迅速形成一个新的产业，并且可以带动相关产业的发展。如果消费者越来越少，产品失去了市场，许多从事该产品生产的人员，乃至与该产品生产有关联的人员就要考虑另择他业，企业就要考虑转产。消费对生产的带动作用是显而易见的。

BP机被贝尔实验室创造出来后，从20世纪70年代开始成为普及的电子消费品（见图2-4、图2-5）。

1984年，上海在中国率先开办了无线寻呼业务。20世纪90年代

---

① 〔美〕保罗·萨缪尔森、威廉·诺德豪斯：《微观经济学》（第19版），萧琛主译，人民邮电出版社，2012，第81页。

以后，中国寻呼用户数量逐年激增……在 1995 年到 1998 年的 4 年间，全国每年新增寻呼用户均在 1593 万户以上。①

在其最辉煌的时期，全国经营无线寻呼业务的单位达 5000 多家，用户总数超过了 8000 万，年增长幅度曾高达 150%，我国一举成为全球无线寻呼用户最多的国家。

但到了 1998 年、1999 年，寻呼业务的增幅骤然下降到 10% 左右。尤其是在北京、上海、深圳等大城市及部分沿海地区城市，无线寻呼市场基本趋于饱和。紧接着，就是用户流失严重、业务急剧萎缩、寻呼台数量减少、纷纷裁员等等。有人统计，在 2000 年到 2001 年间，我国平均每天就有一家寻呼台退出市场。②

移动电话是寻呼机的"终极杀手"。不仅手机强大的功能让寻呼机"一筹莫展"，而且其价格也越来越便宜，因此许多人购买手机后，就把寻呼机甩在了一边。③

图 2 - 4　BP 机

资料来源：《精美图片揭秘摩托罗拉新加坡创新中心》，腾讯网，http://tech. qq. com/a/20081030/000295_1. htm，最后访问日期：2015 年 12 月 22 日。

---

① 《寻呼机》，百度百科，http://baike. baidu. com/view/79739. htm? fromtitle = BP% E6% 9C% BA&fromid = 3402781&type = syn。

② 秦海波：《寻呼台纷纷倒闭》，《北京晨报》2002 年 4 月 3 日。

③ 百度百科，http://baike. baidu. com/view/79739. htm? fromtitle = BP% E6% 9C% BA&fromid = 3402781&type = syn。

图 2 − 5　寻呼台

资料来源：陕西省地方志编纂委员会网，http：//www. sxsdq. cn/dqzlk/sxsz/ydz/ 200903/t20090327_6094. htm，最后访问日期：2015 年 12 月 22 日。

如今，BP 机已销声匿迹，寻呼台话务小姐甜美的声音也成为一种回忆，很多当年从事无线寻呼业务的人员和企业转向手机业务，BP 机短暂的兴衰史验证了消费带动生产。

BP 机是显性需求，背后的隐性需求是人们的信息沟通与传递，越快捷、越准确越好，当更快捷和更准确的手机出现后，BP 机和寻呼台终将一并落幕。无线寻呼是一项信息服务，满足的是人们非物质化的需求，创造的是非物质化价值，构建它需要物质化的寻呼台基站设施和 BP 机，非物质化的寻呼台管理和维护，以及话务员的培训和工作。BP 机的使用本身也是消费物质化的价值，带动着 BP 机的生产，也带动着 BP 机的销售和维修服务——这包含着非物质化价值。这也从另一个方面证明：直接消费是非物质化的价值，会带动间接的非物质化价值生产，也会带动物质化价值的生产；直接消费是物质化的价值，会带动间接的物质化价值生产，也会带动非物质化价值的创造。

生产促进消费。只有产品被人创造出来后，大家才会想到去消费它。即便有人想到了某种产品，但产品没有被生产出来，人们也无法去消费它。有时候也可以说，生产创造需求。汽车没出现前，人们只会想要马车；BP 机没出现前，人们的脑子里不会有它的概念，更不会考虑使用它；手机没出现前，人们只会想象千里眼和顺风耳……而当这些新产品诞生后，就蓬勃发展，最后成为寻常品。

生产与消费具有辩证的关系，一味地追求生产、忽视消费，并不正确，一味地指望消费带动生产，也不可取，生产与消费的关系在第三章还将继续研究。

第三节　浪费！浪费！

创造的价值不能被消费，就会形成浪费，简单说：非消费即浪费。

一　浪费无处不在

创造出来的价值有很多没有被消费，而是被浪费了。不仅生产过程中会浪费价值，消费过程中、价值转移过程中也会浪费价值。

创造出来的价值没有被消费，是生产与消费没有对接，原因有多种，如生产周期与消费周期不一致、信息不通畅、分配不合理、价格过高或过低、不确定因素等，最通常的表现是生产过剩。美国"大萧条"时期，愤怒和绝望的农民宁肯将牛奶倒掉也不愿销售，以抗议过低的收购价格，这种浪费显而易见，受害的不仅仅是农民自身。

过剩的产品长时间存放就是浪费，很多产品经过一段时间后，原有的效用会降低，甚至失去效用，减灭的价值，遂为彻底的浪费。米饭不及时吃，放久了会馊臭；棉衣不穿，放久了会生虫霉变；汽车不开，放久了会启动不起来……

在价值的创造过程中形成的浪费，是生产中的浪费。如今的产品都不是一次创造出来的，生产中一方面是转移价值，另一方面有新的增值，所以，生产中的浪费，一方面是转移价值中的浪费，另一方面是新增值中的浪费。

材料的过多消耗、原料的利用率低就是转移价值中的浪费。实际利用率低，反过来说就是浪费比例高。一块布做成衣服后，必然会剩下碎布等边角料，而且这些边角料的用处很小，近乎无价值，边角料就是布的价值转移中的浪费。

《零浪费丰田生产方式》中总结了生产中的七大浪费：制造过多的浪费、库存的浪费、不良品的浪费、搬运的浪费、等待的浪费、加工的浪费、动作的浪费。我们知道，劳动创造出效用才能形成价值，没有创造效用的劳动是无效劳动，也是无价值的。所以，搬运的浪费、等待的浪费、加工的浪费、动作的浪费等在生产中并没有真正形成价值的增值，属于价值增值中的浪费。制造过多的浪费、库存的浪费、不良品的浪费，既有价值转移中的浪费，也有价值增值中的浪费。

现代社会，到处都有记者。一个会议，参会的人员没有参加报道的记者多，其实报道内容是一样的，许多记者是在做重复性工作，太多的记者造成场地拥挤、资源紧张、安保和接待工作量加大，其中必然包含许多人力浪费。

消费价值过程中的浪费很普遍，是我们看得见的浪费。餐桌上的浪费是最明显的消费中的浪费，而且是痼疾，全球都存在，中国很典型。

> 联合国粮农组织称，全球每年约有三分之一的食物在生产与消费过程中遭浪费或损耗，这些食物总价值约 1 万亿美元。在发展中国家，95% 的食物损失与浪费发生在农作物收获阶段，这些国家缺乏资金、管理和技术，以及完备的基础设施和市场体系，因而造成食品的损失和浪费。而发达国家的食物浪费集中于食品销售和消费阶段，大多由于消费者过度购买、不正确的储存和随意丢弃仍可食用的食物。[1]

消费品实际使用率低就存在一定程度的浪费，也是消费中的浪费，如新衣服买来后，多年只穿一次，甚至不穿。

交易成本对顾客来说越小越好，相对而言过高的成本就是浪费。百货商场没有出现之前，人们采购货物可能要寻遍半个城区，消费者在体力和时间上都有浪费，百货商场、超市的出现减少了这样的浪费，方便了消费者。不过，百货商场、超市的建设和营运费用终究要分摊到每个商品上，这也是交易成本，如今，网购迅速发展的原因就是此类交易成本可以进一步减少，"省钱"就是减少了顾客在交易中的浪费。

不仅交易成本，所谓的生产成本、管理成本、风险成本、信息成本等诸多组成成本的因素之中也有浪费。

---

[1] 《全球每年浪费 13 亿吨食物——联合国机构发起反对浪费行动》，《北京日报》2013 年 1 月 24 日，第 14 版。

二 浪费的分类

（一）可避免的浪费和不可避免的浪费

1. 浪费不能完全避免

浪费有可避免和不可避免之分，许多浪费是不可避免的。如：收粮食，总有部分颗粒洒落在田地里，我们尽可能做到颗粒归仓，但完全不洒落在田地里是不可能的；吃饭，尤其在酒店里，很多菜没吃几口就倒了，十分浪费，应该能避免，如果菜都吃完了，残留在餐盘里的油渍是不可避免的浪费；制衣，产生边角布料是不可避免的；广告，一万份产品单页散发出去，吸引来的顾客可能只有几十个，自我安慰地设想其他单页起到了宣传作用，实际上很多人接到单页看也不看就丢弃，未起作用的那些单页的制作和发放费用，在一定程度上是不可避免的浪费……现今是信息大爆炸的时代，也是信息大浪费的时代。

不了解情况、认识不足，没掌握知识、技术落后，不可避免会造成浪费。计划跟不上变化，不确定因素，也会不可避免造成浪费。《家用电器国家三包规定》中要求生产者保证在产品停产后五年内继续提供符合技术要求的零配件，厂家预留的少数配件不确定有多少被用上，有的直至产品都淘汰了也用不上，保存完好的备件只能变成废品，这是数量不确定造成的不可避免的浪费。

2. 不可避免浪费可转为可避免浪费

改进技术、提高认识可以减少许多浪费；对各种因素进行数据统计分析，研判不确定因素的概率范围，准备相应的方案，也可以减少许多浪费。能够减少的浪费就是可避免的浪费。

许多不可避免的浪费随着科学的发展，变成可避免的，不可避免的浪费越来越少。在安庆石化厂，曾有个常年不灭的"火炬"，由于炼油中"最后的"废气不能被利用，直接排放污染严重，点火烧着污染小些，才有了"火炬"。有人形象地比喻为一个文盲在烧钞票，后来掌握了技术，"火炬"终于灭了。随着收割机的改进，掉落在田地里的稻谷越来越少。使用电脑软件辅助设计裁剪，提高了布料的使用率，产生的边角料变少了。

（二）主动浪费和被动浪费

主动浪费：消费者或事主的主观动因造成的浪费，明知可避免却宁愿浪费。餐桌上的主动浪费最为严重。和朋友一起吃饭，为显示大方，点的菜根本吃不完；公费招待，因为可以报销，奢靡铺张……在中国每年餐桌上的浪费估计高达 600 亿元！

随着建筑技术的进步，建筑质量的提高，住宅的平均使用寿命应该是延长的，然而实际使用时间在缩减，许多还很好的房子被拆了建新楼。现在的中国大多数地区，房屋的平均使用时间不到 30 年，仅为房屋设计使用寿命（50～70 年）的一半，存量价值被一下浪费。这些浪费，有的是时代快速发展中不可避免的结果，有的是规划不科学、片面追求 GDP 的结果，是可以避免或者减少的，属于主动浪费。

如重庆朝天门港口地标性建筑重庆港客运大楼及三峡宾馆于 2012 年 8 月 30 日被爆破拆除，这两座地标性建筑使用了也就 20 年左右（见图 2－6、图 2－7）。

图 2－6　重庆港邮票

被动浪费：外部原因造成的浪费，消费者或事主知道是浪费却无法拒绝，被动地接受浪费。

技术进步的速度如此之快，许多产品没有到使用寿命就被淘汰了，属于被动浪费。手机淘汰 BP 机，BP 机的价值被浪费了，就是被动浪费。同样，计算器的出现淘汰了计算尺；WPS 的出现淘汰了打字机；数码相机的出现淘汰了胶卷相机。计算尺、打字机、胶卷相机等不少是七八成新的，就不再用了，它们的价值被动浪费了。

由于技术进步，同类设备的再生产价格降低，或者性能更完善、生产效率更高、耗费资源更少的新型设备出现，致使原设备贬值，被称为机器设备的无形损耗，无形损耗属于被动浪费。

图 2 - 7 爆破

资料来源：《重庆朝天门地标性建筑今天下午成功爆破》，新华网，http://big5. xin-huanet. com/gate/big5/www. cq. xinhuanet. com/2012 - 08/30/c＿112907435. htm，最后访问日期：2015 年 12 月 23 日。

有些被动浪费同时也属于不可避免的浪费。

（三）相对浪费和绝对浪费

1. 相对浪费

浪费具有相对性，立场不同、角度不同、层面不同，人们对浪费的认识和判断也不同。如同我们当以全社会的利益为最终价值取向一样，浪费价值我们也当从全社会的层面做最终判断。

新技术比原有的技术节省耗能、原材料、时间，原有的技术相对新技术存在浪费。新技术多增加 1 元的产值，就意味着旧技术多浪费 1 元的价值。如果不造成产品效用的下降，也不形成其他方面的负效用，能节约下来的成本相对而言就是曾经的浪费。工艺 A 消耗 500 元的原料生产出 1000 元的产品，工艺 B 消耗 200 元的原料生产出 1000 元的产品，工艺 A 相对工艺 B 就浪费了 300 元的价值。若淘汰落后工艺，原来设备的存余价值必然浪费；若继续采用原设备，则有生产原料的利用率低和污染大造成的浪费。浪费必有其一，浪费不可完全避免，"两害相权取其轻"。

自己的产品价值得到认可，以合适的价格销售出去，价值被别人消费；产品价值未得到认可，没销售出去，自己创造的价值就是浪费了；产品销售出去的价格很低，不是等值交换，也就是没有适合的回报，对自己来说是部分价值浪费了。

如果某种商品的产量超过了当时社会的需要，社会劳动时间的一部分就浪费掉了，这时，这个商品量在市场上代表的社会劳动量就比它实际包含的社会劳动量小得多。[①] 对于卖方来说，产品每以低于应有价值 1 元的价格销售，劳动创造的价值就浪费了 1 元，也就是一部分劳动时间浪费掉了。对于买方来说，每以低于应有价值 1 元的价格购得产品，等量货币换得效用增多，就是获得 1 元的溢出收益。从社会整体的角度出发，卖方减少的收益等于买方溢出的收益，是平的，没有浪费，创造的价值只要被消费就不算浪费，只是生产者获得的收益变少了，等量的劳动获得的价值变小了，也就是以价值为基准的分配比例变小了，相当于生产者创造的一部分价值赠送给了别人。价格低到一定程度，生产方的收益为 0，生产方算是白忙了，劳动创造了价值，但没有得到价值回报；相反，买方用比原来少很多的价值获得了同样的效用，是超额价值回报。价格低改变了分配比例。

从投资者角度来看，要获得收益，收回来的钱要多于花出去的钱，换句话说，获得的价值要大于消费的价值（其中消费更多属于生产性消费）。如果收益为 0，甚至为负，即消费的价值大于或等于获得的价值，在投资者看来，没有带来收益的生产消费就是浪费。租房子做生意，房租费是使用一段时间房子的费用，房子是生产消费品，对房主来说，承租方是消费者；做生意还要雇用店员，店员的劳动力就是商品，对店员来说，自己的薪水是老板（投资人）购买劳务的费用。生意亏了，投资人后悔，觉得花出去的房租费和付给店员的工资都浪费了，不如存在银行里。而对房主来说，房租费是正常的等价交换；对店员来说，工资是劳动价值的体现。他们都会觉得，亏是老板自己的事，自己绝没有浪费老板一分钱。

要切记的一个重要的经济学原则是：资源是稀缺的。这就意味着

---

① 《马克思恩格斯全集》第 25 卷，人民出版社，1974，第 209 页。

> 每次我们采用一种方法使用资源时，就放弃了用其他方法利用该资源的机会……
>
> 失去的选择被称为机会成本……
>
> 机会成本（opportunity cost）指的是错过的最有价值的物品或劳务的价值。[①]

机会成本也被称为隐性成本，损失机会成本是不可避免的浪费，是隐性浪费，也是相对浪费。中国的俗语"有得必有失"最能概括机会成本的含义。

> 如果选择养猪就不能选择养其他家禽，养猪的机会成本就是放弃养鸡或养鸭等的收益。假设养猪可以获得9万元，养鸡可以获得7万元，养鸭可以获得8万元，那么养猪的机会成本是8万元，养鸡的机会成本为9万元，养鸭的机会成本也为9万元。[②]

分析和了解隐性浪费有利于优化资源配置，节约成本，提高产值。库存浪费就是相对机会成本的损失，库存占用的资金如果用在别处，会得到更多的边际收益，而在库存阶段的边际收益为0，库存本身就存在相对浪费。

当较低的交易成本出现后，相对较高的交易成本就是浪费，这个浪费基本由消费者支付。对比实体店，网购顾客节省的钱就是避免了相对浪费。

考虑浪费的相对性要在一定的时间范围内，时间不能拉得太长。在今天的技术条件下看过去，会发现以前对资源的利用率是极低的，如果指责先人在极大地浪费资源，只能说明无知。

2. **绝对浪费**

生产出来价值 N 元的产品始终没有销售出去，最终自然损坏而失去了效用，变得一文不值，或舍弃而丧失价值，就是绝对的浪费。

[①] 〔美〕保罗·萨缪尔森、威廉·诺德豪斯：《微观经济学》（第19版），萧琛主译，人民邮电出版社，2012，第127页。

[②] 《机会成本》，百度百科，http://baike.baidu.com/view/26400.htm。

产品销售出去了，购买者将买来的产品搁在一边，始终没有使用，最终自然损坏而失去效用，变得一文不值，一样是绝对的浪费。

产品销售出去了，购买者仅使用了一两次，或只消费了一点点，就丢弃了成为垃圾，产品价值的大部分被绝对浪费了。

站在消费者或事主的角度看是浪费，站在全社会的层面看也是浪费，这样的浪费就是绝对浪费。绝对浪费常常是显而易见、毋庸置疑的。

3. 实际浪费不以相对浪费为取值

机会成本是拟定的成本、名义上的成本，模糊性很大，拟定的机会成本值往往在一定的条件下才能成立，没有考虑到不确定因素，也无法全面考虑到不确定因素。前文"相对浪费"中的例子，养猪的机会成本是养鸭的收益 8 万元，然而这是在假设养鸭十分顺利的情况下得出的结论，如果赶上禽流感，所有的禽类都禁止销售甚至要捕杀干净，养鸭就会血本无归，养猪的机会成本还会是养鸭的收益 8 万元吗？所以，失去机会成本不算真正的浪费。

西方经济学认为，考虑到机会成本，经济利润为零，企业的会计利润是用来弥补机会成本的损失的，一般等于机会成本。这其实就是马克思的"等量成本应获得等量利润"的论点，只不过换了个说法而已。从全社会层面来看，经济学宏观统计采用的是实际值。财富的计算考虑的是实际成本，财富存量等于创造的价值减去耗费的价值，耗费由消费和浪费组成，这个浪费只能是实际的浪费，不能是相对的浪费。实际创造出来的价值，只能被实际消费或实际浪费。

三 浪费与生产

（一）浪费被转移支付

1. 转移支付的正向和逆向

生产中浪费的价值一般作为成本的一部分计算在产品的价值中，并不由生产者来承担，而是被消费者转移支付。价值链的上游产生的浪费由下游购买者支付，我们称之为浪费价值的正向转移支付，这是最常见的转移支付类型。

一块布做成衣服后，尽管剩下的碎布等边角料，没有被转移到衣服上，但衣服的价值计算仍然要包含整块布的价值，这一点大家都承认并且接受。衣服购买者的支付中包含浪费的布料价值，这样，浪费的价值就转移给消费者来支付。

店大欺商，大型连锁商店常常强行收取供货商名目繁多的促销费用，这些促销用花出去后往往一点效果都没有，纯粹是浪费。价值链的下游产生的浪费由上游供货商承担的，我们称之为浪费价值的逆向转移支付。

浪费价值转移支付的方向，往往取决于供需双方的力量博弈。

2. 成本是浪费的遮羞布

成本一词掩盖了许多浪费。生产中浪费的价值和消费的价值都会作为成本计算到下游产品的价值上，生产中的浪费转移成为消费者的浪费。正因如此，生产者往往不那么注意防止浪费，甚至没有意识到那是浪费，把浪费当作应有的成本，习惯性地认为是不可避免的。

采用计划定价，缺少区分浪费与消费的主动性，浪费和消费的价值都一并作为成本，成为新产品定价的依据，结果巨大的浪费往往不能被发现，或者发现了也没有人去指出和改正，因为有人"埋单"。这就是计划经济主要的弊端：成本居高不下，浪费巨大，效率低下。

通过竞争，消费者选择低价获得等量效用，倒逼生产者减少成本；为追求利润的最大化，企业也会主动压缩成本。减少生产中的浪费是压缩成本行之有效的方法。有的产品的价格一降再降，价格低得让同行感到不可思议，其中一部分原因就是厂家找到了减少浪费的办法，保住了利润点。丰田的生产方式（TPS）就是典型，其中很多被消除的浪费曾被汽车行业视为理所当然的成本。

建筑物的使用时间缩短，拆除建筑物浪费的价值会加到房子的售价上，由购房者转移支付，房价高的一部分原因就是浪费推动的，老百姓对过高的房价有意见，房产商们总是以成本作为"挡箭牌"。

交易成本，是消费者不得不支付的，必要的成本是消费，不必要的成本是浪费。

并不是所有的浪费都能被转移支付，有时售价低，刨去浪费部分后净成本都收不回来，更不要说浪费的价值了，结果就是"没赚钱、亏本了"。当浪费不能被转移支付后，人们便想方设法避免浪费，节约成本。

成本掩盖下的浪费巨大。比如，很长一段时间，人们用煤来发电，直至用白炽灯来照明，真正被利用的光能只占煤所含的能量的1%，换句话说，煤所含的99％的化学能都被浪费了。煤的燃烧，热能转化为电能，电能传输中的损耗，变压器的能量转化，电灯热损耗，每个阶段都有损耗，每个损耗都纳入成本。我们支付的电费包含所有的损耗，其中有可避免的浪费，也有不可避免的浪费，能源利用率随着技术的改进才逐步提高了。比如 LED 灯的应用就大大提高了电能转化为光能的效率。

有许多浪费或负值，似乎有着充分的理由，或曰为了满足制度的要求，或曰形象的需要，其实都应该协调好、避免之。

3. 免费是浪费的助推剂

在企业，许多岗位员工的工资是固定的，工作量却有很大的弹性，给员工增加任务，往往不需要增加工资，边际成本几乎为零，于是总有没完没了的工作等着员工去做：统计并不具有实际意义的数字，上呈名目繁多的报表，过于频繁地进行工作总结，大会小会接连不断……加大的劳动量，其中很多是重复性的无效劳动，流于形式。这个浪费对企业来说无须支付，没有转移到消费者身上，是逆向转移到员工身上，员工也是企业的"供应商"，员工供应的商品就是劳动。企业表面上没有增加成本，然而，这样会使员工疲于应对，产生消极情绪，最终企业的整体效率也会降低，企业其实也有潜在的浪费。政府也存在类似的情况，上级常常让下级忙前忙后，因此给基层单位减负的呼声越来越高，成为政府改革的一项重要内容。

公共服务，是社会发展的必备条件和重要内容，体现了社会的公平和进步。公共服务基本是国家财政出钱、免费为民所用，但正因为免费，公共服务被很多人无所顾忌地滥用。110 报警服务台要"有警必接、有难必帮、有险必救、有求必应"，有些人喝醉酒找不到家，丢了小猫小狗，驱赶居民楼的蝙蝠……都是"有困难找警察"，很容易耽误真正紧急的事情。中国的警力资源本身并不充足，有限的警力不能用在"刀刃"上，预防、打击犯罪的力量就会被干扰和削弱。

　　端午小长假，一些来青岛旅游的细心游客发现，岛城前海一线一些景区的公厕有了免费提供的卫生纸……

　　公厕管理员介绍说，五四广场客流量大，所以免费卫生纸的使用速度非常快，从投入使用到现在平均每天用掉八九盘，除了正常使用很多都被浪费了。

"多用点浪费就罢了，经常有人走时还扯上一大截带走，你劝也没用。"栈桥东公厕的管理员张师傅回忆说。这几天他多次遇到游客撕扯卫生纸带走的情况，开始他还上前劝阻，但对方不但不理会，甚至还恶言相向，让张师傅很难堪，后来张师傅索性也就不管了。

记者走访了前海一线的公厕后发现，除了过度使用，"一纸多用"的情况也很严重，有的用来擦手，有的洗完脸后拿来当毛巾用，还有的拿来擦脚、擦鞋……对此，管理人员也很无奈。①

许多人将这种现象归咎于有的公民素质低，除此之外，免费的事物容易让人忽视或不能足够认识到它的价值，也是主要原因。

（二）负价值与浪费

负价值的最终结果是浪费。有的负价值是给社会带来浪费。生产过程中的废水、废气、废渣、废料等直接排放会带来污染，我们终究得消除或填补这类负价值，耗费的人力物力相对来说就是浪费。"废物"的价值并不为零，如果处置不当，"废物"的价值为负，如果合理利用，"废物"亦有正价值。在不可再生资源越来越少的今天，垃圾是最大的"矿山"。

有的负价值是给他人带来浪费，是改变价值分配，是价值在物权上的转移。公路上常设有收费站，开车行驶这些路段，是消费，消费的是公共资源。在合理的收费期内，过路费体现的是价值交换，公路建设者创造的价值，加上派生出来的管理服务工作的价值，由来来往往过路车主有偿消费；在合理收费期之后，收费站应撤销，免费通行，虽然继续存在公路管理服务工作，其服务价值已由国家财政支付。该撤的收费站不撤，再缴的过路费对车主来说是负价值，是浪费，过路车主的财富被公路收费部门占取。

有的负价值是给自己带来浪费。多年工作患上职业病，打针吃药，治病的费用相对来说就是浪费。

有些是负价值叠加浪费，是双重浪费。广东清远某环保部门官员有意刁难企业，不给钱就迫其停产。正常情况下给官员的工资是对其从事公共

---

① 李媛：《岛城提供免费卫生纸遭遇尴尬》，《大众日报》2012 年 7 月 4 日，第 14 版。

服务工作的报酬，是其劳动价值的体现。官员没有做好公共服务工作，那么给官员的工资是浪费；利用权力占取企业的财富，会给企业带来负价值，浪费企业的钱。

（三）浪费价值与浪费时间

当我们看到有用的物品被淘汰或丢弃或毁坏，看到用料渐渐消耗，经过化学或生物或物理变化后，却没有制成满意的产品时，我们会明显感受到这是浪费；当我们把钱花了出去，却没有得到期望的效果时，我们会感到钱白花了、浪费了。这些价值浪费常被称为财力和物力的浪费，十分直观。

有些时候，没有物品消耗，也没有钱财损失，但我们依然深深地感受到浪费，那就是浪费时间，尤其是劳动时间。生产中，出现不良品，即便材料能够再使用，返工就是浪费时间，浪费一段时间的劳动量，谓之人力的浪费。不劳动，懒惰也是浪费时间，浪费创造价值的时间。资源闲置，资源的价值不会浪费，但人们浪费了利用资源的价值获得经济发展的时间。

从浪费的角度再次佐证了价值与时间的密切关系：浪费时间就是浪费价值。

（四）浪费与 GDP

浪费和消费一样，也可以带动生产，带来 GDP 的增长，这个增长是表面现象，绝不会带来全社会财富的真正增长。浪费只可能使一部分人的财富增长了，但是国家或他人的更多的财富浪费了；或者是现代人的财富增长了，子孙后代的财富失去了。

1. 生产中的浪费与 GDP 的增长

生产中浪费的价值都会纳入成本，包含在新产品的价值中，也就包含在产值中，在生产中浪费的总价值也就包含在 GDP 中，生产中的浪费增多也会促进 GDP 的"增长"。

2014 年 1 月在《求是》杂志上财政部官员撰文说，我国单位国内生产总值（GDP）能耗是世界平均水平的 2.6 倍。换句话说，2013 年中国单位国内生产总值能耗相当于世界平均水平的 1.6 倍的部分是浪费的。正因为浪费的存在，GDP 的增长并不能意味着财富的增长，实际创造出来的使用价值并不一定增长，或者是实际效用增长比例没有 GDP 增长比例大。

资源是有限的，浪费的能源如果能节省下来，就可以用在其他需要的地方，带来更多的产值。同样，浪费的劳动用在其他生产上，也可以带来更大的产值。生产中的浪费表面上也促进 GDP 的增长，但总财富是损失的，全社会生产力的结构没有达到最优，单位生产力的边际效用没有达到最大。

2. 消费中的浪费与 GDP 的增长

你浪费的钱会是别人赚到的钱。你消费的价值是别人创造出来的，你浪费的价值也是别人创造出来的，由于是你付的钱，所以你是用你获得的价值换取别人创造的价值，你浪费的是你自己的价值。消费中的浪费越多，需要创造出来的价值必然也越多，于是全社会消费中浪费的越多，GDP 也越大。

餐桌上的浪费很惊人，端上餐桌的美酒佳肴的价值是酒店的厨师、服务员和其他前端产品生产人员等创造的附加值之和，顾客花钱来消费，不论顾客吃没吃完，浪费多与少，都是等价交换，酒店员工的价值得到了实现，酒店有新增加值。如果顾客不选择高档菜肴，不喝名酒，也不点多的吃不完的菜，酒店的营业额就下降了，利润也下降了，产值也下降了。不可否认，浪费会带来 GDP 的增长，然而消费者的财富减少了，社会总财富并没有增长。

当奢靡之风盛行时，所谓的高档宴席价格就会飙升，经营者会获得暴利，这时候是不等价交换，除了消费和浪费之外，顾客的一部分财富随着酒钱转移到经营者手中。其他消费场合也有类似的情况，结果就是一部分人财富的增长是别人的财富随着"消费"转移过来的，财富在不同个体间重新分配，社会总财富不但不会增长，而且会减少，因为资源是有限的，资源的真正利用率下降，总的资源财富是损失的。

鼓励消费可以带动经济的增长，这是许多经济学者和政府官员的观点。但是，鼓励消费会出现提前购买的现象，有些需求并不急切，拿回家后闲置很长时间；鼓励消费会出现过量购买的现象，需求的量并不大，多买了回家长期用不完，最终因变质而浪费。鼓励消费极易导致消费中的浪费，当有人鼓吹"刺激消费、拉动生产"的时候，不要忘了，浪费也在加大，资源在减少……

网络游戏成为新的娱体消费选择，但有的人沉迷于此，荒废学业或事业，虚度光阴，浪费时间。2017年我国游戏产值2000多亿元，很大一部分是消费者的浪费促成的产值。

3. 浪费资源会制约今后 GDP 的增长

我们的价值创造本身都直接或间接地依赖自然资源。顾客们浪费的菜肴虽然由顾客自己埋单，然而，许多食材属于自然资源，而且有的山珍海味属于濒临灭绝的动植物资源，烹饪使用的燃料有煤、柴油、天然气等，这些都是不可再生的化石能源，浪费菜肴就是浪费资源，社会总的财富是损失的。现在浪费了，以后我们再吃这些菜的时候，价格会越来越高，最后会有钱也吃不到。

欧洲人来到北美大陆之前，北美有多达50亿只旅鸽。17世纪，欧洲人发现美洲大陆没多久，旅鸽因为肉味鲜美，成为这些开拓者的食物，旅鸽的噩梦开始。1800年到1870年间，旅鸽的数量以比较缓慢的速度下降，但当旅鸽的肉被大众广泛接受之后，大规模的商业捕杀开始。1805年的纽约，一对旅鸽卖两美分，旅鸽肉由火车从美国西部运来。18世纪和19世纪美国的穷人往往除了旅鸽见不到其他的肉食。[①]

用火车运输旅鸽肉，其当年的产值不可不谓之大乎，而今天的人们只能在美国威斯康星州立怀厄卢辛公园看到旅鸽纪念碑——它已经灭绝了。

越是发达的地方，产品浪费越严重，越是贫穷的地方，资源的闲置越严重。资源闲置代表生产力落后，闲置的、没开发的资源的价值依旧在，等以后条件成熟时还有机会来开发，耽误的只是发展时间。资源的不合理利用，或者说粗放式开发，是比闲置更可怕的浪费，粗放式开发造成大量资源被浪费，很多资源是不可再生的，往往会使后来人丧失利用的机会，并且粗放式开发会带来环境的污染，也就是带来很大的负值，治理污染就是后来人再付出正价值来填补负价值。现代人的浪费，由后来人转移支付。

---

① 《北美旅鸽》，百度百科，http://baike.baidu.com/view/1570056.htm。

资源枯竭，基于资源之上的产品也就无法生产，GDP又如何增长呢？资源枯竭型城市越来越多，它们的再发展是难题。

> 我国67个城市由于自然资源趋于枯竭，经济发展滞后，民生问题突出，生态环境压力大，被列为衰退型城市，成为加快转变经济发展方式的重点和难点地区。[①]

构筑循环经济发展模式，绿色发展、循环发展、低碳发展是破解难题的必然方向。

某些"生产"实际上并不创造价值，而是通过"合规合法"的途径占取别人的价值，对被占取者来说是负值，社会总财富不增长。广州政协委员曹志伟称"中国人一生要办103个证，人生不是在办证，就是在办证的路上"。一些地区，办证还有不合法不合规不合理的收费，还有绕不开的中介服务。一部分人可以不劳而获，或者是少劳多获，大家都竞相进入此类"生产"或"管理"部门，这对社会来说是浪费，因为有一部分年轻力壮的劳动力不去创造价值，而是去收取别人创造的价值，这是劳动力资源的浪费。劳动力本身就是资源，是促进GDP增长的资源。简政放权，成为2015年政府改革的重点工作，实质就是减少浪费。

四 浪费与消费

（一）非消费，即浪费

消费和浪费常常是同样的形式，不易分辨，很多时候我们认为是浪费，但在别人看来是消费，在我们看来是消费，别人认为是浪费。消费中浪费部分和消费部分很难完全分清楚。我们知道，价值大小量比具有一定的模糊性，更具有鲜明的可比性，同样，价值消费与浪费的界限虽具有一定的模糊性，但大体上是能够区别开的。无论是否区分得清楚，如果不是消费，就是浪费，消费和浪费都是减灭价值，都是与创造价值相反的。

消费与浪费统称为耗费。原料和产品的耗费，物尽其用就是消费，大材小用就有浪费；劳务和人力的耗费，人尽其能就是消费，人浮于事就有浪费。

---

① 鲍丹：《2020年基本完成资源枯竭城市转型》，《人民日报》2013年12月4日，第2版。

在生产性消费中，如果价值不能转移到新产品上，消费就成为浪费。前面说过，新产品必须有价值，而且价值要大于原材料的价值，生产中耗费材料属于生产性消费，是转移价值，反之，新产品缺乏价值，生产中耗费材料就属于浪费价值。

生产出来的产品，不能及时销售出去，暂时不被消费，库存就存在浪费。库房的占地、建造、管理，货物搬运和堆放等都存在人力物力的耗费，其中不乏浪费。

生产出来的产品，始终没有销售出去，超过保质期，最终失效，不能被消费，只好浪费。

产品销售出去了，可能消费者购买过多，没来得及消费，最终失效，只能浪费，如药品和食品的保质期时间较短，过期就不能用了；或者，消费者购买缺乏理性，产品买回后实际使用率不高，搁在一边，直至旧损而丢弃，遂成浪费；更甚者，消费者生活奢靡，购物取乐，随购随弃，主动浪费。

产品未销售出去而浪费，是浪费了生产者或经销商的价值；产品销售出去后仍浪费了，是浪费了消费者自己的价值，这是用其他价值换来的，但公款消费，浪费的是大家的钱，大家创造的价值被浪费了。经济上的价值终究会减为零，创造出来的价值，如果不是被真正消费，就是被浪费了。消费中有浪费，我们要提倡真正的消费。

我们知道市场经济理论中有个观点——瓦尔拉斯均衡：在完全竞争的市场体系中，在任何价格水平上，市场上对所有商品的超额需求总和为零。用数学式表达为：

$$\sum P_i D_i = \sum P_i S_i \qquad (2-1)$$

然而，在实际经济生活中，这个均衡找不到，原因就是在生产和生活中存有大量的浪费，这个均衡只有在没有浪费的条件下才成立。此外，著名的萨伊定律的核心要点"产品生产本身能创造自己的需求"，也是只有在没有浪费的条件下才能成立。

（二）节约与浪费

"节约光荣、浪费可耻"这句口号许多人耳熟能详。在社会生产力落后、资源匮乏的短缺经济时期，节俭是美德，节约不仅有反对浪费，还有减少消费的意思。当科技进步、社会生产力提高、资源有效利用、进入商品丰富时期，在收入可以承受的范围内，我们依然反对浪费，但不要限制消费，节约不是节制。

做到真正的消费就是节俭，节俭主要指避免和减少消费中的浪费。最理想的情况是生产出来的价值都被消费了，没有浪费。有需求，刻意忍耐，不去消费，是限制，并不光荣；有需求，量入为出，不浪费，就是节约，值得提倡。

都不花钱，也就是都不去消费，生产出来的产品又由谁来购买？没人购买，最终产品就会被浪费，我们的生产又有什么意义呢？

节约下来的财物基本上还是要消费，节约是推迟消费，改变的是消费的时间。如：过去百姓常节约下来粮食留在荒年食用，平稳渡过危机，"年年有储存，荒年不荒人"。节约是为了别人，改变的是消费的人。如：为了孩子留学，父母节衣缩食。节约是调整消费，改变的是消费结构。如：为了买房，许多家庭省吃俭用；政府或企业，会节省某些方面的开支，来保证或增加其他重要项目资金的投入，把钱用在刀刃上。

节约体现了消费排序，也就是落实以下问题：钱花在哪、先给谁花、花多少钱、什么时候花。消费排序也是效用排序，并不是排在前面的效用就大，而是排在前面的重要。比如，把持家庭财政的主妇会先给孩子准备好学费，再考虑给老人准备个取暖器，再考虑给男主人买双鞋，再考虑给自己买件新衣裳……女主人的衣裳会比取暖器、鞋价格高些。不同消费排序的结果就是消费结构的改变。

也会出现过度节约、节约不当，反成浪费的情况。我们要避免表面节约实质浪费，短期节约长久浪费的现象。

> 贝丝买了一箱梨。买回当天，贝丝清理出几个烂梨子。她把好梨装回箱子时，把那几个烂梨子剃去烂掉的部分，洗净，然后动员全家一起"消灭"了那几个烂梨子。过了几天，贝丝打开箱子，发现又烂了几个梨子。她再次把烂梨子清理出来，剃去烂掉的部分洗净，再次动员全家一起突击吃烂梨子。梨子仍在烂，贝丝一家吃了一箱烂梨子。①

---

① 《人生哲理精编版（心是快乐的根）》，南京廖华网，http://www.njliaohua.com/lhd_9bq6x2v6sy1wxgv8jpqg_1.html，最后访问日期：2015 年 12 月 24 日。

贝丝的行为就属于表面节约而实质浪费。

有些机关或部门，年初和年中花钱比较节省，到年底了，计划的费用额度没有用完，上面下拨费用会根据上年度的使用情况而定，如果实际用的额度不多，就会在下年规划时减少，机关或部门在年底会突击花钱，这种集体消费会产生购买提前、购买过多、价格过高等情况，造成很大的浪费。可见，减少浪费，制度也很关键。

"厉行节约、反对浪费"，虽然已成为共识，但"说一套、做一套"的现象还是很普遍，社会上有一股不良风气：节俭成为难为情的事，铺张浪费成为体面的事。

（三）消费是有限的，浪费是无止境的

人只要活着，就必然有各种需求，人类的繁衍是生生不息的，所以人类的需求是无限的。但就个人而言，需求是有限的。

广厦千间，夜眠八尺，良田万顷，日食一升。① 每个人的生命是有限的，人活着的每一天都有需求，这个需求也是有限的。人一天的食物是有限的，多了吃不了；人穿的衣服是有限的，穿多了太热；人一天的活动范围是有限的，坐车消耗的燃料也是有限的；人居住的房间是有限的，每晚只睡一张床，床的大小也有限；不管看球赛，或者听音乐，还是其他休闲娱乐，人享受乐趣的时间也是有限的……

满足人的需求就是消费，需求有限，所以消费必然有限，人的基本消费则更加有限。然而，人的欲望常常超过了需求，满足了欲望也就会超出消费价值范围变为浪费价值，满足无尽的欲望就必然造成无尽的浪费。经济学上常常把人设定为理性的经济人，实际上并非所有人都是理性的，每个人也不总是在理性的状态，或多或少都有非理性的购买行为，非理性的消费中浪费多得匪夷所思。

"朱门酒肉臭，路有冻死骨"，这是分配不公造成浪费的经典写照：一方面，富人食物过多，消费不了；另一方面，穷人缺衣少食，命丧陌路。有多少财富都能经浪费而消耗殆尽，"一辈子吃不完"的财富"三天即可霍尽"，古往今来，从"腰缠万贯"到"一贫如洗"的例子不胜枚举。

---

① 《增广贤文》。

　　健康消费是指消费者在消费能力允许的条件下，按照追求效用最大化原则进行的消费。从心理学的角度看，健康消费是消费者根据自己的学习和知觉做出的合理的购买决策。①

　　健康消费，实质就是没有浪费的消费，是真正的消费。与之相反的就是不健康的消费，畸形消费。畸形消费追求的不是产品效用，而是为满足不健康的心理需求，甚至是异常癖好，消费的结果还会带来负效用。畸形消费的实质不是消费，而是浪费，是得到负价值，有时候是白白地把钱送给了别人。

　　站在全人类的层面看，战争是最大的浪费。不发生战争，处在对峙状态，冷战也是极大的浪费。两国对抗，都积极准备武器，在武器的研发上下大气力，不停地生产子弹、炮弹、导弹、核武器等。以子弹为例，30 年来，枪的发展很快，原来的子弹没有使用都被淘汰了，放在仓库里没使用的需以万吨为单位计算，这些子弹要花钱、花精力来安全销毁，从生产到销毁都是浪费。相比起来，子弹的浪费是小的，导弹、军舰、战机的淘汰浪费更大。军工厂生产工人的劳动创造的价值，其结果就是浪费。

　　罗马帝国的衰落，许多经济学者认为是滥发货币造成的，收来的税满足不了庞大的军费开支，就在货币上"兑水"，货币的含金量越来越小，人们不再信任货币，退回到物物交换的时代，经济陷于停滞。滥发货币是表层原因，深层次原因不是货币，货币代表价值，实际原因是生产的价值没有耗费的价值快，战争是耗费价值最迅速的，也是浪费价值最迅速的。

　　世界要统一为一个整体，军事上的浪费才能消失，也应该消失。从人类历史发展的角度看，500 年或 1000 年后，那时的人或许都会认为各国的国防消费都是国防浪费。可惜的是古代人认识不到，可悲的是现代人也未达成共识，武器生产仍然是最大的价值浪费。

　　和平的、全民族的、全球的经济统一是全人类发展的终极目标。

---

① 《健康消费》，百度百科，http://baike.baidu.com/view/5780636.htm。

第四节　储蓄

生产的速度快于消费的速度，产品就会有剩余，为减免浪费，将剩余储存起来，积累多了就形成储蓄。储蓄是价值存量，由储蓄形成了财富的概念。狭义的储蓄指在金融机构的货币存款，广义的储蓄是一切已经创造出来的、暂停消费的、没耗费完的价值。

一　储蓄是生存必需、生活必需、发展必需

（一）储蓄是为了以后消费

在原始社会，人类主要通过狩猎和采集获得食物，每天获得的数量是极不稳定的，过多少天再获得食物往往是未知数，人们过着"饥一顿、饱一顿"的生活，尤其是冬季，获得食物的概率更小，如果不储存些食物，直接危及生存。粮食往往一年收获一季，气候适宜、土地肥沃、品种优良、技术先进能收获两三季，而我们每天要吃两三顿饭，在粮食没有被生产出来的季节，只能食用上一季或更早时期储存下来的粮食。可见，储蓄最早源于对食物的储存，为了抵御风险，储蓄是人类生存必需。

同粮食一样，大多数产品的生产周期与消费周期也不一致。产品生产时，往往是批量的，前后批次间隔时间长。对产品消费时，往往不能批量，而是逐一、持续的，间隔时间短，甚至没有时间间隔。在本批次产品出来后，在下个批次的产品出来前，即为生产间歇期，没有新产品产出，消费依然存在，只有储存的产品才能保证需求。

储蓄还有一个重要的动机是以备医疗和养老之需。每个人和家庭都会面临生老病死的问题，生病或年老的人基本上停止了创造价值，消费价值仍持续，这时的消费往往还比较大，因为医疗费用和养老费用是不小的开支。如果没有足够的储蓄，病人和老人的生活将十分困苦，甚至步入绝境。

所以，储蓄是生活的必需，储蓄的作用是为以后使用、为以后消费，储蓄是待消费、延迟消费，是消费的特殊方式，储蓄本身也成为人类的需要。

（二）储蓄是为了生产和再生产

储蓄是发展的必需。粮食的生产离不开种子，现在的粮种由专门的种

子公司培育，而过去，产出的粮食储存下来一部分作为下次生产的种子，即便是灾年，农民啃树皮、挖野菜都不会把粮种吃掉——那是命根子。

无论是做生意、办工厂，还是开公司、上项目，都要本钱，即启动资金。小本生意可以靠自己的积蓄，大项目需要借钱或者贷款，或发售债券来募集资金。借的钱和贷的款其实就是别人的储蓄，债券实质上就是借条，募集的资金实际上是诸多债权人的积蓄，借贷、发债券是有偿借用他人的储蓄。做生意的买与卖中包含着非物质化价值创造，是生产；办工厂、开公司、上项目等直观体现为生产。可见，储蓄是生产的前提。

赚到钱，获得利润，不会都随意花了，把相当大一部分储蓄起来，达到一定数额后，再次投入生意中扩大规模，或再次投入生产中扩大再生产。储蓄形成资本，是金融业的基础。储蓄是为了实现可持续发展。

二 实物储蓄与货币储蓄

（一）流动性偏好与货币储蓄

人们先进行的是实物储蓄，既有自己的产品，也有交换来的别人的产品。储存的实物种类越多越安全，但储存的成本也越大，携带很不方便。实物在储蓄中不可避免产生浪费，如食物的变质、衣物的霉变、器具的锈蚀。储蓄倾向于适宜储藏的、使用时间长的、能保值的产品，这也是货币形成的一个条件。易储存的物品也成为大家交换的首选，成为易交换的物品，流动性增加，逐步形成货币。

储存的实物，既可能是待消费的，也可能是待交换的。货币出现后，由于很方便，人们可以随时换取自己需要的产品，自己的产品换成货币后，意味着自己劳动的价值被社会承认，大家都期待和选择这种形式，待交换成为待销售。实物储蓄成本高、浪费大、流动性差，人们倾向储存更多的货币（其流动性好）。逐渐地，实物储蓄转向货币储蓄，货币成为财富的代名词。

不过，将货币等同于财富、货币等于价值，是有条件的，就是货币能随时随地换得商品。鲁滨孙飘到孤岛上，从沉船上捞上来的东西有纸、笔、指南针、面粉、金钱……面对这些东西，他感到最没用的就是金钱，其他都有价值。

（二）货币储蓄也会转为实物储蓄

购物并不一定就是消费，还会是货币储蓄转变为实物储蓄，使用才是消费的真正开始。人们有时遇到不错的商品，价钱很合适，即便目前用不上，也会买下来，将东西放置很长时间后再使用，这就是货币储蓄转为实物储蓄。局势动荡的时候，人们会提前采购尽可能多的米面、蔬菜、食油、布匹等藏匿起来，在动乱时期悄悄食用，不然，届时市面上会没有商品销售，有钱也没用。

非物质化价值的储蓄必须以物质为依托，成为实物储蓄。知识书写在书本上，风景描绘在画面上，肖像定格在照片上，音乐记录在磁带上，影像录制在胶片上……我们保存书本、图画、照片、磁带、胶片等，就是保存非物质化价值。仅靠言传身教传承的非物质文化遗产，许多都已经失传，或者改变了模样，只有辅以实物才可以为后代留存宝贵的文化财富。现代科技发达了，许多东西又可以记录在电脑里，储存的时间更长、成本更低，多一分安全。

区分货币储蓄和实物储蓄有助于理解经济增长不同于财富增长、货币增长不同于财富增长。

（三）储蓄升值与储蓄降值

我们总是不断生产，又不断消费，所以储蓄是动态的，不论是个人的、企业的，还是国家的，储蓄量都是不断变换的。即便是存放不动的储蓄，不管是实物储蓄还是货币储蓄，其价值也不是一成不变的，既可能贬值，也可能升值，或经过一阵涨跌后又回到原价。

实物储蓄，货物不动，效用不变，价值并非不变。储存的物品一般随时间推移效用逐渐变小，时间越长，效用下降越明显，价值往往随效用的下降而减少。不过，也存在价值与效用变化的方向不同、速度也不同的情况。庄稼歉收，粮价上涨，储存的陈粮会升值。实物储蓄常有必然支出，即便储物价值不减少，但支出增加，物主的总财富也会减少。

货币储蓄，数额不变，购买力会变，相对来说价值也是变化的，而且不同的产品，升降也不一致。20世纪90年代以来，彩电价格不断下降，功能和画质却不断提升，若用几年前储存的钱买彩电，意味着升值。不过，降价的产品还是很少，涨价的产品更多，物价水平总体来说一直在涨，所以货币始终是在贬值的，纯粹的货币储蓄不可避免地存在一定的损失。

　　30年前100元人民币可以买550斤大米，142斤猪肉，现在100元人民币仅能买50斤大米，8.5斤猪肉。[①]

在市场经济条件下，实物储蓄还成为一种保值、增值、投资的方式。自20世纪末开始，中国各大城市的房价一天天上涨，其实房子的使用面积不变，位置不变，使用年限一天天减少。房价持续上涨，房子不再仅仅是消费品，已成为人们保值、增值的首选，成为储蓄品，成为投资对象。类似的还有文物、书画作品、工艺品、玉石、贵金属等。

不论是待销售的存货，还是待升值的不动产，抑或是暂停流动的存量资金，作为储蓄，含有的劳动和效用几乎没有变化，储蓄的升值和降值只是不同劳动交换比例的变化、不同效用交换比例的变化，在储蓄转移时的买与卖中体现，实质是社会整体价值分配比例的改变。

三　被动储蓄与主动储蓄

生产的产品没有销售出去，暂时存起来，是被动储蓄。所有的积压库存都是被动储蓄。

由于分配制度不公，自己生产的产品不属于自己，被迫交给别人，成为别人的剩余产品，也是被动储蓄。粮食并不够吃，仍强制剩余，用来交租，余粮就是被动储蓄。

生产的产品可以销售出去，就是不卖，为了升值而囤积，是主动储蓄。"钱不能一下花光"已经成为大家的共识。为了规避风险，节约消费，适当留些物产和货币，就是主动储蓄。

储蓄多代表财富多，拥有财富让人有成功的快感，富裕成为许多人、家庭、民族、国家的奋斗目标，储蓄不仅是人们的物质需要，也成为人们的精神需要，大家都有主动储蓄的意识。不仅个人、家庭有储蓄，社会团

---

　　① 人民网，http://bbs1.people.com.cn/postDetail.do? id=94109952，最后访问日期：2015年12月24日。

体、企业、政府等也有集体储蓄。

四　储蓄会促进生产，也会制约生产

（一）储蓄提升产量、产值

为拥有更多物质财富，即增加储蓄，就需要扩大自己产品的生产规模，再销售出去，购买其他的产品，自然就促进了别的产品的生产，提升了产量。

有些生产不宜中断，因为重新启动设备的耗费要大于低速持续生产的费用，生产任务完成后不停产，机器设备维持低速运转，这时的产品储存起来是降低生产成本，提升产值。

扩大再生产，必须有资金，而资金要通过储蓄积累，既可能是自己的利润积累来的储蓄，也可能是通过借贷使用别人的储蓄。

（二）储蓄衍生出新的产品和产业

为了实现储存，相继衍生出新的需求、生产、消费，储物用的工具、物料、场地、设施、服务等应运而生。

为了储存时间更长，减少和避免储蓄中的浪费，催生出了新的技术和应用。人类最早探索的是如何让食物贮存的时间更长些，应用香料是其中的一个办法，这是香料贸易形成的重要原因之一。

香料贸易在人类历史上有着举足轻重的作用，尤其是中世纪的欧洲，对香料的渴望直接催生了地理大发现。[1]

现今，冰箱就是为了储存食物发明的，冰箱业已成为很重要的家电产业。食物在储存过程中发酵，被人们发现和利用，加以研究，逐步诞生新的美味食品，如酒、酱油、陈醋、泡菜、酱豆、臭豆腐等。

集中储存会降低成本，储存中安全设施十分重要，现代社会，围绕着储存仍有许多产业在不断发展。如：保险箱、冷库、自动化仓库系统、智能消防系统、智能安检系统……

---

[1] 《香料贸易》，百度百科，http://www.baike.com/wiki/%E9%A6%99%E6%96%99%E8%B4%B8%E6%98%93，最后访问日期：2015年12月24日。

储蓄最重要的历史作用是促进了金融业的产生和发展。资金如何保值？如何保障资金安全？这是手里有闲钱的人关心的问题。资金如何获得？这是急着用钱的人考虑的事。在两者中起到搭桥作用的银行出现了——通过吸收各种存款而获得可利用资金，并将之贷给需要资金的各经济主体。金融业的发展离不开储蓄，金融业在经济中具有举足轻重的地位。

（三）过度储蓄制约生产

"过度储蓄"一词，较早由英国的贝尔纳德·孟迪维尔在《蜜蜂之寓言》一书中提出。延续了重商主义思想对消费不足的指责，他所说的储蓄的内涵是不消费的意思，过度储蓄指人们的不消费超过了一定的限度。[1]

消费带动生产，反过来，限制消费就制约生产，过度储蓄制约生产就是消费带动生产反过来的情况。市场经济也是货币经济，并都从金属货币过渡到信用货币，过度储蓄也是指货币储蓄过度，造成有效需求不足，从而制约生产。若是消费者进行实物储蓄，努力提高储存技术，尽量避免浪费，就没有什么问题，增加储蓄会增加采购、增加生产。准确地说，过度储蓄货币制约生产。

---

① 根据〔英〕凯恩斯《就业、利息和货币通论》（徐毓枬译，商务印书馆，1997）第二十三章的内容整理（贝尔纳德·孟迪维尔又译作伯纳德·曼德维尔）。

第三章

剩余价值与财富增长

一切经济最后都归结为时间经济。

——卡尔·马克思

第一节　生产对比消费

一　生产者与消费者的对比

（一）谁生产与谁消费

没有生产，就没有消费；没有消费，就没有生产。[①] 由谁来生产、由谁来消费？这是生产价值和消费价值的关系，又可称为经济关系，或称生产关系。

人自身、人与人之间相对稳定的经济关系总和就形成经济体。个人、家庭、部族、农庄、企业、公司、村镇、城市、地区、国家、国际经济组织等，分别是各种经济关系的组合，都可以看作经济体。个人和家庭属于微观经济体，国家、地区属于宏观经济体，其他依据规模分属大、中、小型经济体。

简单地看，经济关系包括生产给自己使用和给别人使用两种基本情况，所有经济关系都是这两种情况的组合。

[①] 《马克思恩格斯选集》第2卷，人民出版社，1972，第96页。

1. 生产给自己使用

生产给自己使用是最简单的关系，创造价值后自己直接消费，具体地说，创造的使用价值供自己使用，自给自足。

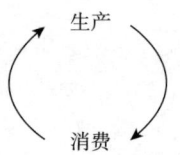

如果是个人，不存在分配；如果是家庭、氏族、团队等集体，内部会有分配，成员少则分配简单、随意，成员越多分配越复杂、越需要计量。

生产为了满足自己的消费需要，消费使自己有能力继续生产，生产和消费构成闭环，形成封闭型经济状态，也称自给经济（见图3-1）。

图3-1　自给经济

2. 生产给别人使用

交换、赠送、占取等物权上价值转移其实就是经济关系，是创造的价值用于满足别人的消费需要，换句话说，使用别人创造的使用价值。其中生产用于交换是最普遍的关系。还可以进一步分成：生产主动供别人使用，如自由交易、自觉纳税、主动交租、自愿馈赠和留予后人等；生产被动供别人使用，如被强迫交易、被强制纳税、被迫交纳财物、被掠夺、被骗取等。大多数的、几乎全部的生产被动供别人使用，就是被剥削与剥削的生产关系。

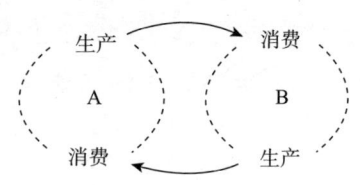

生产用于交换，就是开放型经济状态，也称交换经济。交换经济中大家互为生产者和消费者，彼此相互依赖（见图3-2）。

图3-2　交换经济

3. 生产既给自己使用又给别人使用

前面两种基本情况组合就成为第三种情况，实际上每个人的经济关系都是这种情况，区别只是比例不同。

以一半生产用于交换，一半生产自己使用为基础的新的生活方式，逐渐成为现实。事实上这种生活方式在工业革命早期的农场很普遍，因为农业人口是后来逐渐为城市工人阶级所同化。在一个漫长的转变过程中，数百万人部分时间在工厂劳动，部分时间在田地上劳动，种植他们自己需要的食品，买些必需品，余下的自己生产。这一模式至今在世界许多地区还仍然占上风。①

很多时候，在不知不觉中，生产者与消费者相互交融、合二为一（见图3-3）。

消费者自己拨号，做了以前由电话接线员做的事。② 电话接线员这个职业如今消失了。许多地方引进无人加油装置……但是为时不久，消费者便对自己动手加油

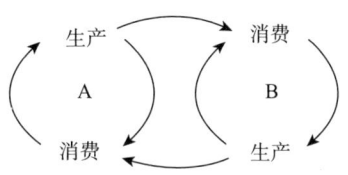

图 3 - 3　经济关系的简单形式

习以为常。③ 电子银行柜员机的出现，让银行的顾客自己做那些以前由银行职员干的事。④

让消费者从事部分工作，经济学家称为"劳务成本转嫁"，这并不新鲜。这也是超级市场在做的事。熟悉存货情况的店员带着微笑为你取货物，现在已被为顾客准备的手推货车代替了。⑤

交换经济中，我们既是生产者也是消费者，此产品的生产者往往是彼产品的消费者，彼产品的生产者可能是他产品的消费者，他产品的生产者又有可能是此产品的消费者（见图3-4）。自给经济与交换经济结合后，此产品的消费者也会是此产品的生产者中的一员，或者说，此消费者为此产品被生产出来做出了一定的贡献。

又如，积极的制造商今天征求甚至支付报酬，请消费者来帮助设计产品⑥；

① 〔美〕阿尔温·托夫勒：《第三次浪潮》，朱志焱等译，生活·读书·新知三联书店，1984，第372页。
② 〔美〕阿尔温·托夫勒：《第三次浪潮》，朱志焱等译，生活·读书·新知三联书店，1984，第363页。
③ 〔美〕阿尔温·托夫勒：《第三次浪潮》，朱志焱等译，生活·读书·新知三联书店，1984，第363页。
④ 〔美〕阿尔温·托夫勒：《第三次浪潮》，朱志焱等译，生活·读书·新知三联书店，1984，第364页。
⑤ 〔美〕阿尔温·托夫勒：《第三次浪潮》，朱志焱等译，生活·读书·新知三联书店，1984，第364页。
⑥ 〔美〕阿尔温·托夫勒：《第三次浪潮》，朱志焱等译，生活·读书·新知三联书店，1984，第368页。

汽车厂的工人购买自己厂生产的汽车；股民买了一台某品牌的新型电视机，这台电视机生产线当初投产利用的是发行股票募集的资金，股民购买的就是这只股票。

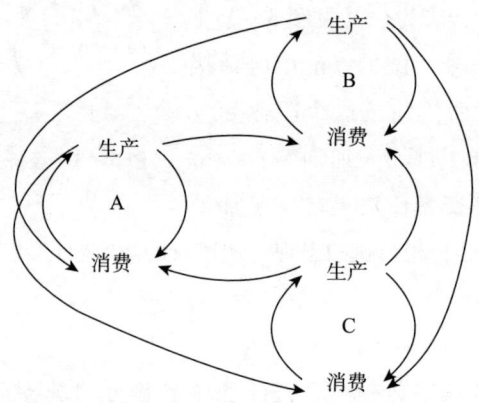

图 3 - 4　经济关系的复杂形式

（二）分工与分配

1. 生产 - 分工、消费 - 分配

分工体现价值生产过程中人与人之间的关系，分配体现价值消费过程中人与人之间的关系，简单地说：生产对应分工、消费对应分配。为更容易理解，将对应关系和问题罗列如下。

生产—社会分工—生产过程有协作也有牵制—如何有效分工。

消费—社会分配—消费过程有适度也有失衡—如何合理分配。

生产和消费具有辩证统一的关系，同样，分工和分配如同硬币的正反面，相辅相成。你在参加工作的同时也就有了一份收入，所以，就业既是分工，也是分配。一般情况下，共同劳作中，分给你一项任务，就意味着在收获时，你有权分一杯羹。

交换是分工的方式，也是分配的方式，交换是最广泛、最重要的分配方式。自由交换是公平的分配方式，由于信息不对称，分配的结果不一定都公平，但方式肯定是公平的。分工其实就是分配工作，人为地分配工作就是管理，市场导向就是人们自然、自觉地分配工作。社会发展会产生专人来负责分配工作或分配收入，分配这个工作本身也是一项分工。收入的高低就是价值分配的表现，人们会倾向收入高的工作，所以价值分配会影响以后的社会分工。

个人也存在"分工"，是花不同时间做不同工作。"男主外、女主内"是家庭的分工方式。男人狩猎和捕鱼，女人采集果实和育儿，是原始部落的分工方式。手工业、农业、畜牧业、商业等的形成是社会大分工的结果。我们对分工进行分类，大大小小的类别就是所谓的产业、行业、职业、工种。分工形成以生产为中心的各种组织，并发展成各种经济体。

2. 获得价值 ≠ 创造价值

得到价值多少，应该得到多少，就是分配的问题。人得到的价值和创造的价值应该对应，而实际情况并非如此，得到的价值多创造的价值未必多。创造的价值多的生产者得到的价值未必多，消费的价值也未必多；创造价值少的生产者、没创造价值的人，得到的价值未必少，消费的价值也未必小。

奴隶社会一个庄园就是一个经济体。庄园生产橡胶，价值是奴隶们的劳动创造的，但被奴隶主无偿拿去对外交换，人们只认为是某个庄园生产的。奴隶们的非剩余产品被占取，成为奴隶主的剩余产品、剩余价值。奴隶们创造的价值多，得到的价值少；奴隶主创造的价值少或没创造价值，得到的价值多。

得到价值，没有消费，而是留给后人或他人，是价值的再分配。本人消费了价值，才是真正获得了价值，吃到肚子里的才是自己的。

经济体的成员聚集在一起，形成相对稳定的整体，除了经济关系外，还有血缘关系、文化关系、政治关系、地理关系、历史关系、法律和道德关系等，在这些因素的共同作用下，生产分工和消费分配形成较为固定的准则和秩序，这就是经济制度。

经济体整体得到的价值在经济体内部的分配从来就不是十分平均的，也未必是公平的，甚至可以说始终都不是公平的，经常出现争端。经过一段时间，价值分配会形成相对稳定的惯例和制度，尽管不完全公平，但达到了平衡。又过一段时间，日积月累的矛盾凸显出来，平衡被打破，经过血雨腥风，又逐步归于平静，形成新的分配习惯和制度。历史上，利益分配总是充斥着武力和血腥，但发展方向是和平解决分配争端。

3. 价格是分配方案、消费是分配结果

市场定价，就是由买者与卖者来定价，通过价格进行分配[①]，价格就是分配方案，讨价还价就是对分配方案提出意见并进行协商。

因为找不到"价值原器"，价值没有一个最标准的参照物，各种有价值的事物互为参照物。在一个球面上，任何一点，以任意弧长为半径画圆，最终都可以将球面画满，也就是说，球面上任一点都可作为球面的中心。市场经济的道理是类似的，价值没有最标准的参照物，任何有价值的物品都可以作为参照物，任何人都能以自我为中心来判断价值。公平交换，就是买者和卖者对同一事物价值的判断相等。

"菜贱伤农、菜贵伤民"。菜价低，菜农生产的产品数量不变，但产值降低，也是产出变低，等量劳动换得的收入变少，其他商品价格不变，等量劳动换得的商品数量减少，菜农的价值分配比例降低。菜价高，等量的货币换来的菜变少，市民等量劳动获得的收入不变，实际购买力降低，市民的价值分配比例降低。不仅是菜，其他商品价格变化也是同样的道理。价格的实质是分配比例，成交价格决定着分配比例，价值是最公认的、最理想的分配比例。

市场经济也是货币经济，取得货币看似是分配结果，购得消费品也似乎是分配的结果，其实这都不是最终的分配结果。价格是分配方案，但不一定是最终方案。货币没有购得商品，物价可能上涨或下跌，货币的购买力就处在浮动中，分配比例就处于变化中。货币购得了商品，商品没及时消费会被浪费，或留给亲人及他人消费，分配比例也是变化的。真正消费了，才是最终的分配结果。所以，价格是分配方案，消费是分配结果。

货币的效用就是几乎能交换任何其他效用，极具优越性，获得货币尽管不是价值分配的最终结果，却是最重要的一步，因而，对市场主体来说取得利润最为关键，这样就能在价值分配的博弈中把握主动权。所谓的"有市场"就是有买家，"市场大"就是买家多、卖家也多，"市场好"就是价格合适和供需稳定。市场经济，是社会化大生产，也是社会化大分配，利润越多，意味着得到的分配越多。

---

① 〔美〕保罗·萨缪尔森、威廉·诺德豪斯：《微观经济学》（第 19 版），萧琛主译，人民邮电出版社，2012，第 54 页。

如何做到合理分配？如何做到更准确衡量各要素贡献的大小？第五章我们再探讨。

（三）生产者与消费者人数上的对比

撇开价值交换比例和价值转移过程，只看实际创造和实际消费，我们发现，不同的产品或者产业，生产者人数与实际满足的消费者人数相比，比例差别很大，分为以下几种情况。

其一，一对一。这是人类社会最早呈现的生产者与消费者人数对比情况，贯穿整个人类发展过程，目前依然广泛存在。很多时候，生产者亦是消费者，自己创造的价值自己消费。如，先民采集到果实后自己食用；家庭成员一起劳动、一起吃、一起住，属于共同生产、共同消费，自给自足的经济模式。我们不要只把供别人消费的生产当作生产，今天的家庭生活中，自家做饭自家吃，同样属于自己生产、自己消费。如今，许多服务型产业，生产者与消费者是一对一的。比如：理发师一次只能给一个顾客理发；一名专职护士护理一位病情较重的病人；保健医生给运动员做按摩理疗；出租车司机载一位乘客到某地……

其二，一对多。一人创造的价值，由多人来消费。这是艺术、文化、知识等非物质化价值产品的主要特点。一位歌星在演唱，许多观众在倾听；一位作家写的书，众多读者在阅读；一位科学家的发明，千万人在使用；一位电脑天才设计的软件，无数人在使用……

其三，多对一。多人创造的价值，由一人来消费。君主、贵族的生活模式就是这样。皇帝的御用品，非经赏赐任何人擅自动用都是违法的。这种情况下浪费很严重。从古至今，不乏价格高昂的高级定制产品，从高级定制服装到高档定制跑车，象征着高品质、个性化、唯一性，体现着极不对称的生产和消费关系。

其四，多对多。分工越来越细、越来越普遍，生产过程越来越复杂，生产规模越来越大，所以，产品是由许多生产者衔接劳动、共同劳动的成果，一批产品能够同时满足许多人消费。生产者人数和消费者人数都是动态的，并不能完全确知，但无非是两种情况：生产者人数多于消费者人数，即多对少；生产者人数少于消费者人数，即少对多（因为是动态的，生产者与消费者人数相等只能是一瞬间的事，可以不考虑）。并且这个对比是变化的，随着生产力的提高，变化趋势是：产品的生产者人数在降，产品的消费者人数在升。

多对少，可以平均演算为多对一（N:1，$N > 1$）。一般来说，批量小、价格高的产品属于这种情况。比如房子、奢侈品。少对多，可以平均演算为一对多（1:N，$N > 1$），这是生产力发展的标志性特点。工业革命后，平均一个生产者对应的消费者数量越来越多，而且还会不断增多。

即便土地供给是无限的，传统农业生产方式下，一个农民能耕种的土地也是有限的，生产出来的粮食只能够 2~5 个人吃。高科技给农业带来了奇迹，一个农民能耕种的土地大大增加，一国需要的生产粮食的人员大大减少。

> 仅占全国人口 1.8% 的美国农民，不仅养活了近 3 亿美国人，而且还使美国成为全球最大的农产品出口国。[①]

亚当·斯密提出的非生产性劳动就是生产者专门服务于消费者。家仆专门为主人服务，家仆的劳动与主人的消费往往是同时进行的，家仆创造的物质化的和非物质化的价值都供给主人消费，家仆和主人形成一个相对封闭的微观经济体。就一个家仆的劳动而言，劳动生产者与消费者的人数对比是1:1；就所有家仆的劳动而言，劳动生产者与消费者的人数对比是 N:1。家仆的劳动不能增加价值，是因为价值都被主人消费了，家仆创造的价值没有流转到社会上，不能说家仆没有创造价值，家仆的劳动也是生产性劳动。

二 生产量与消费量的对比

（一）生产与消费的时序

所有人只能消费已经或同时生产出来的价值，不可能消费没有创造出来的价值。生产出来的产品无论价值多少，本身被消费值都不会大于这个值。还有，一部分价值有时候没被消费，而是被浪费了。

生产与消费的时间顺序有三种情况。

---

① 《美国农场：一人耕种三千英亩》，新华网，http://news. xinhuanet. com/world/2010-09/02/c_12509781. htm，最后访问日期：2015 年 12 月 28 日。

①有时候生产与消费是同时的，主要在服务类产业（见图3－5）。

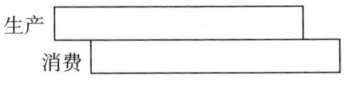

图3－5　生产与消费同步

②有时候先生产，后消费，生产没结束，消费便开始，消费落后生产一段时间（见图3－6）。

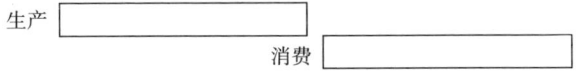

图3－6　生产先于消费一段时间

③更多时候生产结束后，才能消费（见图3－7）。

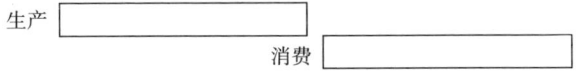

图3－7　生产结束后再消费

有时候，表面上消费结束了，生产还在继续。比如，我们到餐馆吃饭，吃过饭付完账后，服务员仍要打扫卫生、洗盘洗碗等。服务员在顾客走后的劳动依然是为顾客服务，只是顾客在走之前支付了这部分劳动的报酬；或者说，清扫劳动是为下一个顾客服务，生产先于消费。

（二）一段时间内，一定人员的生产量与消费量的对比

一段时间内，一定人员的生产量对比消费量，存在三种情况：生产量大于消费量；生产量等于消费量；生产量小于消费量。单产品、同产品的生产量和消费量对比，即可以用产品数量来表示，也可以用价值（价格）来表示；多产品、不同产品对比时，适合用价值（价格）来表示。

1. 生产量减去消费量即为剩余价值

①一人的剩余价值。

举个简单的例子，人吃一顿饭，消费的食物的价值为 q，这可以保持人有 6 个小时左右的体力，或 12 个小时左右休息、睡眠状态的能量消耗。而这 6 个小时内，人通过劳动又可以获得价值为 5 个 q 的食物，相比消费，人创造的剩余价值就是 $4q$。一天之内，人创造的剩余价值就是 $7q$。人又可消费自己获得的食物，继续生存、劳动，周而复始……人如果只获得价值

q 的食物，那么这 6 小时的剩余价值就为零。

4q 价值的食物也是储蓄，此人可以在接下来的两天时间里不用再生产食物，他可以去盖房子。盖房子可能要两个月的时间，那么他每隔两天花 6 小时生产食物，其余时间盖房子。假设盖房子的材料来源于大自然，除了劳动，无须其他支出，两个月后，房子盖好了，这座房子可以使用 5 年左右，价值 1000q，那么此人两个月创造的剩余价值就是 1000q，平均每天的剩余价值是 16.7q。生产量、消费量与剩余价值的关系见图 3 – 8。

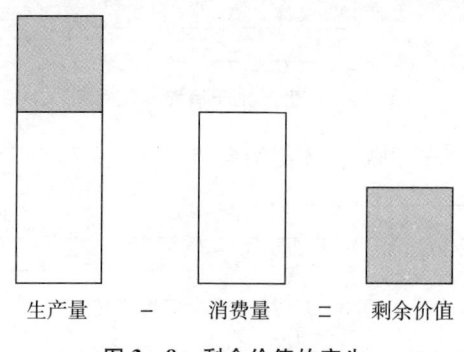

生产量　　－　　消费量　　＝　　剩余价值

图 3 – 8　剩余价值的产生

②多人的剩余价值。

此人还可以将 4q 食物与别人进行交换，可以换盐、布、工具、燃料等，他 6 小时的剩余价值会变为 1 个 q 的盐、1 个 q 的布、1 个 q 的工具、1 个 q 的燃料等。经过一段时间，这些盐、布、工具、燃料等可能都会被消费，但只要他生产的速度快于消费的速度，就始终有剩余价值，并可能储蓄更多价值，可以继续生存、劳动，周而复始……

一样的，那些生产布的人用价值 q 的布换来价值 q 的食物，饭后 6 小时，又可以生产价值 5 个 q 的布，剩余价值也是 4q。通过交换，剩余价值也能为 1 个 q 的盐、1 个 q 的食物、1 个 q 的工具、1 个 q 的燃料等。只要平均每段时间的生产量大于消费量，剩余价值不断积累，同样能继续生存、劳动，周而复始……

那些生产工具的人、生产燃料的人、生产盐的人，同样能积累剩余价值，同样能继续生存、劳动，周而复始……

此人还可以请 4 个人来帮自己盖房子，而自己专门生产食物供 5 个人消费，人多力量大，10 天房子就盖好了，那么 5 个人 10 天共同的剩余价

值就是 $1000q$，平均每人每天的剩余价值是 $20q$。房子属于此人，为了公平，此人还需要支付另外 4 人每人每天 $14q$ 价值的劳动报酬，这大约需要此人劳动 20 天，那么此人 30 天的剩余价值就是 $1000q$，平均每天是 $33.3q$；其他 4 人，每人 10 天的剩余价值是 $140q$，平均每人每天的剩余价值是 $14q$。

2. 始消费量、已消费量和剩余存量

即使每个人的创造只满足一种需求，通过交换，我们的不同需求都能得到满足；通过交换，我们消费别人创造的价值，效果等同于消费自己创造的价值。实际上我们每个人创造价值既是为别人，也是为社会，为自己是基本。市场经济条件下，交换几乎都通过货币，于是我们都是以货币为尺度来研判财富，也把货币当作财富。

产品生产出来就是准备有人来消费，生产量就是准备消费量。习惯上，当有人用货币来购买时，我们就认为产品被人消费了；卖者获得货币，谓之收入，买者付出货币，谓之支出，收入等于支出。我们会将这个交易额（收入值）作为产品的产值，同时，也将这个交易额（支出值）作为产品的消费值。实际上，付钱只是消费即将开始，当产品经使用至效用为零时，支出额才等于消费量，所以，支出额是开始进入消费的量，是初使用量，简称始消费量，或称始消费值。用 1 元钱购买一只水笔芯，是不是消费了 1 元价值？不是，当笔芯的墨水都用完了，才是消费了 1 元的价值。

创造价值（生产）与获得收入（卖出）有个时间差，支出货币（消费购买）与消费价值也有个时间差。产品被使用一段时间后，消费时间没有到，产品的价值减少了一部分，这部分就是已消费量，或已消费值，长期消费品的已消费量就是所谓的折旧；产品还可以继续使用一段时间，价值还有剩余存量，是现存可使用量，我们谓之留存价值，或存余价值、现存价值，简称现值。

习惯上，非长期性用品，从消费购买到消费结束时间很快，这个时间差可以被忽略，支出额就是消费量。长期性消费品，从消费购买到消费结束的时间差就不能被忽略，会考虑到剩余存量。如果说某个人、某个家庭财产有多少，不仅会考虑到有多少钱，还会想到不动产、值钱的东西（往往是耐用消费品）有多少价值。如果统计某个企业的资产有多少，会看有多少流动资金，固定资产、库存产品的价值，还会考虑有多少债务。

衡量某个人、家庭、企业、经济主体的财富变化，既要统计货币价值的变化和存量，也要统计实物价值的变化和存量，用生产量和已消费量来计量最为准确。生产量大于已消费量，剩余量增多，财富增长；生产量等于已消费量，剩余量为零，财富不变；生产量小于已消费量，剩余量减少，财富减少。不加特指，消费量应该是已消费量。对企业来说，关注利润，就是将消费量与生产量对比，并衍生了投入与产出之比，企业的投入是生产性消费。

一段时间内，我们创造的价值对应收入，我们消费的价值对应支出，收入若大于支出，两者的差额即是剩余量，对个人或家庭来说就是储蓄，对企业或其他市场主体来说就是利润，实质都是剩余价值。一段时间内，收入等于支出，财富不变；一段时间内，收入小于支出，只能是消费以前的储蓄，或者是借债，财富减少。衡量整个社会、整个经济体的财富变化，我们却不能把货币（信用货币）作为财富，宏观上的总生产量和总消费量我们将在本章第三节分析。

3. 服务业：生产量等于消费量

服务业，生产与消费是同时的，消费者消费开始，生产者的生产即开始，消费者的消费结束，生产者的生产也结束，生产量等于消费量，生产过程、消费过程、交换过程是同一过程。比如理发，理发师给顾客理发的时候，就是顾客消费的时候，理完发既是理发师服务的结束，也是顾客消费的结束。假设理发费用是 10 元，顾客支出了 10 元价值，理发师收入了 10 元价值，生产量等于消费量，社会总财富没有变化。这是有偿消费，理发师创造价值给顾客消费，由此获得 10 元货币，意味着理发师随时可以去消费满足自己需求的 10 元价值。

我们再看出租车司机与乘客，出租车载着乘客从 A 地到 B 地，用时 10 分钟，这一过程是司机劳动的过程，同时也是乘客消费的过程，这是同一的。司机劳动创造的效用就是满足乘客移动位置的需求（从 A 地到 B 地）。乘客花费 5 元，司机挣了 5 元。对乘客来说，自己以前创造的 5 元价值（也是供给别人消费），换取司机创造的 5 元价值供自己消费，如同乘客消费自己创造的 5 元价值。对司机来说，自己的劳动是服务别人，换来代表 5 元价值的货币，如同司机 10 分钟的劳动给自己创造了 5 元价值。这实际上是两个变化，但总体看起来价值既没有增加也没有减少，只表现为代表价值的 5 元货币从乘客转移到司机手中。

服务业，生产量等于消费量，社会总体无剩余价值，但生产者自身产消相比有剩余价值。司机 10 分钟获得 5 元价值是含成本的，按分钟不便计算，往往按月计算，首先是油费，此外还有保险费、管理费、税费、洗车费、停车费等，月收入大于月支出，就是司机每月创造的价值大于每月消费的价值，多出的部分就是司机每月创造的剩余价值。

服务业还有一种情况就是"宰客"，生产量实际上不大，名义上很大，消费者花费不菲，名义上生产量等于消费量，实际上消费者的部分价值被"生产者"占取，社会总价值也没有变化。

教育、培训属于服务业，表面上看生产量等于消费量，实际上生产量可能大于消费量，甚至是远大于消费量，因为知识的效用是长期的，甚至是永远的。付出学费，消费的是老师的教学服务，得到的知识是无形的非物质化价值。还有，传授错误的知识，表面上看也是生产量等于消费量，实际上带来难以估量的负价值。

> 当司机是用来为资本家创造剩余价值时其劳动为生产性劳动，当司机的劳动是用来为资本家提供享受时，其劳动是非生产性的。[①]

这句话后半部分的观点并不妥当，除非把非生产性理解为非物质化生产性。当司机的劳动是用来为资本家提供享受时，作为家仆的司机和出租车司机一样，其劳动也是生产性的，只是消费者不同，出租车司机的消费者是不确定的乘客，家仆司机的消费者只是资本家。家仆司机劳动创造的价值被资本家消费，其获得的工资是自己的劳动的报酬，是自己的价值被货币化、被承认，可以凭工资再去消费自己需要的价值，家仆司机的劳动是为资本家提供服务，这个劳动也是为自己生产的，依然是生产性的。

（三）消费量有限与两个定律

人的消费量是有限的，有最高限度，超过限度则消费不了成为浪费，

---

① 何炼成、徐鸿：《无形资产的价值源泉》，《当代经济研究》2001 年第 9 期，转引自何炼成《价值学说史》（修订版），商务印书馆，2006，第 522 页。

有最低底线，满足不了最低需求人的生存就会有危机。

1. 恩格尔定律

> 19 世纪德国统计学家恩格尔根据统计资料，对消费结构的变化得出一个规律：一个家庭收入越少，家庭收入中（或总支出中）用来购买食物的支出所占的比例就越大，随着家庭收入的增加，家庭收入中（或总支出中）用来购买食物的支出份额则会下降。推而广之，一个国家越穷，每个国民的平均收入中（或平均支出中）用于购买食物的支出所占比例就越大，随着国家的富裕，这个比例呈下降趋势……
>
> 恩格尔定律中蕴涵的基本原理是非常真实和浅显易见的。食物属于人们生存所必需的最基本需求。如果连饭都吃不饱，很难想象一个人还会有其他的消费奢望。[①]

食物是人的基本需求，食物也是家庭、国家的基本需求。生产的价值大于消费的价值，首先就要大于食物需求的价值。对人来说，食物维持生命必需的热量。

> 成人每日需要的热量 = 人体基础代谢需要的基本热量 + 体力活动所需要的热量 + 消化食物所需要的热量。[②]

正常情况下，人的工作和生活稳定，体力活动所需要的热量也稳定，基础代谢和消耗食物所需的热量是稳定的，所以人每日所需热量是稳定的。吃少了胃会饿、营养不良，吃多了胃会胀、易增肥，对健康都不利，因此，人对食物的需求量是最为稳定的。富裕就是生产的价值大大超过消费的价值。生产力的水平越来越高，创造价值的速度越来越快，食物消费量增长却很少，或者不增长，于是，随着家庭、国家的富裕，收入中用来购买食物的支出占比越来越低。

人们从"吃不饱"到"吃得饱"再到"吃得好"，就是从贫穷走向富

---

① 《恩格尔定律》，百度百科，http://baike.baidu.com/view/40680.htm。

② 《成年人每天需要多少热量》，新浪网，http://health.sina.com.cn/hc/2013 - 04 - 09/172579646.shtml，最后访问日期：2015 年 12 月 28 日。

裕的过程。富裕后人们消费的不仅仅是食物，而且是蕴含在食物上的文化。消费的重心从物质化消费转向非物质化消费。有些地方的统计将饮食文化消费都纳入了食物的消费，结果富裕的地区恩格尔系数并不低，这并不能否定恩格尔定律的应用性。

在恩格尔定律基础上我们进一步对比会发现：一个家庭收入越少，物质化价值支出比例越大，非物质化价值支出比例越小，随着家庭收入的增加，物质化价值支出比例下降，非物质化价值支出比例上升，国家也是如此，越是发达的国家，第三产业的占比越高。

2. 边际消费倾向递减定律

边际消费倾向递减定律是指人们的消费虽然随收入的增加而增加，但在所增加的收入中用于增加消费的部分越来越少，凯恩斯认为边际消费倾向递减规律是由人类的天性决定的。由于这一规律的作用，出现消费不足。[1]

人的消费量是有限的，人的物质消费量更是有限的。人的收入增加，消费也会增长。首先满足日常生活需求，随即添加曾经因消费能力不足而没购置的商品，明显会添置些大宗耐用消费品，这是低收入家庭迈入中等收入水平后常见的现象，有的边际消费增长会高于收入增长。许多物质产品的消费周期长，很长时间无须再买，人们很快就觉得家里不缺什么，收入再增长，也很难有物质消费的增长。花钱是消费购买，并不完全等同于消费，在很多时候，花钱不是消费，是实物储蓄和投资。高收入者购房、收藏艺术品等，有的是为了保值、增值，是财富转移，并非传统意义上的消费行为，市场监测和统计要注意区分这一点。

随着收入的增加，消费重心逐渐转向非物质化价值消费，如旅游消费、美容和保健消费、文化消费、艺术消费、体育消费等，这是中等收入和中高收入家庭的消费表现。非物质化价值消费基本在服务业，最大的特点是需要时间去消费，旅游、健身、听音乐会、看球赛等都需要时间，时间是最公平的，人们的收入可以增加，但时间不会增加，许多人不差钱就

---

[1] 《边际消费倾向递减规律》，百度百科，http://baike.baidu.com/view/136506.htm。

差时间，有钱了未必有时间去消费。时间是有限的，消费也必然有限，时间会限制消费随收入的增长而增长。

超出人们有限的消费量，消费就变成了浪费。高消费实际包含着高浪费，炫耀性消费中存在虚荣心消费。并不是所有人都具有十足的虚荣心，有钱人并不都是暴发户，也并不都会去挥霍浪费。许多有钱人是经过努力奋斗的成功人士，而且收入增长的同时，年龄也在增长，这些人的消费观念日益成熟，非理性消费、虚荣心消费、不健康消费等行为减少，一般不主动浪费，这也决定了人们收入虽有增加但消费增加不足。

消费增加不足会影响经济增长，许多发达国家的年增长率降到3%左右，甚至更低，其中一个原因应该是发达国家的大部分家庭达到了中等收入水平及以上，消费量有限导致边际消费递减，宏观上体现为消费增长趋缓、经济增长趋缓。

解决消费不足的要点不是让少数有钱人增加边际消费，而在于让多数没钱人增加收入。

三　生产时间与消费时间对比

（一）量的对比⇒时间对比

生产量和消费量对比可以转为生产时间和消费时间的对比。一段时间的生产量和消费量的对比，取倒数，就是单位产品的平均生产时间和消费时间对比。生产时间与消费时间对比，同样有三种情况：

一个单位产品的生产时间 > 消费时间⇔一段时间的生产量 < 消费量

一个单位产品的生产时间 < 消费时间⇔一段时间的生产量 > 消费量

一个单位产品的生产时间 = 消费时间⇔一段时间的生产量 = 消费量

以每单位价值（价格）对应时间来表示：

一个单位价值的生产时间 > 消费时间⇔一段时间的生产值 < 消费值

一个单位价值的生产时间 < 消费时间⇔一段时间的生产值 > 消费值

一个单位价值的生产时间 = 消费时间⇔一段时间的生产值 = 消费值

有时要考虑人数对比，一人生产的产品会满足 N 个人的消费需求，三种情况整合为：

一个单位产品一人的生产时间 = 一个单位产品一人消费时间的 N 分之一⇔一段时间一人的生产量 = 一段时间 N 人的消费量（$N>1$、$N<1$、$N=1$）

或者：

一个单位价值一人的生产时间 = 一个单位价值一人消费时间的 N 分之一

1. 以粮食为例（从数量角度）

新华网曾刊文《美国农场：一人耕种三千英亩》，介绍美国北达科他州的一个农场。实际上农场有很多土地作为牧场，真正作为耕地的没有那么多。不过，在采用飞机进行耕作管理、无人卫星定位拖拉机进行耕种等现代智能科技农业中，美国一个农民耕种的土地面积真的很大，美国农民也并非传统意义上的农民，而是农业工厂的员工。美国有 1.97 亿公顷的农业土地，农业人口 700 万，假设其中 1/2 为农业劳动力，平均耕种的土地就可达 140 英亩。我们估算下，一英亩小麦年产量 1200 千克，可出面粉 1000 千克。一个农民年产小麦可以出面粉 140 吨。

每一吨面粉一人的生产时间 = 365 天/140 ≈ 2.6 天（暂忽略面粉加工时间）

成人每天消耗热量约 1500 大卡，每 100 克面粉含有 344 大卡，如果以面食补充热量，需面粉 500 克（0.5 千克），一人一年消费面粉约 180 千克。则：

每一吨面粉一人的消费时间 = 1000/0.5 = 2000 天 ≈ 5.56 年

2000 天:2.6 天 ≈ 770:1

一人的一年小麦生产量 = 770 人一年小麦的消费量

一吨小麦一人的生产时间 = 一吨小麦一人消费时间的 1/770

以上只是简单估算，并没考虑价格和成本（农业关乎民生和社会稳定，普遍存在政府补贴和价格扭曲现象），即便有较大误差，也可以明显看出，在现代化条件下，粮食的生产时间远远小于消费时间。

2. 以汽车为例（从价值角度）

汽车由许许多多的配件总装而成，总装厂的员工和总装时间好统计，但配件生产人数和生产时间难以统计，即便配件生产人数和生产时间可以统计出来，配件的原料生产人数和生产时间也很难统计，比如铁矿石、钢铁、橡胶等。我们可以通过等量价值比例互换的方法来统计。

一辆汽车总装出来，总装附加增值（工业增加值）是 M，配件等成本是 N，汽车价值是 $M + N$。平均一辆车一人总装时间是 T，配件 N 的生产时

间为 T_1，配件是卖汽车赚来的钱购买的，实质是组装汽车的增加值换来的，N 的生产时间可以换算为 M 的生产时间：

$$M/N = T/T_1 \Rightarrow T_1 = \frac{N}{M} \cdot T$$

即一个单位价值配件的生产时间相当于产品 N/M 个单位价值的生产时间。

一辆汽车的生产时间：

$$T_2 = T_1 + T = (1 + N/M) \cdot T$$

那么一个单位汽车价值生产时间：

$$\frac{T_2}{M+N} = \left(1 + \frac{N}{M}\right) \cdot T \div (M+N) = T/M$$

可以看出，如果都是等价交换，产品一个单位价值的生产时间与转移价值的生产时间无关，决定于本环节生产的增值和生产时间，也可以推出，商品交换都是名义上的等价交换，尽管用商品生产商品，名义上，每个阶段商品的单位价值生产时间与之前后的环节无关。也就是说，生产轮胎的，测算轮胎每 1 元价值的生产时间是多少，不需要知道原料橡胶每 1 元价值的生产时间是多少；生产变速箱的，测算变速箱每 1 元价值的生产时间是多少，不需要知道各种齿轮每 1 元价值的生产时间是多少，也不需要知道汽车每 1 元价值的生产时间是多少……

我们查阅了某上市汽车公司的资料，通过公布的 2013 年上半年销售量和利润，得到平均每辆车的毛利润为 2970 元，企业总员工数不得而知，但可知道一个子公司的产量和员工人数，以及当地汽车业的人均月收入，从而估算此家汽车平均一个员工半年的工业增加值是 21.55 万元，那么，创造每万元价值需要一人工作 8.5 天。

一辆小汽车的使用年限可达 15 年以上，我们按一个人使用 10 年、汽车价值 5 万元算，每万元价值一人消费时间是 2 年，即 730 天，便有：

$$730 \text{ 天}:8.5 \text{ 天} \approx 86:1$$

估算的结果是汽车的生产时间大大小于消费时间。我们从消费者的角度估算更为简便：如果一个人月收入 5000 元，也就是每月创造的价值名义上是 5000 元，他购买一辆价值 10 万元的车，使用 15 年，汽车对于他来讲，每万元的生产时间是 2 个月，每万元的消费时间是 18 个月，消费与生产的时间比是 9:1。

生产与消费的时间对比，从价值的角度和从数量的角度，结果往往并不相同，从产品数量角度对比更具客观性，从价值角度对比会由于价格波动而存在一定的主观性偏差，但两者在一定程度上应是吻合的，如果偏差较大，说明价格被某些因素扭曲了。

通过以上对比，我们便会更加明白，为什么马克思把一切经济归结为时间经济，为什么富兰克林说时间就是金钱。简而言之，生产时间比消费时间越短则越富有、越长则越贫困。

（二）劳动具有价值和劳动创造剩余价值的实质

还要强调，前面对比是单位产品的一人的生产时间对比消费时间，而不是劳动时间对比消费时间，很多时候，我们把生产时间当作劳动时间，事实上，这两者并不相同。单位产品的人均劳动时间应小于人均生产时间。

在前面的例子中，估算了美国一个农民年产小麦可以出面粉 140 吨，事实上农民一年并非时时都在劳动，除去睡觉、吃饭、娱乐、天气原因不能劳作等的时间，一年之中劳动时间约占 1/4，于是：

每一吨面粉一人的劳动时间 ≈ 2.6 天/4 = 0.65 天

一吨小麦一人的劳动时间 = 一吨小麦一人的消费时间的 1/3080

不仅如此，在现代化农业生产中，人的劳动强度也比传统农耕生产方式轻松得多。通过对比，我们可感受到现代化产业的强大生产力，强大的创造剩余价值的能力，这些能力是多方面发展的结果，其中人的劳动始终是不可或缺的重要因素，是唯一的能动性要素。

人的劳动具有价值就在于劳动能创造剩余价值，劳动创造剩余价值的实质就是：一个人或一个群体通过劳动创造出价值的时间要比消费等量价值的时间少；或者说，一个人或一个群体在单位时间通过劳动创造出来的价值要比自身等时间消费的价值大。劳动价值的大小就取决于创造剩余价值能力的大小。

劳动创造价值的时间与消费等量价值的时间相比越少，生产率就越高。不同人创造价值的能力不同，不同群体创造价值的能力也不同。假如价值分配是公平的，创造价值的速度越快于消费价值的速度的人和群体，就是越富有的人和群体，反之，就是越贫困的人和群体。

（三）依据时间对比给产品分类

1. 传统的按消费时间分类

通常我们根据产品的消费时间对产品进行分类，如长期消费品、短期消费品，耐用消费品、非耐用消费品。

短期消费品，如食物、牙膏、洗衣粉等日用消费品，消费时间就几天、几个月。但有些消费品的使用时间只有几小时或几分钟，短到用"短期"来形容都长。所以，现在我们从中细分出一类，就是即时消费品，或称超短期消费品。有实物型的，如爆竹、子弹、炮弹等，产品使用时间是一瞬间的，也可称为瞬时消费品；也有非物质的、服务型的，生产与消费同时进行，如咨询、打的、运输、保健按摩、文艺表演等。

我们还可以把长期消费品细分为：中长期消费品，如服装鞋帽、餐具、浴具、家具、电视机、冰箱、空调、汽车、机器等，使用寿命长达几年、十几年；长期消费品，如房子、桥、公路、铁路等，使用寿命长达几十年、上百年；超长期消费品，如玉器、黄金首饰、钻石、工艺品等，寿命几乎是永恒的。

所谓的短期、长期并没有严格的界限，与生活习惯相关，存在很大的弹性。比如服装鞋帽，爱惜的人一件衣服能穿几十年，有的工作装穿几个月就破损得不成样子了。

耐用消费品和非耐用消费品、长期消费品和短期消费品通常指生活性消费品，生产性消费品同样存在耐用和非耐用之分、短期和长期之别，本书所提的长期消费品和短期消费品包括生活消费品和生产消费品。

2. 时间顺差产品与时间逆差产品

我们设：Tc 表示消费时间，Tp 表示生产时间，$\overline{Tc}$ 表示单位产品消费时间，$\overline{Tp}$ 表示单位产品生产时间。

一个单位数量产品一人的消费时间（$\overline{Tc}$）大于一个单位数量产品一人的生产时间（$\overline{Tp}$），我们称之为时间顺差，这样的产品我们称之为时间顺差产品，简称顺差产品或顺差消费品；反之，我们称之为时间逆差，这样的产品我们称之为时间逆差产品，简称逆差产品或逆差消费品。如果 $\overline{Tc} = \overline{Tp}$，我们称之为无时差，产品就是无时差产品或无时差消费品。

设 $N = \overline{Tc}/\overline{Tp}$，$N$ 我们定义为时差率，则：

$N > 1$，就是时间顺差；$N < 1$，就是时间逆差；$N = 1$，就是无时差

长期消费品，$\overline{Tc}$ 大于 $\overline{Tp}$ 比较明显。固定资本，如厂房、机器等生产资料，就是长期消费品，是生产类消费品，$\overline{Tc}$ 大于 $\overline{Tp}$ 是投资有收益的主要支撑点。但长期消费品也有 $\overline{Tc}$ 小于 $\overline{Tp}$ 的，如皇帝的龙袍，工艺繁杂，需消耗多人的劳动，缂丝工艺消耗的工时过长，有"一寸缂丝一寸金"之说，加上养蚕、缫丝、织绸、刺绣等的生产时间，目前虽不能考证具体工艺总耗时，对比只有皇帝一人的几年消费时间（而且不是天天穿），许多女工的生产时间加起来还是大于皇帝一人的消费时间。

短期消费品、即时消费品，常有 $\overline{Tc} < \overline{Tp}$。燃放烟花、鞭炮，就是时间逆差的，而且还造成污染。$\overline{Tc} < \overline{Tp}$，从这个角度也能看出炮弹、导弹等武器的负价值。不过，在强大的生产力面前，短期消费品、即时消费品，仍然存在 $\overline{Tc} > \overline{Tp}$，随着生产力的提高，许多逆差消费品转为顺差消费品。科技进步、生产力发展就是将时间逆差的产品逐步变成时间顺差的产品，时差率 N 的值越来越大，远远大于 1。

服务行业，生产量 = 消费量，生产的同时就是消费，由于生产者和消费者人数的不同，依然能形成时间顺差或时间逆差。出租车载一人，生产价值等于消费价值，生产者与消费者都只有一人，$N = 1$ 无时差；出租车载两人，消费价值不变，消费时间为原来的 2 倍，$N = 2$ 大于 1，时间顺差，尽管司机的收益可能不变，但消费者相对受益，社会资源相对节省。我们所有人都是消费者，有利于消费者就是有利于社会。时间顺差，提高效率、节约资源，我们应提倡时间顺差消费。所以，"拼的"是值得提倡的，公共汽车的时间顺差更大，城市更应提倡公交优先。表面上看，服务行业的生产时间也等于消费时间，但是，许多服务性消费具有周期性，消费周期具有延长消费时间的效应，生产时间与消费时间对比等效于时间顺差，比如理发、美容、保健按摩等。

时令性、节日性消费品，尽管消费时间很短，但具有周期性，如烟花、爆竹、圣诞玩偶等，使用的时间很短，只是节庆时才使用，一年中就使用一次或两次，年均消费量小，消费间歇期长，延长性消费时间长，生产时间和消费时间的对比类似时间顺差，我们称为准时间顺差消费品。如果充分发挥武器弹药的威慑作用，使用频次低，变相将消费周期大大延

长，也能达到时间顺差效果。

3. 价值顺时差与价值逆时差

用每单位价值对应时间来表示，时间顺差就是：一个单位价值产品一人的消费时间（$\overline{Tc}$）>一个单位价值产品一人的生产时间（$\overline{Tp}$），也作，每一元价值产品一人的消费时间（$\overline{Tc}$）>每一元产品一人的生产时间（$\overline{Tp}$），我们称之价值时间顺差，简称价值顺时差。设：

$$Nj = \overline{Tc} / \overline{Tp}$$

Nj 我们定义价值时差率，则 $Nj > 1$，就是价值时间顺差；$Nj < 1$，就是价值时间逆差，简称价值逆时差；$Nj = 1$，就是价值无时差。

很多产品的生产过程很复杂，多种产品会以不同的比例成为某产品的原料，而新产品又会成为另一种产品价值形成的要素，很难算清一个产品所有环节的生产时间，也就弄不清总的生产时间，消费时间与之相比的结果失去研判意义。采用 Nj 不需要考虑原料的生产时间，因而方便、简洁、实用。

时间与价值的关系十分密切，当其他因素不变，价值与生产时间成正比关系，然而其他因素经常变化，因而，$\overline{Tc}$ 和 $\overline{Tp}$ 一起变化。从生产者的角度看，无论价格如何变，N 恒等于 Nj，但从消费者的角度看，Nj 则发生变化。通过交易，消费别人创造的价值效果如同消费自己创造的价值。我们接着上面汽车的例子来说明：一个人月收入 5000 元，即每月创造的价值名义上是 5000 元，他购买一辆价值 10 万元的车，使用 15 年，汽车对于他来说：

$$\overline{Tp} = 2 \text{ 月} / (\text{万元} \cdot \text{人}), \overline{Tc} = 36 \text{ 月} / (\text{万元} \cdot \text{人}), Nj = 9$$

如果汽车降价到 8 万元：

$$\overline{Tp} = 2 \text{ 月} / (\text{万元} \cdot \text{人}), \overline{Tc} = 22.5 \text{ 月} / (\text{万元} \cdot \text{人}), Nj = 11.25$$

所以，产品价格下降，对消费者来说价值顺时差加大；反之，产品价格上涨，对消费者来说价值顺时差减小。我们还可以推出，产品价格不变，消费者收入增加，对产品来说价值顺时差增大，反之，价值顺时差减小。

因此，我们不难理解，虽然贵重商品不少是高耗时产品，价格高，对一般人来说，价值顺时差很小，甚至是价值逆时差，但对高收入者来说，他们每小时的收入更高，每一元价值的生产时间仍然远短于每一元价值的消费时间，仍然能形成剩余价值。

从生产者角度看，自己的产品如果自己消费，产品价格变化，价值时差率 Nj 没有变化，但生产者很少消费自己的产品，主要是消费别人的产品，产品价格降低，如果其他条件不变，收入会降低，相对于别人的产品，自己的价值顺时差减小。所以，生产者往往在自身生产率提高的情况下，即 N 提高，才会考虑降价，以使自己的收入不会减少。

Nj 也就是一段时间、一定数量人员价值生产量与等时间等数量人员价值消费量之比。对企业来说，消费量可用支出来代替，Nj 就是某时间段的产值/支出，Nj 越大，即每 1 元的支出带来的产值越高，企业的效益越好，这是企业盈利能力的一个指标。如果企业将部分盈利转为工资由大家分享，体现公平，支出加大，这个指标又会变小。不同消费者的工资和收入不同，同一产品对不同人来说 Nj 会相差很多，所以宏观上我们选择时差率 N，更为客观。

提高 N，即扩大生产与消费的时差，就是增强创造财富的能力，显然应从两个方面入手，一是提高 $\overline{Tc}$，二是缩短 $\overline{Tp}$。提高 $\overline{Tc}$ 就要提高产品的质量，延长产品的使用寿命；缩短 $\overline{Tp}$ 就要提高产品的生产批量，减少生产过程中的时间浪费，缩短生产时间。一增一减，这样财富的积累就更迅速了。

（四）交易如何从时间上促进价值增值

约瑟夫是一个极端注重观察生活细节的人。在做收银员的时候，很多农场主偶尔赶着马车风尘仆仆地来到小镇上采购东西的情形引起了他的注意。他一边留心观察一边详细记录这些农场主买的每一件东西和它们的价格，晚上回家仔细分析。经过一年的时间，他构想出一套自己的商业模式，如果带着农场主们所需要的商品上门推销，为他们省却长途跋涉的劳苦，那么客户们是愿意为此多付一些钱的，而他赚的就是这个"增值服务"。主意已定，约瑟夫马上买了一些镜子、戒指、刀具、小珠宝、手表等价值高重量轻的小商品装入背包，开始徒步行走在宾夕法尼亚的旷野村镇之间，上门推销商品。他的商业模式被证明大获成功，不到半年就挣到了 500 美金的第一桶金。[1]

约瑟夫的"增值服务"本身在全社会看来财富没有变化，约瑟夫的增值等于农场主们的减值，但镜子、戒指、刀具、小珠宝、手表等商品的生产者可以提高产量，他们的产品持续经约瑟夫之手转为消费品，这些产品的生产时间是小于消费时间的，他们的生产就构成社会财富的增长，而这与约瑟夫的作用是分不开的。

农场主偶尔赶着马车风尘仆仆地来到小镇上采购东西，这里有两种经济关系：农场主采购东西，是交换经济；农场主偶尔赶着马车风尘仆仆地来到小镇上，是自给经济。在自给经济中，农场主同时扮演着两个角色，既是生产者，又是消费者，农场主通过赶马车使自己来到小镇（还应该包括回去），$\overline{Tc} = \overline{Tp}$。农场主多付一些钱从约瑟夫手中购买东西，实际上就如同将赶马车的劳动外包给了约瑟夫。约瑟夫一次带许多东西，消费者人数增多，$\overline{Tc}$ 增多，也可以理解为 $\overline{Tp}$ 减少，效果都是 $N > 1$，无时差变成时间顺差，于是，约瑟夫的劳动在帮助社会增长财富的同时，也给自己创造了剩余价值。

不仅如此，农场主们可以节省出来回小镇的时间，利用这段时间在农场进行生产，他们的产品生产时间也是小于消费时间的，也构成社会财富的增长，同样与约瑟夫的作用有关。农场的产品是粮食和牛羊等，交易的结果，等效于农场主通过劳动为自己"生产"了镜子、戒指、刀具、小珠宝、手表等，"生产"可能只要一天或几天，最多几月，但消费这些小商品，可以达到一年、几年，甚至几十年。

通过以上实例分析，我们明白：虽然服务行业的生产量等于消费量，国民财富不增加，但能促进相关产业的生产和消费，而这些产业往往在一段时间内生产量大于消费量，从而促进国民财富增加，同时，服务行业可以将价值无时差做到等效为价值顺时差，从业者自身也有财富增长。

---

① 宋鸿兵：《货币战争 2：金权天下》，中信出版社，2012。

第二节　剩余价值的多种算法及称谓

一段时间内，一定人员的生产量减去消费量就是剩余价值，时间段、时间节点不同、人员（所有者）不同，算出的剩余价值意义不同、称谓不同，如：增加值、利润、工资、地租、资产、资本等。

一　剩余价值的形成

（一）增收货币并非绝对等于获得剩余价值

在市场经济中，产品没有销售出去，对生产者来说是剩余产品，若始终销售不出去，生产者自身又消费不了，就会浪费，产品就没价值了。所以，对生产者来说，剩余产品不能完全等于剩余价值，剩余产品只能算准剩余价值。

产品销售出去了，生产者获得了货币，且大于投资，那么生产者是不是就完全获得了剩余价值？答案是不一定。货币是工具，是交换的工具；货币是尺度，是价值的尺度。钱不能吃，也不能喝，更不能穿……钱能换来吃，也能换来喝，更能换来穿……钱的作用就是交换。不论是金属货币还是纸币，生产者如果没有用货币换来自己需要的其他产品，货币所代表的价值一样也是变化的，生产者可能因货币贬值而失去部分价值，也可能因生命终结而将货币留于后人。金属货币除了具备货币的功能外，还有其金属属性本身的实用价值。而纸币，仅代表社会赋予的信用，代表着拥有换得价值的权利，钱没花出去，就是放弃了这个权利，还是没有得到价值。增收货币并非绝对等于获得了剩余价值，货币也是准剩余价值。

如今，生产者生产的产品绝大多数不是自己使用，对自己来说产品其实都是剩余产品，完全是为了交换，先将产品换成货币，再用货币换得自己需要的产品来消费。交换的结果如同生产者创造的价值为自己消费，通俗的表现是自己挣钱自己花。换得所需产品后，不需要考虑别人产品的生产时间，而只需要考虑它的消费时间，只有大于自己生产等价产品的生产时间，才能说生产者真正获得了剩余价值。

只要不存在特殊情况，比如战争、改朝换代、恶性通货膨胀等，货币几乎可以随时随地换得有价值的其他商品，因此，我们一般把收入货币量大于支出货币量确定为获得剩余价值，通俗的表述是挣钱的速度快于花钱的速度。

（二）W—G—W′与G—W—G′

W—G—W是马克思列出的简单商品流通的一般形式，即商品—货币—商品；货币资本循环的公式是G—W…P…W′—G′①，W…P…W′就是生产阶段，我们把流通过程简化为G—W—G′，即货币—商品—货币。

G—W就是购买商品，W—G（W—G′）就是销售商品，每一个G—W必然对应一个等价的W—G，每一个W—G也必然对应一个等价的G—W。所以，商品和资本的流通都不是单方面的，是双向的，一一对应，可用图3－9表示。

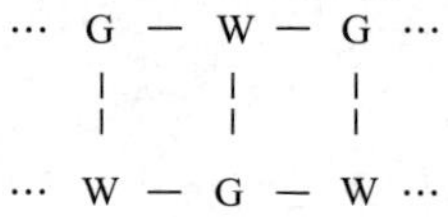

$$\begin{array}{ccc} \cdots\; G & - & W & - & G \;\cdots \\ | & & | & & | \\ \cdots\; W & - & G & - & W \;\cdots \end{array}$$

图3－9　商品和资本流通的对应形式之一

G—W—G是一个经济体的货币与商品转换，对应的W—G—W是不同经济体，应是W—G｜G—W，我们再把生产阶段考虑进去，见图3－10。

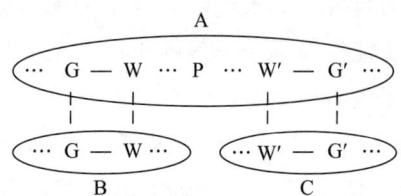

图3－10　商品和资本流通的对应形式之二

A经济体的G—W—G′过程，G′大于G，货币增加，剩余价值体现，这是从单个企业来看、从局部来看，利润的增长，以货币为起点，也以货币为终点。从三个经济体整体来看，A花去货币G就是B换得货币G，A换得货币G′就是C花去货币G′，货币没有增加，也没有减少，剩余价值实际是在W…P…W′的过程中产生的。所以，从国家或全球来看，即从整体来看，财富的实际增长，剩余价值的真实体现，应该以产品为起点，也以产品为终点，不过产品价值的大小还是以货币为计算单位。

宏观经济体的局部，即内部小经济体，比如投资者、经营者、企业、

---

① 〔德〕马克思：《资本论》第2卷，人民出版社，2004，第31页。

劳动者、消费者等市场主体，在一定条件下，只要获得货币我们就当其获得了价值，收入大于支出就是有了剩余价值，货币增加了，可以认为是财富增长了，表面上剩余价值是在 P…W…P′的过程中实现的。这样计量很方便，研究也方便，不过我们不要忘记获得货币并不完全等于获得价值。

> 生产者以其商品交换货币，这不是他获得利润的原因，而是他获得利润的方式。[①]

(三) 局部剩余价值和整体剩余价值

经济体可分为多个不同的局部，每一个局部都会有剩余价值，局部剩余价值细分到最后就是个人的剩余价值。从所有者的角度看，个人或家庭拥有的剩余价值就是我们所说的个人或家庭的财产和储蓄，企业拥有的剩余价值就是企业的总净资产，国家总的剩余价值就是国民总财富。一般来说，个人、家庭、企业都是局部，国家、经济共同体、全球是整体，我们研判剩余价值要区分局部剩余价值和整体剩余价值。局部获得剩余价值、小经济体获得剩余价值，是整体形成剩余价值、宏观经济体财富增长的基础。

从整个社会的角度看，产品生产出来就是创造了价值，只要这个产品的 $\overline{Tc}$ 大于 $\overline{Tp}$，社会必然出现剩余产品，必然有增加值，也就为社会增加了剩余价值。而对某个企业来说，自己生产的产品自己几乎不使用，只有当产品销售出去，货币收入大于支出，剩余价值才算增加。简单地说，局部看货币，整体看实物。

个人的剩余产品增加的同时，其他人也正在消费剩余产品，从整体上看剩余产品未必增长；局部增加剩余价值，总财富存量未必增长。价值不断被创造，又不断被消费，剩余价值是动态变化的量，是变化的存量。

非物质化价值生产的同时就是消费，没有剩余产品，从整体上看没有剩余价值，从局部看却有剩余价值，通过货币等物质方式来体现。比如，理发师一天工作 8 小时，陆续给不同的顾客提供服务，顾客们付出货币共计 100 元，理发师得到的货币也是 100 元，没有任何剩余产品形成。从整

[①] 〔英〕约翰·穆勒：《政治经济学原理》，转引自卢大振主编《世界经济学名著导读手册》，中国城市出版社，2004，第 107 页。

体上看没有剩余价值。从局部来看，理发师一天的生活开支是 30 元，那么理发师一天获得 70 元的剩余价值，可日后使用。

货币是流动的，不在你手里，就在他手里，总之在整个社会的某个局部、在宏观经济体内，货币的变化与社会总财富的变化是两回事。实物货币时代，货币也是产品，货币的增加是生产的结果，无论是宏观经济体的局部还是整体，货币增加都等于财富增长。铸币时代，足量的金属货币增加等于财富增长，不足量的金属货币增加却不能等于财富增长，货币名义的增加量要大于实际财富的增长量。完全采用信用货币的时代，货币增加是因为货币供应量加大，是多印了钞票，钞票其实就是纸，本身的价值微乎其微，发行越多，社会赋予的信用价值就越低。

研判宏观经济体的财富增长和减少，不以货币增加多少为依据，只会用货币单位计量实际产品的生产总值和耗费总值的变化，生产总值大于耗费总值，就有总剩余价值，经济体总财富增加。

（四）生产阶段的剩余价值和生活阶段的剩余价值

生产供自己消费，生产阶段和生活阶段鲜有区分；生产供别人消费，剩余价值要区分生产阶段和生活阶段，或分为生产方面和消费方面。我们计算的利润，就是生产阶段的剩余价值，是从雇主、企业主、市场主体的角度看的，是除去生产成本后的剩余价值；月收入用于生活后的剩余，就是生活阶段的剩余价值。从时间上来看，一般生产阶段在前、生活阶段在后，但也有交叉或并行，生产阶段是生活阶段的基础，生活阶段后的剩余价值是真正代表财富增长的剩余价值。

工资用于工人生活消费后是否有剩余？利润用于企业主生活消费后是否有剩余？仅仅了解生产阶段的剩余价值还不足以了解财富增长的情况，还要知道生活阶段的剩余价值才行。生活消费中，基本消费具有一定的刚性，非基本消费具有很大的弹性，因而能够剩余多少价值也有弹性。

二　增加值是企业整体的剩余价值

（一）资本是剩余价值的积累和集中

杜阁说：无论是谁，只要他每年能从他的土地收入，或从他的劳动和辛苦所挣得的工资，收到一些多于他必须花费的价值，他就可以把这笔多余的价值作为一种储蓄而积累起来，这种积累起来的价值就是所谓的资本。[①]

穆勒说，除了劳动与自然物体以外，要生产还需要有以前劳动积累的存量，即资本。[②] 以前劳动积累的存量就是积累的价值，是积累起来的剩余价值。

杜阁表述的资本积累方式是干净的、文明的，来自自己劳动创造的价值，是生活阶段的剩余价值。实际上，许多资本的原始积累是肮脏的、野蛮的，通过占取别人创造的价值而积累自己的剩余价值。无论是来自自己，还是来自别人，资本都是以前创造的价值，是以前创造的剩余价值。个人及个体资本往往有限，募集更多的资本形成更大的资本规模，就是资本的集中，也是剩余价值的集中。

（二）不变资本的转移

马克思将原材料消耗和固定资产折旧归为不变资本，即生产资料，这是默认它们的价值会都转移到新产品上。

一般情况下，原材料的消耗与产量呈正相关关系，用 d 记作生产每个产品的原材料消耗的价值，原材料支出与产量的函数关系记作 $\delta(x) = dx$。如果没有浪费，那么转移到新产品上的价值等于原材料消耗的价值。事实上，主要原材料的耗费中总会有浪费，其他辅助材料的耗费中也有浪费，实际转移到每个产品上的原材料价值记作 d'，产品实际转移价值记作 $f(x) = d'x$，$d' < d$（见图 3 – 11）。

x 轴代表产量，原材料浪费的价值为 Δy，则：$\Delta y = \delta(x) - f(x) = (d - d')x$；线段 Δy_1 代表产量为 x_1 时，浪费的原材料的价值。

固定资产的折旧。在没有投产前，就必须有固定资产的支出，如厂房的建设和机器的购置。生产开始，就是固定资产的使用开始，厂房、机器等本身也是产品，生产过程是固定资产的消费过程，是它们的价值在逐渐

---

① 〔法〕杜阁：《关于财富的形成和分配的考察》，南开大学经济系经济学说史教研组译，商务印书馆，1961，第 51 页。

② 〔英〕约翰·穆勒：《政治经济学原理》，转引自卢大振主编《世界经济学名著导读手册》，中国城市出版社，2004，第 101 页。

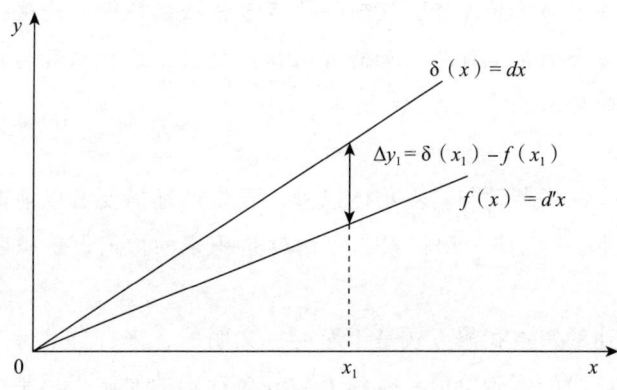

图 3 – 11　原材料消耗与产量的关系

减少的过程。我们往往将生产期间固定资产减少的值——折旧均摊到每个产品上，用 e 来记作生产期间平均每个产品固定资产折旧的价值，投产前固定资产为 g，固定资产与产量的函数关系记作 $\delta(x) = g - ex$（见图 3 – 12）。

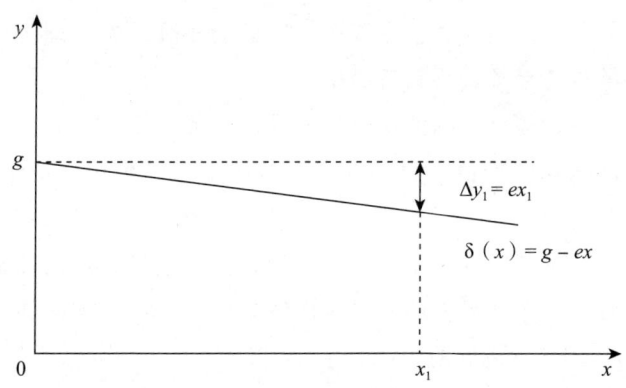

图 3 – 12　固定资产折旧与产量的关系之一

线段 Δy_1 代表产量为 x_1 时，固定资产折旧的价值。固定资产的价值随着产量的增加而减少。实际上，折旧不仅仅是生产期间形成的折旧，首先固定资产可能在没有投产前就已经使用；季节性停产，或其他原因不生产的时候，固定资产也在折旧。比如厂房要先盖起来，在投产之前厂房就存在折旧；机器久不运转的时候，使用寿命缩短得反而更快些，折旧也更快；设备的使用率低则存在相对浪费，闲置无用到废弃就是绝对浪费。所以，固定资产折旧也存在浪费，其实由两部分组成：合理折旧和折旧中浪费。

我们把 e' 作为平均每个产品合理折旧的价值，固定资产合理折旧与产量的函数关系记作 $\theta(x) = g - e'x$，如图 3-13 所示。

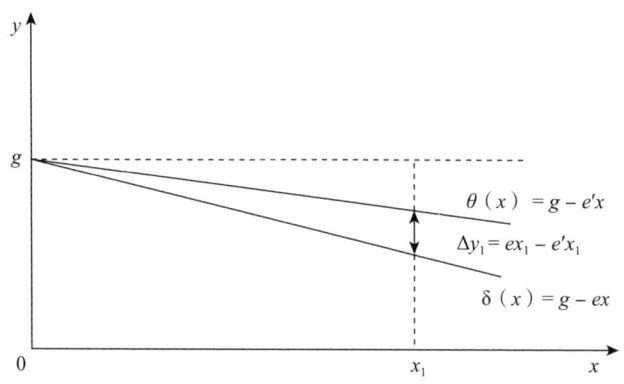

图 3-13　固定资产折旧与产量的关系之二

从图 3-13 可以看出，固定资产折旧速度快于合理折旧速度，也就是向下倾斜的角度更大。线段 Δy_1 代表产量为 x_1 时，固定资产折旧中浪费的价值。提高固定资产的使用率、延长固定资产的使用寿命，就是在减少浪费，提升相对价值。

很多时候，我们都会认同，作为生产成本，原材料和固定资产折旧的价值都转移到新产品上了，这还是因为价值的本质就是一种承认。其中，浪费的价值也被认为转移到新产品上了，消费方接受以生产成本为基础拟定的价格，购买了产品，浪费就被转移支付，浪费被掩盖，浪费由消费方承担。对生产方来说，生产成本的价值表现为不变特性，可称不变资本。

不过，原材料的价值被转移到新产品上，有个条件，产品的价格必须大于原材料的成本，用 p 表示每个产品的价格，即 $p > d$，否则，就有一部分原材料的价值没有实现转移。如果仅能满足 $p > d'$，那么，原材料中浪费的价值就没有实现转移，浪费由生产者承担。固定资产折旧转移到新产品上，也有个条件，产品的增加值必须大于固定资产的折旧，即 $(p - d) > e$，否则，就有一部分固定资产折旧没有实现转移。如果只达到 $(p - d) > e'$，那么，折旧中浪费的价值就没有实现转移，浪费由生产者承担。价格并非只由生产方说了算，更多时候主动权在消费方，价格低到一定程度，生产者承担浪费的损失，生产成本的价值"缩水"，不变资本不是真的不变。

　　所以，浪费可分为两种情况：一种是被转移支付，另一种是不被转移支付，关键看成交价。赚到足够的钱就是被转移支付了，亏本的时候肯定没有被转移支付，赚的不多或勉强有一些，就是一部分浪费没有被转移支付，到底有多少被转移支付了，又有多少没有被转移支付，很难完全算清楚，依然是模糊比较。

　　早期的产品多为简单产品，生产组织方式都是个人和家庭式的，测算收益也简单，就是用收入（产值）减去支出（原料成本），即 $(p - d) x$，这个收益现在被称为增加值。后来有了价值较高的工具、机械、建筑物等固定资产投入，工具和机械的磨损、建筑物的老旧贬值等，也被大家认作生产成本，收益的测算方式也有变化，主要有以下两种。

　　一种是将固定资产投入（本钱）全计入支出，收入 $f(x)$ 与支出 $\Phi(x)$ 的比较如图 3 - 14 所示。

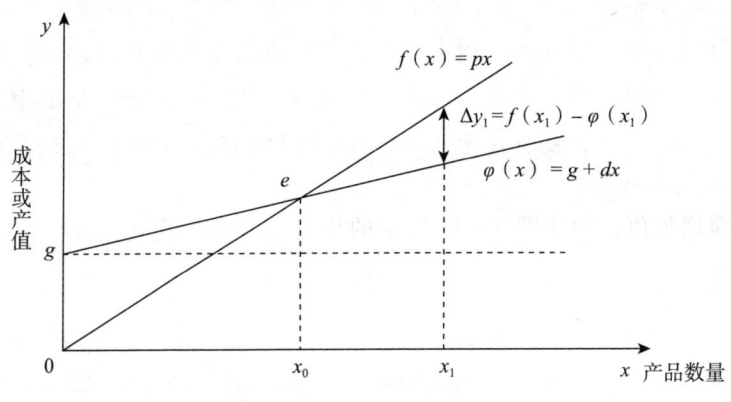

图 3 - 14　收入与支出的比较之一

　　由图 3 - 14 我们可以看到，$\Phi(x)$ 与 $f(x)$ 相交在 e 点，这时候收入等于支出，此时的产量是 x_0，在此之前收入小于支出，之后收入大于支出。收入减去支出的值为 Δy，则：

$$\Delta y = f(x) - \Phi(x) = px - (g + dx) = (p - d)x - g$$

　　线段 Δy_1 代表产量为 x_1 时，收入（产值）与支出（原料成本 + 固定资产投入）的差额，即收益。在家庭式企业中，往往不考虑工资，这个收益是利润的多种算法之一，也是原本的、简单的算法，是生产阶段的剩余价值。e 点是平衡点，此时本钱全收回了，若没有意外，往后都是盈利了。

另一种是将固定资产的磨损和贬值部分作为支出。固定资产投入只是将货币形式价值转为实物形式价值，价值长期存在，只是随着时间的推移，在不断耗减，它的实际成本应该只算折旧部分，因而，支出 $\Phi(x) = (d + e)x$ ，收入与支出的关系如图 3 – 15 所示。

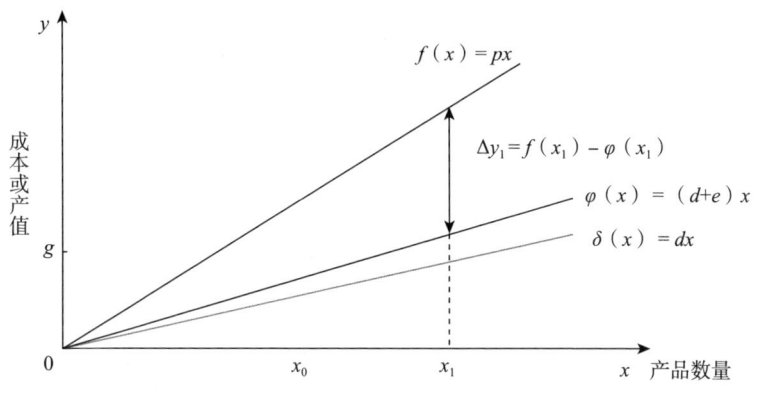

图 3 – 15　收入与支出的比较之二

线段 Δy_1 代表产量为 x_1 时，收入（产值）与支出（原料成本和固定资产损耗成本）的差额，即收益 $\Delta y = (p - d - e)x_1$ ，这个收益仍是增加值，是净增加值。相比图 3 – 14 所示的算法，显然，盈利早就实现了。盈利是有条件的，就是 $p > (d + e)$ 。

生产中仅靠家庭成员，常会出现人手不够的情况，需要雇用工人，这便有了工资支出，生产组织方式也不光是家庭式的，合约式越来越多。并且，一些企业的雇工也越来越多，有的企业从建立之初就大量雇工，工资支出很高，收益的算法也要相应改变，还需减去工资，剩余的才是利润，不过，增加值的算法不变。

（三）可变资本的转移

工资是用来购买人的劳动的，劳动是商品，也可以理解为特殊的生产性消费品，作为生产成本，马克思把它命名为可变资本，因为它"能生产出超出工资以外的东西"；凯恩斯把它命名为原素成本，因为它是原素。

在一定时期或一定业务量内，工资支出是产量的函数，记作 $\xi(x) = a + bx$ 。a 表示不随产量变化的工资支出，如投产前工资支出和基本工资，财务上属于固定成本；b 表示平均每件产品中随产量变化的工资，如计提工资，财务上属于变动成本；不变资本与可变资本的合计支出 $\Phi(x) = a + bx + (d+e)x = a + (b+d+e)x$，收入与支出的关系类似于图 3 - 14，以图 3 - 16 示之。

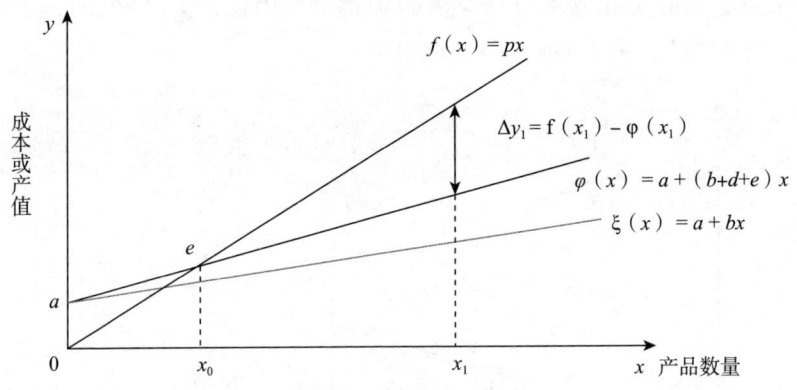

图 3 - 16　收入与支出的比较之三

$\Delta y = f(x) - \Phi(x) = px - (a + bx + dx + ex)$，线段 Δy_1 代表产量为 x_1 时的利润。图 3 - 16 中，$\Phi(x)$ 与 $f(x)$ 相交在 e 点，相交要满足一个条件，就是 $p > (b+d+e)$，相交的意义是增加值等于工资支出，利润为 0。e 点是收支平衡点。e 点之后，资方获得剩余价值，即利润；e 点之前，没有获得剩余价值，资方处在亏损状态，原有的价值经生产性消费减少了。

从劳方的角度来看，工资是自己劳动创造的价值。从资方的角度看，往往认为工资所代表的资本价值转移到产品上了，这个转移是有条件的，就是 $p > (b+d+e)$，p 越大或 $b+d+e$ 越小，收支两条线相交越早，即盈利越早到来。如果 $p \leqslant (b+d+e)$，资方会觉得资本在浪费，尤其是工资（可变资本）这块，不同于物质成本，钱花出去还能见到东西，工资支出去就看不到了。

（四）产值（增加值合计）中含有浪费值

产品的价值，简称产值或产出，人们对它的形成过程大致有两种看法。一种是将产值全部当作新生产的价值，原料、人力等投入是生产过程中消费的价值，生产的价值大于消费的价值，就有了增加值，这有利于分析亏损的情况，亏损的原有价值都去哪了？哪也没去，浪费了。另一种看法在经济学上较为普遍，把新产品的价值分为两大部分——转移到新产品上的价值和新创造的增加值，增加值是产业链中各环节的边际产值，这有利于分析价值如何实现增长。

增加值与产值的关系用数学公式表示是：

$$产值（产出）- 原料 = 增加值$$
$$产值（产出）- 原料 - 折旧 = 净增加值$$

即：

$$产值（产出）= 原料 + 增加值$$
$$产值（产出）= 原料 + 折旧 + 净增加值 \qquad (3-1)$$

我们把新创造出来的增加值简称为创出，转移到新产品上的价值简称为转移，那么公式 3-1 就是：

$$产出 = 转移 + 创出$$
$$或$$
$$净产出 = 原料 + 净创出$$

转移，即原料加折旧就是马克思命名的不变资本或生产资料，用 c 表示；产出用 Q 表示，（净）创出用 Y 表示，即：$Q = c + Y$。增加值由工资和利润两部分组成，马克思指出工资是可变资本 v，利润是剩余价值 m；产值用 W 表示，$Q = c + Y$ 则为：

$$W = c + v + m \qquad (3-2)$$

这便是马克思提出的著名的商品价值公式。

原料属于"干流"，折旧属于"支流"，都是上游企业产值中的一部分，而原料和机器等也有它们自己的原料，直至源于自然界的物质。比如，面包的原料是面粉，面粉的原料是小麦，小麦没有原料，它的产值基本等于增加值，因为传统的农业生产中，工具的折旧因太小可以被忽略，或者简单工具的生产成本只有劳动；现代农业中，肥料和耕作机械折旧不是小数字，其实，作为复杂工具的机械等上溯到源头也是自然界的物质，在简单工具下生产的，源头产品的产值依然基本等于增加值。还有人会说小麦有地租成本，其实，土地和阳光、空气一样是生产要素，原来是不花钱的，不是成本，只是后来土地可以被控制，以地租的名义从增加值中分出来了而已。所以 $Cn = Qn - 1$，$C_1 = 0$，则：

$$Q_1 = C_1 + Y_1 = Y_1$$

$$Q_2 = C_2 + Y_2 = Q_1 + Y_2 = Y_1 + Y_2$$

$$Q_3 = C_3 + Y_3 = Q_2 + Y_3 = Y_1 + Y_2 + Y_3 \qquad (3-3)$$

$$\cdots\cdots$$

$$Qn = Y_1 + Y_2 + Y_3, \cdots, + Yn = \Sigma Y$$

可见，转移的价值是以前的创出，产品的价格 Qn 就是它在生产过程中含有的每个阶段的增加值之和，用 Y 既可以表示增加值（创出），也可以表示产值（产出）。C_1、C_2，$\cdots$，Cn，既可以分别为某一种生产性消费品，或代表某一种生产材料，也可以理解为某一项或几项生产成本。不过，每个生产阶段都或多或少地存在生产性浪费，原料和固定资产折旧都有，所以 C 可以分为生产性消费 Cx 和生产性浪费 Cw，那么：

产值－生产性消费－生产性浪费＝增加值，即 $Q - Cx - Cw = Y$ $\qquad$ (3-4)

Cw 对应的产值就是被浪费了，不可避免的浪费不列为浪费，可避免的浪费需要甄别出来。比如，面包房的面粉没有保管好，受潮了，一部分霉变了，这些面粉不得不丢弃，面包房拟定在一个月内将损失弥补回来，价值 5 元一个的面包，抬高到 6 元一个，这 1 元面粉的产值，从小麦生产开始，每个阶段的增加值都浪费了。面包涨价会影响销售，面包房采取较为隐蔽的方法，面包还是 5 元一个，但比以前小一点，变相涨价，对销售的影响不大，这样，浪费就转移给了消费者。

如果生产中浪费的价值都可以被转移支付，那么层层转移下去，最终到消费者，消费者买到最终产品，实际得到的效用并没有那么多，价格中有"水分"，购买者的一部分价值在付费的一刹那就是浪费了。

并不是所有的浪费都能由消费者转移支付，在生产过程中，有些生产方不得不为浪费埋单，生产中出现亏损，或者赚的钱很少，多是这类情况。生产原料的进价过高，就是为上游企业的浪费埋单；产品的价格若是既定的，生产原料消耗过多，其中的浪费必然是自己埋单；人员和工资是既定的，消极怠工多，工作效率低，这也是浪费，若产品价格抬不上去，此浪费也是由企业自己埋单。

生产性消费的价值，即产值真正被转移的用 Yc 表示，产值名义上被转移实际上被浪费的用 Yw 表示，那么：

$$Qn = \Sigma Y = \Sigma Yc + \Sigma Yw \qquad\qquad (3-5)$$

一段时间，最终产品的价格加起来就是社会总的增加值，即 GDP，有时 GDP 也被理解为消费（购买）总值，其中必然有一部分是浪费总值 ΣYw。

产值计算也常常使用公式 $W = c + v + m$，其中，采用不变资本 c 来运算，无形中就掩盖了生产中的浪费，默认将浪费转移给下游企业，直至由消费者来支付，都是合理的。计划经济时代，许多企业只管生产，产品价格由专门的物价局之类的政府部门来决定，依据的就是这个公式，通过核对企业上报的成本，再加上百分之多少的利润，就是产品的价格了，其中成本中的浪费有多少，没人去追究，这是当时企业普遍效率低下的一个重要原因。往大一点说，这恐怕也是二战后，社会主义国家的生产效率普遍不如资本主义国家的一个主要原因。

三　企业增加值分割为利润和工资

工资、利润都是增加值中的一部分，工资和利润体现了企业共同创造的价值在企业内各成员间分配的比例，是生产阶段的剩余价值，不同职责、不同岗位、不同贡献的报酬比例不同。

（一）利润是资方获得的那部分剩余价值

如果我们现在把价值形成过程和价值增殖过程比较一下，就会知道，价值增殖过程不外是超过一定点而延长了的价值形成过程。如果价值形成过程只持续到这样一点，即资本所支付的劳动力价值恰好为新的等价物所补偿，那就是单纯的价值形成过程。如果价值形成过程超过这一点，那就成为价值增殖过程。[1]

马克思所说的这个点，就是图 3-16 的 e 点，它的存在是有条件的：一是 $p > (b + d + e)$，才能赚到钱；二是不变资本转移价值是 100% 的转移，没有浪费，或浪费的价值也能够得到转移支付。

---

[1] 〔德〕马克思：《资本论》第 1 卷，人民出版社，1975，第 221 页。

很多时候生产有亏损，新产品的效用没有得到市场足够的认可，价格低，$p \leqslant (b+d+e)$，收入线总是在支出线之下，不会有 e 点，投资人不会有剩余价值；生产量不足，没有达到 e 点，投资人也不会有剩余价值。

为了确保盈利，一些不道德的企业主往往拖欠工资支付时间，等产品生产出来，销售见到收益后再支付工资，而且尽量压低工资标准，这样没有了 a，并确保 $p > (b+d+e)$，随着社会的进步、法律的健全，这种情况改善了许多。

现在的企业，生产性支出很大，为有剩余价值，除了努力抬高和维护价格（比如垄断、名品战略）外，更关键的办法是想方设法降低成本、提高生产率，使得单位产出的生产时间变短。产品顺时差越大，利润空间往往越大，产品的价格大于成本，从根本上讲是产品的生产时间短于消费时间。

资本原本是剩余价值，资本投入生产，又能获得新的剩余价值，资本持续积累，人们谓之钱能"生"钱，事实上"生"还是生产，不是凭空生出。如果投资后的产出没有超过支出（生产性消费），那么，钱便不能"生"钱，钱花掉了，折旧、原料价值均没有实现转移，原有的价值就是浪费了。所以，不变资本并非一定不变，会变少，甚至消耗殆尽。

（二）工资是劳方获得的那部分剩余价值

许多资本家的观点是：和购买原料一样，工资购买工人的劳动，都属于资本投入，都转移到产品上，利润是投入的回报，来源于资本的贡献或企业家的才能，甚至认为这部分与劳动无关。马克思指出，工资（v）表面上是资本家支付给工人的，名义上等于劳动的价值，其实，工资是工人从资方手里拿回的由自己劳动参与创造出来价值的一部分，工资之外还有剩余价值。

劳动力是商品，是特殊的消费品，消费的同时能产生更多的价值。对企业主来说，支付工资就是让劳动力利用工具和原料创造出更多的价值，增加值中除去工资还得有剩余，创造不了剩余价值的雇员之劳动就是无价值的"商品"。

仅凭双手，没有工具和原料，几乎创造不出增加值，即便生产阶段有剩余，这个量也很少，满足不了生活需求。同劳动一样，工具和原料对增加值的形成也有贡献，利润是凭此贡献的分配。此外，企业主同样也会劳动，他们的管理工作对增加值的贡献很重要，一样属于参与创造价值的劳动，利润中包含企业家的劳动价值。不过，很多时候，资方获得报酬太多了些，有违公平原则，这就是剥削。利润和工资都是价值分配，利润并不都是企业主无偿占有工人创造的价值，是否存在剥削，要看具体的分配比例。

和商品的价值一样，工资也具有模糊性，劳方得多少工资最合适、资方得多少利润最合理，是个看似简单却最难达成共识的问题，分配结果总有人不满意，有被迫屈让的，有无奈妥协的，但也有和谐互利的——这是分配的发展方向。

四 利润衔接成价值链，交换构成价值网

（一）不同的 G—W…P…W′—G′ 交接成网

经济体的生产过程也是资本循环过程，呈周期性变化，G—W…P…W′—G′ 是一个周期，在时间上呈链式接续。经济体的资本/商品循环在时间上展开就是链条：

…G—W…P…W′—G′—W…P…W′—G′—W…P…W′—G′—W…P…W′—G′…

某经济体中的 W 与 G 在不断转换，就是不断与别的经济体中的 G 与 W 进行交换，那么 …W—G—W—G… 的过程，必然有对应的链，你的 W—G 的过程是别人 G—W 的过程，你的 G—W 的过程就是别人 W—G 的过程。不过一条链 W 与 G 属于一个人或者一个经济体，但对应的 G—W 或者 W—G 可能分属不同的人或经济体，不同链条相连成网状，于是价值链就形成了价值网（见图 3-17）。

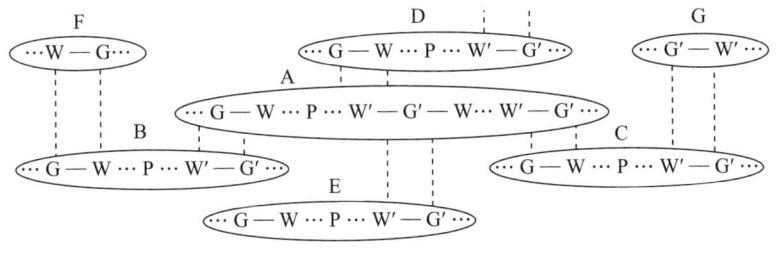

图 3-17　价值网示意图之一

说明：A、B、C、D、E、F、G 代表不同经济体。

这只是生产阶段的链式和交换关系网，再考虑生活阶段。一个周期中G′比G要大，ΔG就是增加值，是利润的来源，正是有利润的存在，才有生产的持续。ΔG既会用于生产消费，也会用于生活消费，所以G′转为W，W既会是生产性消费品，也会是生活性消费品。假设A经济体的增加值都用于生活消费，便可得到图3-18。

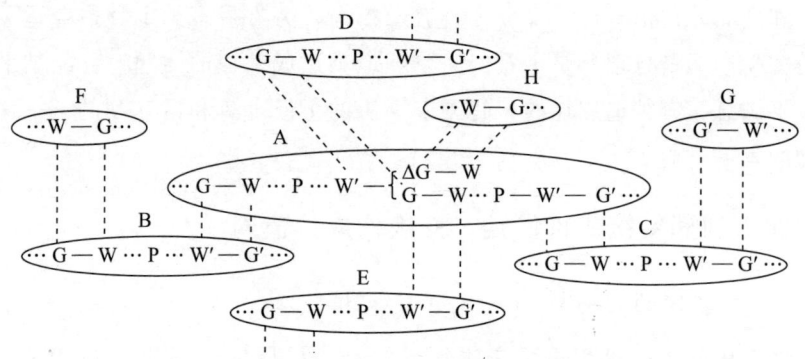

图 3 - 18　价值网示意图之二

说明：A、B、C、D、E、F、G、H代表不同经济体。

这个网是关系网，是虚拟的网，实际的经济关系要比这复杂得多、庞大得多，可以说触及每一个人、每一个经济体，从经济角度看，每个人都在价值网中。

我们把每个经济体浓缩为一个点，可以看到，网上每个点都在不停地流入货币和流出货币，同时流出商品和流入商品。尽管价值网十分复杂，但有个很简单的规律，货币流通的方向与商品流动的方向是相反的。图3-18就转为图3-19。

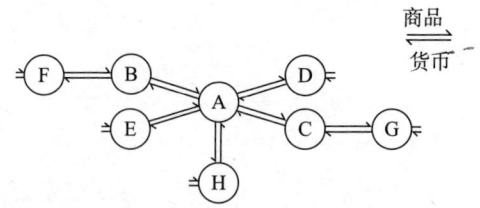

图 3 - 19　价值网示意图之三

说明：A、B、C、D、E、F、G、H代表不同经济体。

价值链是生产链，也是消费链，更是交换链。价值链之间相互横向连接形成价值网，价值网也是产业网、消费网，产业链是价值网上的许多主链。价值网也是流通网，是价值流通路线形成的网。

任意某个时刻，价值网上每个点都可能会有货币存量和商品存量。每个点总会有些商品不再作为新产品的组成部分而随新产品流出来，这些是最终消费品，被经济体消费了。

（二）产业关联紧密的风险

货币和商品在价值链、价值网上同时以相反的方向流动，其中的关键就是利润，利润在产业链中起着衔接作用。利润为零或过少，下一步交易可能中止，生产会暂停，一个链接会断裂。价值链断裂，不同于水流，上下游都会受到影响，不仅下游会"断流"或"流量减少"，上游也会"断流"或"流量减少"。

一个企业停产，它上游的原料供应企业不是说停产就能停产的，因为生产是批量性的，很容易造成上游企业库存积压，由此带来浪费。有的产品具有鲜明的个性，是定制专供的，上游企业的库存品极可能成为一堆废品。一些汽车配件厂只为某名牌汽车生产一种小零件，一旦汽车滞销，小配件厂便会跟着陷入困境。停产也一样会影响下游企业，缺少了产品供货，下游企业需要寻找新的货源或替代品，这将增加物力人力成本和时间成本，增加的成本是相对性浪费，一般会转嫁到最终的消费者身上。

价值网上任一节点的变化都会给相邻和相近的节点造成直接或间接的影响，我们称之为关联效应。关联效应越强，各经济体之间的关系越紧密，相互依赖性越强，这也产生了一个隐患——为经济危机的形成提供了基本条件。奴隶社会、封建社会除了战争、疾病和政治因素外，经济活动自身不会形成危机，因为社会中自给经济的比重较高，经济虽然落后，但经济体彼此联系不紧密，相互依赖程度很低，任何一条价值链断裂都不会影响大局。

第三节　消费总值（GDC）与存量总值（GDSt）

一　宏观上的生产与消费

（一）生产总值≠总收入，总支出≠消费总值

1. 总收入＝总支出≠生产总值

每次交易，收入和支出必然是相等的，这是对货币从卖者和买者不同

角度的表述。宏观上看，一段时间所有交易汇总起来，总收入 = 总支出。交易中，有交出商品后没有得到钱的，或者付了钱后没有收到商品的，这样交易便未完成，价值转移方式属于占取。

同样，每次交易，供给和需求也是相等的，这是对商品从卖者和买者不同角度的表述。宏观上看，一段时间所有交易汇总起来，总供给 = 总需求。生产出来的商品销售不出去，是生产过剩，或是暂时过剩，或言供大于求；需求的商品购买不到，是生产不足，或是暂时不足，或言供小于求。不论供大于求还是供小于求，实现交易都是供等于求。

总收入的统计往往以年为时间段，假如一个经济体完全是市场经济，国际贸易为零，把一年中每次国内交易的收入全部加起来是不是国民年收入呢？显然不是，这样就把每次交易中属于价值转移的部分重复计算了，应该是每次供给方的增加值（创出）加起来才是国民总收入（总支出），国民总收入也被当作国民总增加值，也称生产总值、总产出。微观上看，产出中包含转移和创出，产出等于创出；但宏观上看，总产出等于总创出，生产总值也可称为总创出。

经济体并不完全是市场经济，并不是所有的产品都用于交换，有自给自足的，也有未销售出去的，所以，从严格意义上讲，总收入或总支出不等于生产总值（总创出）。不过，当今世界，市场经济占主导地位，即便不采用市场经济体制，计划经济通过计划和命令来实行定价和交换，依然属于交换经济，自给自足的生产方式在绝大多数的国家和地区都占比很小，可以忽略，因此，宏观上看，总收入约等于总创出。

2. 总生产量 ≠ 总消费量

生产量与消费量，既有生产给别人消费的量，也有生产给自己消费的量；既有市场经济范畴，也有自给自足经济范畴。不同产品的数量单位不同，总生产量、总消费量的统计多以价值为单位，即生产总值和消费总值。生产的目的是消费，生产与消费常有时间差，所以生产量是准备消费量，生产总值就是准备用于消费的总值。总生产量又可以分为两部分，自给自足的生产总量和供给市场的生产总量。总生产量的构成分析如图 3－20 所示。

先简单了解图 3－20 中几个名词的含义。

虽然说各国主要是市场经济，但自给自足的情况还是很常见的。比如

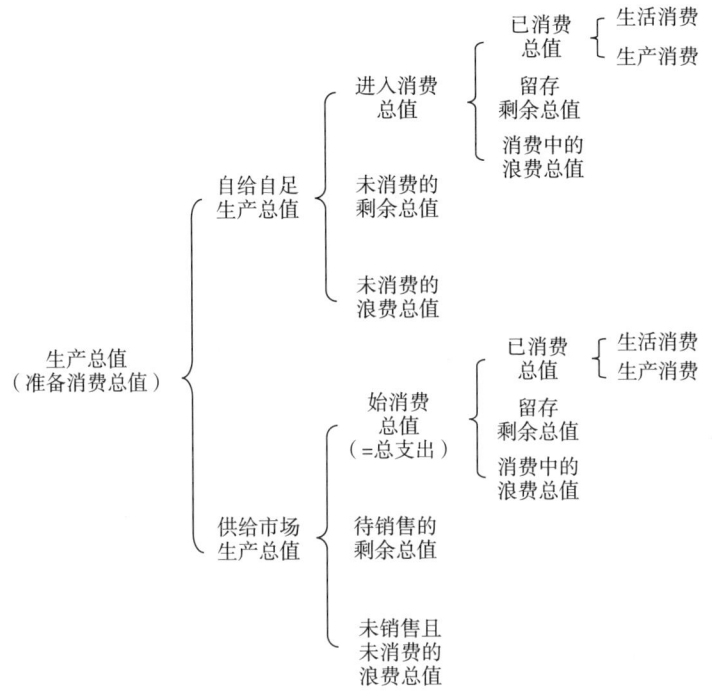

图 3 – 20　生产总值的构成

妇女给家人做了几双新布鞋，这属于自给自足生产总值；有两双开始穿了，便进入了消费总值，且是生活消费；剩下的几双等来年穿，这属于未消费的剩余价值；鞋子穿了一段时间后，仍有一定价值，这属于留存剩余价值；半新的鞋子，不穿了，落满灰尘，生了霉斑，扔了，这是自给自足的消费中的浪费。农民收获的粮食，部分卖掉，会留下自家一年大致所需的口粮，这部分也属于自给自足生产总值；过了一段时间，粮食还有剩余，这属于未消费的剩余总值；又可能因保管不善，一部分粮食霉变或被老鼠偷吃，这就是自给自足部分的未消费的浪费。水电厂发的电，绝大部分输出到电网，也会输送给自己的厂房，这是生产消费；还会输送给员工，这是生活消费；不少供电企业因用电不花钱，"长明灯"的情况司空见惯，这就是自给自足的消费中的浪费。

　　企业生产的产品并不都能马上销售出去，没有销售出去的就是待销售的剩余值，直至产品过了保质期都没有销售出去，只得当垃圾处理，就是未销售且未消费的浪费。未销售的如果自己消费，就属于自给自足部分的消费了。消费者购买产品后，使用一段时间，产品尚具备使用寿命，仍留存剩余价值，即留存价值。

从图 3 - 20 中我们可以清楚地知道，通常所说的消费总值指的是总支出，实际是供给市场部分的始消费总值，或消费购买总值，自给自足部分的已消费总值加上供给市场部分的已消费总值，才是真正意义上的消费总值（后文提到的消费总值，都是真正意义上的消费总值）。

所以：

$$总生产量 = 准备消费总量 > 总消费量$$

也就是：

$$生产总值 = 准备消费总值 > 消费总值$$

自给自足部分的未消费的浪费总值、消费中的浪费总值和供给市场部分的未销售的且未消费的浪费总值、消费中的浪费总值，加起来就是总浪费值；自给自足部分的未消费的剩余总值、留存剩余总值和供给市场部分的待销售的剩余总值、留存剩余总值，加起来就是总剩余值。于是：

$$生产总值 = 消费总值 + 总浪费值 + 总剩余值 \qquad (3-6)$$

如果没有浪费，没有剩余，生产总值 = 消费总值。事实上，我们总的生产始终在进行，全社会总的消费也永远不会停止，总消费永远滞后总生产，总生产量和总消费量都是流量，我们永远也等不到总生产等于总消费那一刻。为了便于理解，我们做个假设，在某一时刻我们停止一切生产，消费的只能是以前创造的价值，也就是那一刻的总剩余，等总剩余全部消费完，且没有浪费，此刻，总生产量等于总消费量。当然，这个假设实际上是不可能实现的。

得益于生产力的长期发展，一般情况下，总生产量 > 总消费量，但在远古时期，或者在特殊时期，温饱问题尚不能完全解决，浪费极少，那时候，总生产量约等于总消费量，但这个总消费量是低水平的，远远达不到人们的需求水平。特定时间段，总生产量不一定都大于总消费量。当年可以消费去年的剩余量，尤其是战乱时期，大多数的生产都中止了，消费的是战前的储蓄，该地区的年生产总值 < 年消费总值。

同样的道理，一般来说，总收入小于生产总值。总收入只是统计用于交易的产品的价值，自给自足而生产的产品价值不被统计或统计不全。比如，中国的 GDP 统计中一般不含农户自建房的增加值。若按时间段统计，总生产量也不一定都大于总收入。当年也可以销售去年待销售的剩余量，如果前期剩余量大，年收入就有可能大于年生产总值。

3. 总支出与消费总值的差距主要体现在长期消费品上

由于交换经济占比很高，远超自给经济，所以我们常用总支出来研判需求满足的情况。不过，相比于总支出，交换经济的已消费总值更能准确体现需求满足的结果，统计起来却很难，几乎无法准确完成。以笔芯为例，墨水有的人几天用完，有的人能用几个月。不同产品的消费时间不同，相同产品的消费时间也会不同。

有时候，GDP 会采用生产法统计，与收入法或支出法的结果有出入，原因就在于一部分数据不易统计而被忽略。年生产总值和年实际消费总值的差值体现了财富增长的速度，为了对经济的研判更为准确，有必要甄别出来。

消费分生产消费和生活消费，对应投资购买和消费购买。生产消费中，除了固定资产投资，其他原材料、燃料、电力、办公耗材等，只要不紧缺，企业库存不会大，甚至是零库存，生产需要时再购进，购进后会很快使用，价值转移到产品上，年度的这部分投资购买基本就等于消费值。固定资产不同，消费时间长，投资购买是始消费值，年度的实际消费值就是年度折旧。

生活消费中，服务性消费的消费购买等于消费值；食品、护肤品等日用消费品，消耗较快，需要不断重复购买，年度的消费购买基本等于消费值；有些日用消费品，消费时间不短，比如菜刀，用个几年、十几年没问题，而价值较低，旧货更不值钱，一年时间留存价值只有原价值的一两成，年度消费值占消费购买的大部分。服装鞋帽也是如此，一般被定义为低值易耗品。生活消费中，耐用消费品、长期消费品，价值较高，消费时间长，消费购买是始消费量，年度的实际消费量应是年度折旧。

综上，年度总支出和年度消费总值的差距主要体现在长期消费品上。

（二）经济增长与财富增长

1. 经济增长的是流量，财富增长的是存量，经济增长 ≠ 财富增长

一个水池，一边往里注水，一边往外排水，注水的速度快于排水的速

度，水池里的水就会越来越多；注水的速度慢于排水的速度，水池里的水就会越来越少；注水的速度等于排水的速度，水池里的水量保持不变。整个社会可以虚拟为一个非常大的财富池，生产就如同往财富池里加注财富，一年的流量就是年生产总值；消费就如同往财富池外减排财富，一年的流量就是年消费总值。生产的速度快于消费的速度，财富池里的剩余量就会越来越多，也就是财富增长。生产的速度越快，消费的速度越慢，财富增长得速度也就越快（见图 3 - 21）。

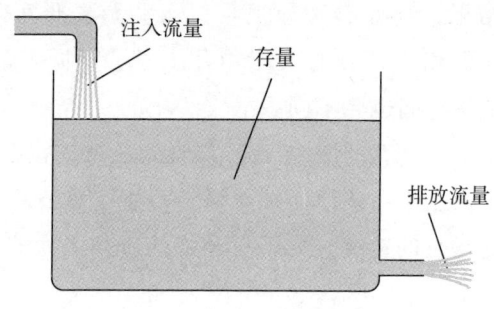

注入流量　存量　排放流量

图 3 - 21　财富池示意图

经济增长就是年生产总值的增长，类似年注水总流量的增长。财富增长就是年财富存量的增长，类似水池里的水一年的增长量。

往水池里注水时，有一部分没注入池中，注到池外，这是浪费，与之类似，没有注入财富池的部分就是生产中的浪费量。往外排水若不是为了用水而排水，就是浪费水，与之类似，往财富池外排放的流量中，不是真正使用的就是浪费，是消费中的浪费。

水池的容量是有限的，当水池满的时候，注水的速度仍然快于排水的速度，就会有水溢出，这是浪费水。同理，我们每个人的需求是有限的，所有人在一起，需求量尽管很大，也有一定的弹性，不会无限大，也有上限，尤其在一定的时间段，需求量的上限更不会太大，这个上限好比财富池的最大容积，当超过这个容积时，财富就会溢出，这就是溢出浪费。自给经济中，溢出浪费是未消费的浪费；市场经济中，溢出浪费是未销售且未消费的浪费。

财富池可以是许多小池组合在一起的，这同样是虚拟的，根据分析研究的需要采用不同的分法。比如，可以分成国内总需求和国外（出口）总需求，也可以分成消费需求、投资需求、出口需求，还可以分成工业产品总需求、农产品总需求、海洋产品总需求、旅游业总需求等。大的总财富池还有很大容积，但小的财富池可能已经满了，也会出现溢出浪费现象。社会总需求还有许多方面没有满足，但其中某一产业产能过剩，生产中的溢出浪费出现。

生产是增加方向的流量，消费是减少方向的流量，财富是存量，并时刻变化着。财富积累应该是生产后经过消费还剩下的量，这个积累总量，主要是由时间顺差的产品积累的。这样大家就明白了，GDP 增长 ≠ 财富增长。比如，自然灾害过后，需要重建家园，GDP 会增长，可能财富恢复到被破坏以前的水平，有时会达不到以前的水平，财富并不增长。

生活富裕得从两个方面看，一方面是消费量增长了，另一方面是剩余量增长了，这两者的来源都是生产量增长，GDP 增长是财富增长的动因。和平时期，生产的速度一般快于浪费和消费的速度，GDP 增长与财富增长是正相关关系。所以，GDP 持续增长可基本认定该国正走向富裕，财富增长、国力增强。

2. 货币增加与财富增长

注意，财富池并不是货币池，货币作为度量财富的单位和工具，代表财富，却不等同于财富。财富增长，是方方面面的各种满足需求的效用在增长，不是哪一个方面的增长，只是我们人为地用货币将各种不同的财富统一为一个相同的指标。制作货币的金属本身具有使用价值，金属货币仅是一种财富，信用货币（纸币）仅是准财富。即便金钱象征着财富，仍然有许多财富是金钱无法代表、度量、购买的。

只能在一定条件下，把货币等同于财富。首要条件是和平安定的社会环境，交易可以自由进行；次要条件是各种产品供应充足，货币随时随地可以换到需要的产品和服务。和平本身就是人类的一种财富。

当货币可以无限制地转换为其他财富时，货币就等于财富。如前所述，局部看货币，货币存量就是常言的储蓄，个人、家庭和企业的财富是否增长，主要看兜里的货币是否增加，再用货币购买物品，财富增长体现为货币储蓄与实物储蓄合计增多，其中货币基本上是本国货币（本币）。

宏观经济体的财富增长需要了解多方面的数据，从方方面面统计存量和变量，比如全国粮食库存、石油储备、铁路总里程、公路总里程、货币余额、外汇储备等。本国货币无论增加多少都不能直接视为财富增长，最多作为参考。那么，外汇储备增长呢？答案是外汇增长可以视为本国财富的增长，但也是有条件的。外币转换为其他财富是有限制的，一方面各国都有一部分产品禁止出口或有限制地出口，主要是尖端产品或战略性物资；另一方面汇率的波动性很大，外汇储备的实际价值在波动。外汇增长只算是本国财富的准增长。所以，宏观经济体的货币增加，不一定代表财富增长。

3. GDP 只是价值增加的流量，有片面性

GDP 仅计量生产出来的价值流量，不度量减少的价值流量，也不计量积累的财富存量价值。的士司机去理发，半路载了一名乘客，也到理发店，乘客付了 5 元的士费，其实他就是理发师，给司机理完发后，司机又将刚才的 5 元钱付给了理发师。在这个过程中，生产量和消费量相等，社会总财富没有变化，但 GDP 增长了 10 元。

GDP 计量也没考虑负价值和浪费。价值具有方向性，GDP 的统计不考虑价值的方向，或统计中全加了绝对值符号。

生产者将产品 A 销售出去，然后去消费别人的产品 B，促进了 B 的生产；生产者的 A 产品会带来一些污染，负值是 a，为此，又有一部分人工作来消除此污染，这一部分人的生产值是 a。暂不考虑消费，那么对社会来说，增加的价值为 $A + B - a$，而按 GDP 的计算方法是 $A + B + a$。有人将环保产业列为第五产业，实际上环保产业的增加值大部分填补了前期污染带来的负价值窟窿，而且未必能填平。

地震后，家园被毁，是自然灾害带来的巨大浪费；重建家园，是新的生产。当年该地区的 GDP 增长很多，但这个 GDP 是弥补前面的财富损失，且未必能恢复到以前的财富水平，财富存量依然比震前小。

GDP 增长的同时也意味着自然资源消耗增多，许多自然资源是不可再生的，是我们的财富，也就是说 GDP 增长的同时自然财富在减少，我们的财富存量究竟是增是减呢？现在尚不完全清楚。

（三）投资、消费和出口其实都是消费

投资、消费和出口被称为拉动经济增长的"三驾马车"，我们先分析它们的共同点。

1. 投资属于生产性消费，出口属于外国人消费

消费通常指生活消费，投资与生产消费大致相当。前面分析过生产消

费和生活消费有重合，消费和投资也存在重合，不必严格区分，只是在统计时不重复即可。比如，读书是我们生活中的一部分，有时是为了消遣，读书能增长我们的知识、提高我们的劳动技能，可把读书看作智力投资，书既可以是生活性消费品，也可以是生产性消费品，购书既可满足消费需求，又可满足投资需求。

投资若用于购买材料、付工人工资，则是产品和劳务的消费行为，若为了生产或再生产，则是生产性消费。投资若是商业活动，买进卖出的差价就是增加值，买进了还没有卖出，可以理解为替消费者先消费购买，待以后再由消费者转移支付。投资若是购买能保值增值产品，比如房产、贵金属等，本身就是消费行为。投资若是购买股票、债券，或存款到银行，这是间接参与生产，仍属于生产性消费，不过在购买的那一刻不算真正投资，当这笔钱被银行、券商等转移给企业用于生产时才算投资。

投资是消费，是消费以前生产的产品，或消费别人正在生产的服务；投资也是生产，是生产以后消费的产品，或生产别人正在消费的服务。

出口，即生产出来的产品供外国人消费，换取外国人的货币，产品有生产性消费品，也有生活性消费品。进口，即用货币换取外国人生产的产品，给本国人消费，同样有生产性消费品也有生活性消费品。出口减去进口就是净出口。

投资、出口、消费都是消费。社会总消费可以分为这样三部分：生活消费、生产消费、供给外国人的生活消费和生产消费。

2. 储蓄等于投资（S＝I）的实意

凯恩斯在《就业、利息和货币通论》中提出投资＝储蓄，这是从宏观角度，基于总收入等于总支出的原理，忽略浪费，并且把消费购买简略为消费，然后得出的结论。还有，储蓄是指货币储蓄的流量，而非实物储蓄的存量；投资也是投资购买，系支出货币。

总需求可分为四个部分：消费（C）、投资（I）、政府购买（G）和净出口（NX）。GDP用Y表示，储蓄用S表示，则有：

$$\because Y = C + G + NX + I \quad （封闭经济 NX = 0）$$

$$\therefore Y = C + G + I$$

$$\therefore I = Y - C - G$$

$$\therefore S = Y - C - G$$

∴ I = S

公式推理很简单，但若结合实际却让许多人产生困惑。

网上有个关于储蓄等于投资的问题：比如我本月收入 1000 元，我将 700 元存入银行，银行把这笔钱用作贷款、投资，我理解。但我把剩下的钱放进钱包里，不用，以备应急。那剩下的 300 元总不能算投资吧？

解释如下：按收入法或支出法，GDP 只是计算交易的部分，也就是市场经济的部分。储蓄转为投资，也只是计算交易的那部分，算的是流量，没有形成交易的不列入计算范围，或仍属于上一个交易。

储蓄具有静态特性，也具有动态特性。剩下的 300 元放在钱包里，从个人角度看是储蓄，是静态的，是存量。从宏观角度看，300 元是 1000 元收入的一部分，此收入或来自某企业的支出，属于某项投资的一部分，或来自别人的消费支出。300 元收入属于上次交易，要么对应某消费支出，要么对应某投资支出，作为个人储蓄状态的 300 元，因为没有发生交易不被统计。1000 元中的 700 元存入银行，银行把这笔钱用作贷款、投资，进入新的交易过程，是动态的，属于储蓄等于投资；也可能留在银行的账上，没发生交易，在宏观统计中，仍是上次交易的一部分，是静态的。

那么 S = Y – C – G 如何理解？实际上这个公式应该是：ΣS = ΣY – ΣC – ΣG。为方便起见，凯恩斯省略了 Σ 号，并做了说明，以后的学者沿用了这个方法。ΣY 是总收入，即视为生产总值，是流量，与之相同，ΣS 也是流量。这个公式基于微观上的 S = Y – C（储蓄 = 收入 – 消费），储蓄不会总是停留在储蓄状态（静态），会从静态转为动态，以后要么转为消费购买（consumer-purchase），依然有 S = Y – C，要么转为投资购买（investor-purchase），则 S = I（见图 3 – 22）。

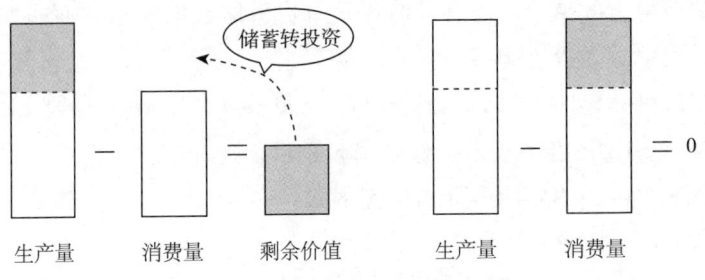

图 3 – 22　储蓄等于投资的示意图

以后，还会再有收入，再消费购买，再储蓄，再储蓄转投资购买……如此反复，所有的微观经济体和大经济体都是这样的。一定时段内，总收入 ΣY 是流量，总消费购买 ΣC 也是流量，总储蓄 ΣS 实为总储蓄转投资（购买），是动态的，也是流量，没有再流动的正负相抵为零，$\Sigma S = \Sigma Y - \Sigma C$，也就是 $\Sigma I = \Sigma Y - \Sigma C$，省去 Σ 号就是 $I = Y - C$。总投资购买 ΣI 就是总储蓄转投资（购买）ΣS，投资增加的流量来自储蓄减少的流量，两者是一回事，如同收入与支出是一回事。

社会总需求中政府购买所占比例很大，有学者将其单列出来，用 G 表示，则 $\Sigma Y = \Sigma C + \Sigma G + \Sigma I$。政府购买是指各级政府购买物品和劳务的支出，它是政府支出的一部分。政府购买可分为消费购买和投资购买，如修建城市道路就是投资购买，公费医疗就是消费购买；有时难以分清是消费还是投资，其实不必严格区分，宏观上不改变 $\Sigma Y = \Sigma C + \Sigma I$。

综上，储蓄等于投资实为总储蓄（流量）等于总投资（流量）。

意思是：没有用在生活消费的钱，必然用在生产消费上；创造的价值没有去交换生活方面的价值消费，就必然去交换生产方面的价值消费。

增发货币、净出口不为零会是什么情况？增发货币，财富不会增加，只会造成货币贬值。储蓄的货币实际购买力下降，减少的购买力被新增的货币无声无息地夺去了。新增货币若用于投资，就是用夺来的购买力去投资，从而改变社会生产消费和生活消费的比例。净出口不为零，为正则外汇储备增加，$\Sigma S > \Sigma I$，为负则外汇储备减少，$\Sigma I > \Sigma S$，但从全球范围来看依然 $\Sigma S = \Sigma I$。

（四）储蓄转投资改变财富增长速度和存量结构

1. 货币储蓄与经济流量

我们把货币储蓄增加称为正储蓄，把资金余额减少称为负储蓄。在某个时段，有正储蓄就有负储蓄，将所有增量全部加起来，再将所有减量加起来，这两个数额必然是相抵为零的，如此，单从货币上看，$\Sigma S = 0$。货币在不同的人、企业或团体之间不断地转递，我们称为货币的流动，如同封闭的大水池，无论水怎么流，水池的水量都不变。所以，宏观上讲，储蓄不以货币为准，而是以实物为准，用货币度量实物储蓄。

微观上消费者增加货币储蓄，即使过度储蓄，宏观上对 ΣS 仍没有影响，其依然为零，只是货币在消费者手中滞留的时间增加。于是，一段时间内，消费购买的货币流量减少，即消费购买总量 ΣC 减小。宏观上，$\Sigma Y = \Sigma C + \Sigma I$，$\Sigma Y$ 与 ΣC 是线性正相关关系，ΣC 减小会使得 ΣY 下行，ΣC 增大会使得 ΣY 上行，如 ΣI 不变，ΣC 的变化等于 ΣY 的变化。这就是过度储蓄会让经济增长乏力或速度放缓、促进消费能拉动经济增长的道理。

同样，ΣY 与 ΣI 也是线性正相关关系，如 ΣC 不变，ΣI 的变化等于 ΣY 的变化。储蓄转投资，宏观上，一段时间内，投资购买的货币流量增加，ΣY 随之增长，投资使得经济增长稳定或强劲。出口其实是外国人的消费或投资。

以上就是投资、消费、出口一起被称为"三驾马车"的原因，不过，实质都是消费拉动生产，不同点是引起消费结构的变化。消费购买的是生活性消费品，系最终产品，消费者增加储蓄，意味着生活性消费品的销售会减少。投资购买的是生产性消费品，系中间产品，消费转投资，意味着生产性消费品的销售会增加。

2. 实物储蓄见证财富增长

封闭经济的经济体，宏观上，本国货币储蓄不必考虑，储蓄就是实物储蓄。外汇储备在一个国家可以当作储蓄，但在全球范围，所有信用货币都不是真正的储蓄，储蓄只是实物储蓄。生产的产品没有销售出去，这是存量；购买的产品没有使用完，也是存量。这两方面加起来就是实物储蓄，实物储蓄增长就是财富增长。财富增长的原因是生产总值大于已消费总值，是时间顺差的产品越来越多。

比如，某人月收入 1000 元，一个月吃饭花了 300 元，花 700 元买了件新衣服，货币储蓄为零，他的财富是不是没有增长？不是，他增加了一件衣服，实物储蓄增长了 700 元，不过随着时间的推移储蓄价值逐渐下降。同样，某家庭年收入 5 万元，一年日常生活开支 3 万元，货币储蓄 2 万元，5 年后，用 10 万元储蓄购买了房子，货币储蓄为零，他们的财富增长却不是零，而是价值 10 万元的房子。

市场经济体制下，国民收入多少，国民支出就是多少，财富增长在哪里呢？从哪里体现国家和地区的发展呢？国民支出后，有了琳琅满目的生活用品，有了一座座摩天大厦和一栋栋齐整楼盘，有了宽阔的公路和疾驰的汽车，有了翱翔的飞机和飞奔的高铁，有了美丽的公园和宁静的校园……这些可以供我们使用很长时间，这些才是真正的财富增长，从这些长期用品和工程成就上，也往往是时间顺差产品上，能看到国家的发展。

非物质化价值往往依据实物载体而储存，储存这些实物也是实物储蓄。艺术价值、知识价值的储备最为重要，这是最宝贵的财富，而且，时代越往后延续，它们的价值顺时差越大。今天的人们，依然能读到莎士比亚、看到卓别林、听到猫王，欣赏他们的艺术美，而且我们的后代也可以做到。

二 国内消费总值（Gross Domestic Consumption）

（一）消费总值更能体现富裕程度

一个人、一个家庭生活是否富裕，不仅要看收入多少，还要看花多少。挣得再多，不花或舍不得花，日子过得还是苦。月末两个人都有10元：甲月初有100元，花了（价值完全消费）90元，还剩10元；乙月初有500元，花了490元，还剩10元。这两个人月末的财富一样多，但生活水平相差巨大。

扩展到国家，仍是这个道理，是否富裕其实要看国民消费总值高不高，或人均可消费价值多少。公路、铁路、大桥、水库、水厂、电厂、高楼、汽车、轮船、飞机、卫星、火箭、电灯、电话、电脑、电影、手机……有生活类的，也有生产类的，也有既属于生产类也属于生活类的，既要看到这些价值没有被用完的财富，也要了解已经消费的财富，一起统计才能弄清楚国家的富裕水平。GDP只统计价值增加的流量，如果我们再统计价值减少的流量，两者结合起来，数据将更全面，能够弥补GDP统计的不足。

（二）国内消费总值统计的难点和思路

GDP统计每个生产阶段的增加值，不统计转移来的价值，消费总值统计每个阶段消费的价值，不统计转移走的价值。GDP可以统计最终产品的价值，GDC也可以统计最终产品被消费了的价值。

难点一，消费和浪费的区分。价值减少的流量不仅有消费总值，还有浪费总值，合在一起才是耗费总值。

消费者购买产品后，是马上使用还是将其闲置？闲置中就有浪费，区分浪费和消费，就得弄清楚使用率，这点很难。浪费常被转移支付，最后转到消费者头上，也就是最终产品的价格上，所谓的 GDP 本身就含有许多浪费值。被转移支付的浪费，生产者不会去区分，消费者又无从知晓，统计起来也难。负价值应统计在浪费总值中，有的产品负价值很大，危害大于效用，堪比毒品，我们以为是消费，其实是浪费，因为对负价值的认识具有滞后性。

怎么解决？其实，若了解财富存量增长，可以不区分消费和浪费，把浪费当作特殊的消费，耗费总值视为消费总值。不过，我们的资源是有限的，效率有待提高，为了长期地高效地可持续发展，有必要区分消费和浪费。一般情况下，我们将不可避免的浪费列入消费，只统计可避免的浪费值。浪费能分清多少我们就统计多少，当年统计出来的谓之年已知浪费总值。

难点二，同样产品的消费时间不同。一种产品的使用寿命，在不同消费者之间存在很大差异。比如同款汽车，有的人开几年就报废了，有的人开十几年还能正常行驶。怎么办？我们可以通过产品使用时间和使用寿命的对比，测算产品的折旧，得到已消费价值和留存价值。取平均使用寿命测算折旧。

进行消费总值的统计还会遇到许多其他困难，但我们还是应该试一试。和 GDP 一样，分阶段统计，定期校正，虽然会存在一些误差，但不要紧，满足我们宏观上对经济总趋势的研判就可以。

（三）消费总值计算方法的初探

1. 消费完的和未消费完的

从产品消费时间的角度看，已消费价值存在两种情况：一种是产品价值消费完的，即已经消费的；另一种是产品价值未消费完的，即正在消费的。

生产总值和消费总值我们一般以年为时段统计，少数情况按季度统计。一年之中，所有的服务性消费，以及绝大多数的即时消费品和短期消费品，在购买后都会完全消费，一个季度，大部分产品在购买后也会完全消费。短期消费品，本期价值未消费完的，期末留存到下一期，期初也有上期留存的价值在本期消费完，相互可以抵消许多，差距可以忽略。一般情况下，短期消费品和服务性消费的价值一经消费购买就纳入消费总值，也就是说，在市场经济范畴内，依据总收入等于总支出，这部分的生产总值等于消费总值。

本期产品价值未消费完的，主要是中长期消费品、长期消费品、超长期消费品，它们本期的已消费价值就是本期折旧的值，除去折旧，剩下的值就是留存价值，如衣服折旧、机器折旧、房子折旧等。我们在固定资产折旧上有许多成熟的计算方法，这些方法可以借鉴到各种生活消费品的折旧上。不过，固定资产尤其是设备等占据资金较大，并且需要定期维修和保养，折旧计算方法复杂，除了考虑使用寿命、经济寿命，还需要考虑贴现率、劳动生产率、维修费用等因素。大部分生活消费品的折旧计算简单得多，私家汽车却需要参照固定资产折旧方法。

不同于企业每年要出财务报表，个人和家庭不会去细算家庭财产变化，更不会把财产数据报给有关部门。统计长期消费品的本期已消费价值，还是得从时间上想办法，在此，引入价值半衰期概念。

2. 价值半衰期

半衰期最初是物理学中的概念，放射性元素的原子核有半数发生衰变时所需要的时间，叫半衰期（Half-life）。[①] 这个概念后来扩展到化学、医学、经济学领域。产品或财富的价值下降到一半所需要的时间，我们称为产品或财富的价值半衰期，仍用 τ 表示。价值半衰期有别于物理学上的半衰期，同位素的半衰期往往是稳定的，变化较小。经济上，因为科技的进步、新品的出现、观念的变化等，加速折旧很普遍，价值半衰期会提前很多。

产品价值下降超七成，大约经历两个 τ，产品即便能用，在市值上也会被大家认为几乎无价值了。因为这些旧产品如果销售，需要支出销售成本，其价值会与销售成本接近，或低于销售成本。常言道，"东西看着还值点钱，一卖就不值钱了"，这也是一些尚且能用的东西就被人扔进了垃圾箱，浪费现象比较严重的一个原因。

虽然一种产品的消费时间具体到每个消费者会各不相同，但平均值还是较稳定的，由此可取得比较稳定的平均价值半衰期。我们可以对所有产品的消费时间和价值半衰期预先做个统计和测定，并且我们在统计 GDP 时，社会

---

① 《半衰期》，百度百科，http://baike. baidu. com/view/14279. htm。

消费品的销售是有统计的，销售时间是有记录的，这样我们就可以推算出当年长期消费品的已消费价值，也可以计算出以后年度的已消费价值。

3. 直线法计算已消费价值

测算已消费价值，一种方法是做线性折旧，将产品折旧额（即产品价格）平均分摊到整个消费时间，每个单位时间段做等额折旧。已消费价值与消费时间的关系如图 3 – 23 所示。

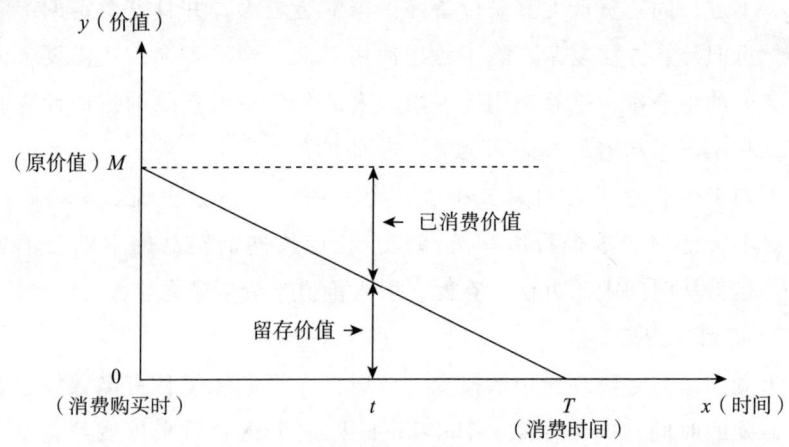

图 3 – 23　线性折旧

某产品价值为 M，消费时间为 T，消费购买经过一段时间 t 消费后，已消费价值：

$$Mt = M \cdot (t/T) \tag{3 – 7}$$

留存价值：

$$Ms = M \cdot (1 - t/T) \tag{3 – 8}$$

假如某款运动鞋的平均消费时间是两年，每双价值 120 元，平均每月的折旧为 5 元，已消费时间以月为单位，销售当月不计提折旧，在某地区某年的销售情况，以及当年和下年的消费情况如表 3 – 2 所示。

表 3 – 2　某款运动鞋的销售和消费情况

	1月	2月	3月	4月	5月	6月	7月	8月	9月	10月	11月	12月	合计
销量（双）	615	510	419	427	725	862	696	647	703	401	846	875	7726

续表

	1 月	2 月	3 月	4 月	5 月	6 月	7 月	8 月	9 月	10 月	11 月	12 月	合计
当年已消费 时间（月）	11	10	9	8	7	6	5	4	3	2	1	0	
原价值 （千元）	73.8	61.2	50.28	51.24	87	103.4	83.52	77.64	84.36	48.12	101.5	105	927.12
当年已消费 价值（千元）	33.83	25.5	18.86	17.08	25.38	25.86	17.4	12.94	10.55	4.01	4.23	0	195.62
下年已消费 时间（月）	12	12	12	12	12	12	12	12	12	12	12	12	
下年已消费 价值（千元）	36.9	30.6	25.14	25.62	43.5	51.72	41.76	38.82	42.18	24.06	50.76	52.5	463.56

从表 3 - 2 中可知，此款鞋在该地区当年的销售额是 927.12 千元，这就是计入当年 GDP 的数额，已消费额是 195.62 千元，这应该是计入当年 GDC 的数额。927.12 - 195.62 = 731.5 千元，这属于当年留存价值的数额，也应该是计入当年财富增长的数额。当年留存价值在下年度消费了 463.56 千元，这是计入下年度 GDC 的数额。

直线法是从产品对消费者的效用变化的角度考量的方法，与消费中产品的市值相差较大，若与市值缩小误差，需用曲线法。

4. 曲线法计算已消费价值

测算已消费价值，建议采用一种曲线折旧的方法，命名为半衰期折旧法。先通过已消费时间 t 与价值半衰期 τ 计算出留存剩余价值 Ms 与原价值 M 的比，再算出已消费价值比，进而得出已消费价值 Mt。我们将 t/τ 称为折旧幂数，留存价值的公式如下：

$$Ms = M\left(\frac{1}{2}\right)^{\frac{t}{\tau}} \tag{3-9}$$

已消费价值的公式如下：

$$Mt = M - Ms, Mt = M(1 - 2^{-\frac{t}{\tau}}) \tag{3-10}$$

设原价值为 1，将已消费价值、留存价值与价值半衰期 τ 的关系用表 3 - 3 表示。

表 3 - 3   留存价值、已消费价值与半衰期的关系

半衰期（τ）	1τ	2τ	3τ	4τ	5τ
留存价值比	50.0%	25.0%	12.5%	6.3%	3.1%
已消费价值比	50.0%	75.0%	87.5%	93.8%	96.9%

由表 3 - 3 可知，2τ 时，留存剩余价值只有原价值的 1/4，3τ 时，接近原价值的 1/10，这时候就十分接近消费结束，后面适时改为线性折旧，否则，价值没有为零的时候。接近消费结束时的留存剩余价值又被称为残值。已消费价值和价值半衰期的关系如图 3 - 2 所示。

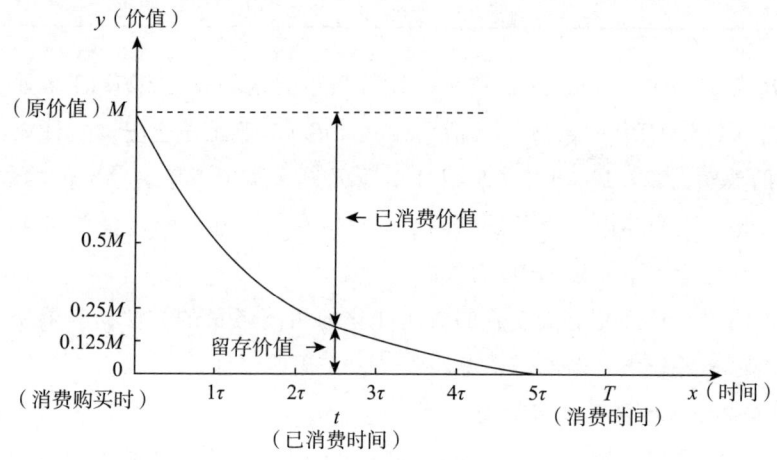

图 3 - 24   半衰期折旧法

如某型号的电脑，价值 5500 元，半衰期为 18 个月，已消费时间以月为单位，销售当月不计提折旧，在某地区某年的销售情况，以及销售当年和下年的消费情况如表 3 - 4 所示。

表 3 - 4   以半衰期折旧法计算某型号电脑消费情况

	1月	2月	3月	4月	5月	6月	7月	8月	9月	10月	11月	12月	合计
销量（台）	600	500	450	420	700	850	700	650	700	400	850	880	7700
原价值（万元）	330	275	247.5	231	385	467.5	385	357.5	385	220	467.5	484	4235
当年已消费时间（月）	11	10	9	8	7	6	5	4	3	2	1	0	

续表

	1月	2月	3月	4月	5月	6月	7月	8月	9月	10月	11月	12月	合计
当年已消费价值（万元）	114	87.89	72.49	61.25	90.97	96.45	67.43	51.04	42	16.31	17.66	0	717.43
下年已消费时间（月）	12	12	12	12	12	12	12	12	12	12	12	12	
下年已消费价值（万元）	79.95	69.24	64.76	62.82	108.8	137.3	117.5	113.4	126.9	75.37	166.5	179.1	1301.6

实际统计工作中，为了减少计算工作量，价值低的长期消费品，已消费时间超过 2τ，残值便不做统计了，残值并入已消费价值，我们就认为原价值完全消费了；价值较高的长期消费品，已消费时间超过 3τ，便将残值归为零。只有价格十分昂贵的产品，因残值较高，我们会适当延长时间。

固定资产折旧方法中有一种当前较为普遍的双倍余额递减法，现采用此法对上例中某型号的电脑计算折旧。设电脑预期使用寿命是 4.5 年，也就是 54 个月，折旧期以月为单位，月折旧率 $= 2 \div 54 \approx 0.037$，第 n 月的折旧额 $= 5500 \times 0.037 \times (1 - 0.037)^{n-1}$ 元，每天的折旧额 $=$ 月折旧额 $/30$，与半衰期折旧法进行对比，情况如表 $3-5$ 所示。

表 3 – 5　以两种方法计算某型号电脑的折旧情况

使用月份	期初价值（递减法）	月计提折旧额（递减法）	每天折旧额（递减法）	期初价值（半衰期法）	月计提折旧额（半衰期法）	每天折旧额（半衰期法）
第 1 月	5500.00	203.50	6.78	5500.00	207.77	6.93
第 2 月	5296.50	195.97	6.53	5292.23	199.92	6.66
第 3 月	5100.53	188.72	6.29	5092.31	192.37	6.41
第 4 月	4911.81	181.74	6.06	4899.94	185.10	6.17
第 5 月	4730.07	175.01	5.83	4714.84	178.11	5.94
第 6 月	4555.06	168.54	5.62	4536.73	171.38	5.71
第 7 月	4386.52	162.30	5.41	4365.35	164.91	5.50
第 8 月	4224.22	156.30	5.21	4200.45	158.68	5.29
第 9 月	4067.93	150.51	5.02	4041.77	152.68	5.09
第 10 月	3917.41	144.94	4.83	3889.09	146.91	4.90
第 11 月	3772.47	139.58	4.65	3742.17	141.36	4.71
第 12 月	3632.89	134.42	4.48	3600.81	136.02	4.53

使用月份	期初价值 （递减法）	月计提折旧额 （递减法）	每天折旧额 （递减法）	期初价值 （半衰期法）	月计提折旧额 （半衰期法）	每天折旧额 （半衰期法）
第 13 月	3498.47	129.44	4.31	3464.78	130.89	4.36
第 14 月	3369.03	124.65	4.16	3333.90	125.94	4.20
第 15 月	3244.37	120.04	4.00	3207.95	121.18	4.04
第 16 月	3124.33	115.60	3.85	3086.77	116.61	3.89
第 17 月	3008.73	111.32	3.71	2970.16	112.20	3.74
第 18 月	2897.41	107.20	3.57	2857.96	107.96	3.60
第 19 月	2790.20	103.24	3.44	2750.00	103.88	3.46
第 20 月	2686.97	99.42	3.31	2646.12	99.96	3.33
第 21 月	2587.55	95.74	3.19	2546.16	96.18	3.21
第 22 月	2491.81	92.20	3.07	2449.97	92.55	3.09
第 23 月	2399.61	88.79	2.96	2357.42	89.05	2.97
第 24 月	2310.83	85.50	2.85	2268.37	85.69	2.86
第 25 月	2225.33	82.34	2.74	2182.68	82.45	2.75
第 26 月	2142.99	79.29	2.64	2100.22	79.34	2.64
第 27 月	2063.70	76.36	2.55	2020.88	76.34	2.54
第 28 月	1987.34	73.53	2.45	1944.54	73.46	2.45
第 29 月	1913.81	70.81	2.36	1871.09	70.68	2.36
第 30 月	1843.00	68.19	2.27	1800.40	68.01	2.27
第 31 月	1774.81	65.67	2.19	1732.39	65.44	2.18
第 32 月	1709.14	63.24	2.11	1666.95	62.97	2.10
第 33 月	1645.90	60.90	2.03	1603.98	60.59	2.02
第 34 月	1585.00	58.65	1.95	1543.39	58.30	1.94
第 35 月	1526.36	56.48	1.88	1485.08	56.10	1.87
第 36 月	1469.88	54.39	1.81	1428.98	53.98	1.80
第 37 月	1415.50	52.37	1.75	1375.00	51.94	1.73
第 38 月	1363.12	50.44	1.68	1323.06	49.98	1.67
第 39 月	1312.69	48.57	1.62	1273.08	48.09	1.60
第 40 月	1264.12	46.77	1.56	1224.99	46.28	1.54
第 41 月	1217.35	45.04	1.50	1178.71	44.53	1.48
第 42 月	1172.30	43.38	1.45	1134.18	42.85	1.43
第 43 月	1128.93	41.77	1.39	1091.34	41.23	1.37

续表

使用月份	期初价值 （递减法）	月计提折旧额 （递减法）	每天折旧额 （递减法）	期初价值 （半衰期法）	月计提折旧额 （半衰期法）	每天折旧额 （半衰期法）
第 44 月	1087.16	40.22	1.34	1050.11	39.67	1.32
第 45 月	1046.93	38.74	1.29	1010.44	38.17	1.27
第 46 月	1008.20	37.30	1.24	972.27	36.73	1.22
第 47 月	970.89	35.92	1.20	935.54	35.34	1.18
第 48 月	934.97	34.59	1.15	900.20	34.01	1.13
第 49 月	900.38	33.31	1.11	866.20	32.72	1.09
第 50 月	867.06	32.08	1.07	833.47	31.49	1.05
第 51 月	834.98	30.89	1.03	801.99	30.30	1.01
第 52 月	804.09	29.75	0.99	771.69	29.15	0.97
第 53 月	774.34	28.65	0.96	742.54	28.05	0.94
第 54 月	745.69			714.49		

从表 3 - 5 中可以发现，两者的结果惊人的吻合，平均误差不足 0.7%，做曲线图，两条线重合为一条略粗的曲线（见图 3 - 25）。

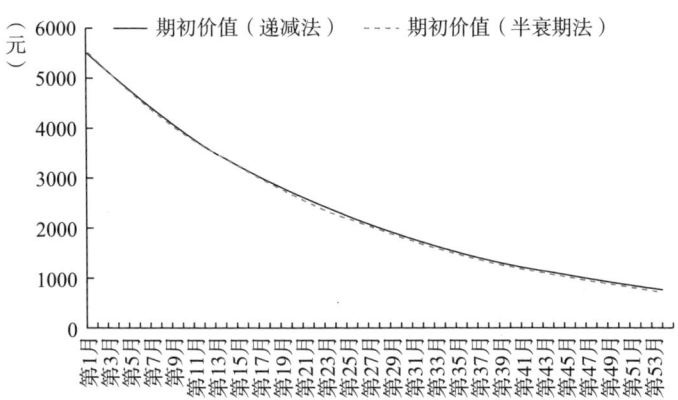

图 3 - 25　两种固定资产折旧的算法比较

使用半衰期折旧法，我们还可以将 τ 精确到以天为单位，已消费时间也精确到天，这样折旧幂数更加精确，做出的折旧曲线会更显平滑。

我们还应看到，54 个月 ÷3 = 18 个月，预期寿命相当于 3τ。产品的预期使用寿命是被大家广泛认同和了解的概念，我们可以充分利用这一点，在不必严格要求的时候，价值半衰期 ≈ 预期使用寿命 ÷3。

还有我们在计算房子的折旧时，要将地价撤除，土地永远都在，效用永远都有，地价实际上是服务性价值以及调节分配的手段。

5. 永久性产品的已消费价值

唐代诗人李白假如活在今天，我们应付给他的版税至少有 3 亿元人民币，李白诗篇的文化价值让后人受益了 1000 多年，并持续下去。不仅文化产品的价值，音乐、软件、技术、知识等产品的价值也可谓"取之不尽、用之不竭"，是永久性产品或消费品。然而，产品的受益时间是永久的，产品的收益时间却是有限的，甚至是没有的。

李白当年凭借诗篇在市场上是换不来银两的，唯有仰仗君王赏赐。只有在今天，知识产权的理念已形成，并有相应的保护制度，知识类产品价值的创造者才有收益。不过，这个收益有时间期限，当知识壁垒被破除，或保护期到期，收益期则结束，知识的交换价值随之消失，即大家不必付费享用了。这体现了价值的本质是分配比例，期限代表分配的合理性。所以，知识产品的已消费价值，应按服务类计算，消费购买额等于已消费价值，版权使用费、专利使用费等收取多少就是消费多少。

知识价值有时需要很长时间过后才被人们充分认识和重视，有些被锁在"保险柜"里沉睡多年。知识如同矿藏，没有挖掘出来的不计入 GDP，同样没有得到实际应用的也不计入 GDP，既不纳入生产总值，也就不再算消费总值。

知识价值的模糊性更明显，其留存价值又如何度量呢？得以应用的知识价值应根据预期收益来计算，可以借鉴品牌价值的度量方法。我们把知识产权的收益时间作为其商业价值的消费时间，同样也可以归纳出各类知识产品的价值半衰期。某项特定知识创立后，我们可以预计它的总价值，一年或若干年后，减去实际收益，就是此项知识的留存价值，被纳入我们的非物质化财富存量。按预期收益法来计算必然存在准确性问题，会预测过高，也会预测过低，后期需要不断修正。

哈佛大学数学家萨缪尔·阿贝斯曼提出了知识半衰期概念。

知识的新旧交替如同放射性衰变，你无法预知某项特定知识是否会受这种衰变效果影响而被淘汰，但你能够找出某一领域的知识在多久之后会有一半被淘汰。[①]

知识的半衰期如图 3 – 26 所示。

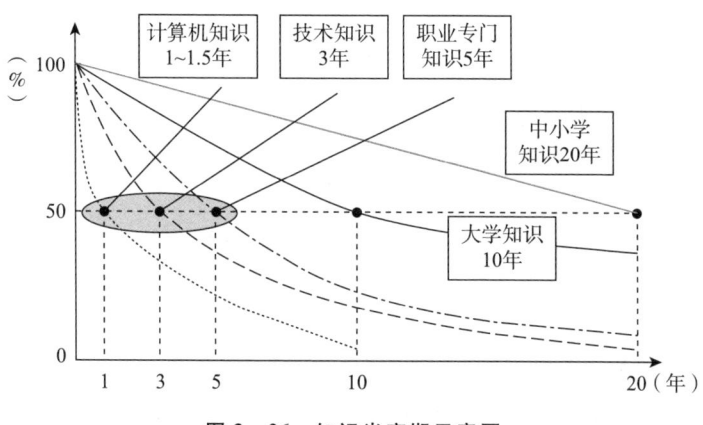

图 3 – 26　知识半衰期示意图

资料来源：徐朔："以就业为导向能力为本位的职业教育课程和教学改革" PPT
课件。

知识半衰期这个概念与本书中的知识价值半衰期的概念有相同点，都
是分析知识与时间的关系，也有不同点，前者主要侧重大家对知识的学习
和应用，后者主要侧重知识产权的市值（服务价格），要注意区别。

长期消费品中，有些是超长期的，使用寿命很长，几个世纪、上千年
都有可能，近乎永久消费品。我们的先辈留下了许多大型基础建筑，如道
路、桥梁、城墙、堤坝、灌渠、运河等，有一些至今仍在发挥作用。超长
期消费品，半衰期长，价值的体量也大，过了 3 个半衰期后，不做直线折
旧，仍然做曲线折旧，曲线近乎水平，这时候每年的折旧将会是个较小的
值，留存价值长期被纳入我们的物质化财富存量（见图 3 – 27）。

前人创造的价值，为后人所用，不需要有人来"替"古人收费，但这
些建筑需要定期或不定期维护。每次大的维护修葺都会增强建筑设施的效
用或延长其使用寿命，提升原建筑的价值，提升部分就是维护工作形成的
增加值，超长期消费品的价值变化为锯齿状曲线。

---

① 《专访：萨缪尔·阿布斯曼〈知识的半衰期〉》，经济学人中文网，http://www.ecocn.org/
thread – 174050 – 1 – 1. html，最后访问日期：2015 年 12 月 31 日。

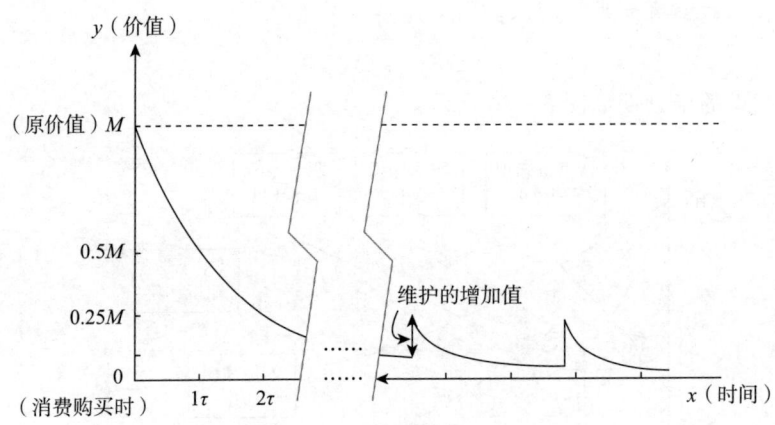

图 3 – 27　超长期消费品的半衰期

大修工作形成的增加值，它的半衰期相比原建筑的价值半衰期缩短了不少，建筑物维修后每年的已消费价值，主要是维护的增加值在折旧，原价值折旧的占比较小。经常性养护工作往往在一年中需要一次及以上，已消费价值按照短期消费品和服务类消费计算。

有一些建筑，年代久远，成为文物，虽然原有的功能已失去了作用，历史、艺术、科学等方面的价值却有了极大的提升。长城作为边疆防御工程的效用早已失去意义，但作为文物，它的价值巨大且永远存在。文物的价值用货币来度量是没有确值的，文物在经济方面带来的收益可以计量，当年收益多少，当年就生产多少，也是当年消费多少，按服务类计算文物的已消费价值，留存价值不宜确定。

6. 消费总值计算举例

现在根据中国的 GDP 数据大致计算 2014 年度消费的价值总值（数据来源于国家统计局官网），由于缺乏对浪费的数据统计，这里暂不区分浪费和消费，把浪费当作特殊的消费。

依据国家统计局 2012 年制定的《三次产业划分规定》：第一产业是指农、林、牧、渔业（不含农、林、牧、渔服务业）；第二产业是指采矿业（不含开采辅助活动），制造业（不含金属制品、机械和设备修理业），电力、热力、燃气及水生产和供应业，建筑业；第三产业即服务业，是指除第一产业、第二产业以外的其他行业。[①]

2014 年国内生产总值为 636138.8 亿元，其中第一产业（Ⅰ类）为 58336.1 亿元，第二产业（Ⅱ类）为 271764.5 亿元，第三产业（Ⅲ类）为 306038.2 亿元。

GDC 有两种情况，一是当年购买当年消费的，二是往年购买当年消费的。服务业的生产值等于消费值，生产和消费同时，306038.2 亿元都纳入 GDC。第一产业：产品主要是食品及食材，属于短期消费品，受保质期限制，基本上当年购买当年消费；棉花、木材、橡胶、松脂等是中长期的生产性消费品，它们往往是工业原料，年度的投资购买基本等于消费值；本年度少数产品会留到下年度消费，本年度也会消费往年生产的产品，前后冲减，除非遇到战争和灾害，一般情况下，相差较小；一部分农产品会成为国家储备，国家储备的陈货也会投入市场，差额部分占Ⅰ类 GDP 的比重是很小的，可以忽略，除非差额较大。这里采用的数据是支出法统计的生产总值，自给自足部分忽略，农户自留的农产品的消费也忽略。所以，第一产业的 58336.1 亿元也都纳入 GDC。

较为复杂的是第二产业 GDC 的计算。Ⅱ类产品又可细分为两种。一是投资购买，其中的长期和中长期消费品，如厂房、机器、汽车、电脑、工具、桌椅等会成为企业的固定资产，本年消费量基本就是企业本年度的固定资产折旧，2014 年度工业企业累计折旧为 236308.74 亿元，2013 年工业企业累计折旧为 208700.07 亿元，2014 年度折旧等于 236308.74 亿元减去 208700.07 亿元，即 27608.67 亿元，既包括当年购买当年消费的，也包括往年购买当年消费的。二是消费购买，居民和政府购买的工业产品一般是最终产品，并多为长期和中长期消费品，如房子为长期消费品，汽车、家电、电脑、家具等为中长期消费品，本年消费量其实就是居民和政府本年度的资产折旧，准确的方法是分类计算，用曲线折旧或直线折旧算出本年度的消费值，由于国家统计局官网上没有此类数据，这里比对工业折旧做估算。按支出法计算国内生产总值，2014 年最终消费率为 51.4%，资本形

---

① 国家统计局官网，http://data.stats.gov.cn/easyquery.htm? cn = C01&zb = A090304&sj = 2014，最后访问日期：2016 年 1 月 5 日。

成率为45.9%，消费购买是投资购买的约1.20倍，我们估计居民和政府的本年度的固定资产折旧也是企业1.20倍，即30916.90亿元，同样，此数值既包括当年购买当年消费的，也包括往年购买当年消费的。

Ⅱ类产品中也有许多短期消费品，前面分析过，视年度投资购买为消费值，居民和政府消费购买中大部分也成为年度消费值。困难在于不清楚第二产业的增加值中有多少属于长期消费品，有多少属于短期消费品。我们知道第二产业由制造业、建筑业、能源业等构成，产品中长期消费品比重大，这里做一估算，Ⅱ类产品中70%为长期消费品，30%为短期消费品。那么，30%的Ⅱ类增加值，加上折旧，就是第二产业的GDC，为140054.92亿元。

2014年国民消费总值为504429.22亿元，取整为50万亿元。这个数据误差肯定较大，做精确计算必须像统计GDP一样，是个系统性工程，由专门队伍完成。这里抛出不太准确的GDC数字，是希望起到"抛砖引玉"的作用，希望专业人士能把浪费总值、负价值总值（以全社会为价值取向）也统计出来。

三 国内结余总值与国内存量总值

（一）国内结余总值（Gross Domestic Surplus，GDSu）

生产总值减去消费总值就是结余总值，即：GDP – GDC = GDSu。和GDP、GDC一样，一般是以年为统计周期，不加特指，结余总值就是年国内结余总值。根据上文计算的结果，2014年的国内结余总值，即：

$$GDSu = 636138.8 - 504429.22 \approx 13.2 \text{ 万亿元}$$

国内结余总值不计算所有的纸币面值，仅仅把发行纸币的纸张和印刷成本计算到GDP中。不过，外币形式的纸币储蓄需要列进去，但在全球GDSu统计中不计算。服务性价值，生产值等于消费值，其实在计算期末结余总值时可不考虑，第一产业结余也很少，主要是第二产业。

结余总值就是财富增长数据，基本由第二产业产生，由顺时差产品形成。那么我们是不是应该重点发展第二产业呢？当然不是，还是应全面发展，尤其是第三产业中有许多非物质化价值，促进了第二产业的发展。财富增长不是我们的根本目的，生活更富裕才是真正目的，代表富裕的是消费增长，即 GDC 增长，要靠 GDP 增长来实现。

（二）国内存量总值（Gross Domestic Stock，GDSt）

1. 国内存量总值计算举例

每年的结余总值累积起来就是现今的存量，即国内存量总值，实质就是年末国内总剩余价值、年底社会总财富。

$$今年\ GDSt = 去年\ GDSt + 今年\ GDSu$$
$$= 去年\ GDSt + 今年\ GDP - 今年\ GDC \qquad (3-11)$$

即：

期末价值存量 = 上期期末价值存量 + 本期价值产生总量 - 本期价值消费总量

我们用同样的方法估算我国（不含港澳台）1995～2014 年的 GDSu、GDSt，详情见表 3-6。

表 3-6 1995～2014 年我国的国内结余总值与国内存量总值

指标	2014 年	2013 年	2012 年	2011 年	2010 年
国民总收入（亿元）	634043.40	583196.80	532872.10	479576.10	407137.80
国内生产总值（亿元）	636138.80	588018.80	534123.00	484123.50	408903.00
第一产业增加值（亿元）	58336.10	55321.70	50892.70	46153.30	39354.60
第二产业增加值（亿元）	271764.50	256810.00	240200.40	223390.30	188804.90
第三产业增加值（亿元）	306038.20	275887.00	243030.00	214579.90	180743.40
人均国内生产总值（元）	46629.00	43320.00	39544.00	36018.00	30567.00
工业企业累计折旧（亿元）	236308.74	208700.07	177901.11	157312.32	123546.80
支出法生产总值（亿元）	640696.90	589737.20	534744.50	480860.70	406580.90
最终消费（亿元）	329450.80	301008.40	271718.60	241579.10	199508.40
资本形成总额（亿元）	293783.10	274176.70	248389.90	227593.10	192015.30
货物和服务净出口（亿元）	17463.00	14552.10	14636.00	11688.50	15057.10
最终消费率（%）	51.40	51.00	50.80	50.20	49.10
资本形成率（%）	45.90	46.50	46.50	47.30	47.20
年度工业企业折旧（亿元）	27608.67	30798.96	20588.79	33765.52	24652.13
消费购买/资本购买	1.12	1.10	1.09	1.06	1.04
消费者固定资产折旧估算（亿元）	30916.90	33779.50	22492.70	35835.71	25644.48

续表

指标	2014 年	2013 年	2012 年	2011 年	2010 年
假设 30% Ⅱ类为短期消费品	81529.35	77043.00	72060.12	67017.09	56641.47
GDC 估算	504429.22	472830.16	409064.31	397351.52	327036.08
GDSu 估算	131709.48	115188.64	125058.69	86771.98	81866.92
GDSt 估算	1064016.77	932307.29	817118.65	692059.96	605287.98
指标	2009 年	2008 年	2007 年	2006 年	2005 年
国民总收入（亿元）	345046.40	318736.70	268631.00	217246.60	184575.80
国内生产总值（亿元）	345629.20	316751.70	268019.40	217656.60	185895.80
第一产业增加值（亿元）	34154.00	32747.00	27783.00	23313.00	21803.50
第二产业增加值（亿元）	157850.10	148097.90	125145.40	103163.50	87127.30
第三产业增加值（亿元）	153625.10	135906.90	115090.90	91180.10	76964.90
人均国内生产总值（元）	25963.00	23912.00	20337.00	16602.00	14259.00
工业企业累计折旧（亿元）	98894.67	87059.54	69615.71	58900.82	50341.06
支出法生产总值（亿元）	346431.20	317172.00	269486.40	219424.60	187767.20
最终消费（亿元）	173093.00	157746.30	136438.70	114894.90	101604.20
资本形成总额（亿元）	158301.10	135199.00	109624.60	87875.20	75954.00
货物和服务净出口（亿元）	15037.10	24226.80	23423.10	16654.60	10209.10
最终消费率（%）	50.00	49.70	50.60	52.40	54.10
资本形成率（%）	45.70	42.60	40.70	40.00	40.50
年度工业企业折旧（亿元）	11835.13	17443.83	10714.89	8559.76	6716.67
消费购买/资本购买	1.09	1.17	1.24	1.31	1.34
消费者固定资产折旧估算（亿元）	12948.72	20351.14	13321.21	11213.29	8972.14
假设 30% Ⅱ类为短期消费品	47355.03	44429.37	37543.62	30949.05	26138.19
GDC 估算	259917.98	250878.24	204453.62	165215.20	140595.40
GDSu 估算	85711.22	65873.47	63565.78	52441.40	45300.40
GDSt 估算	523421.07	437709.85	371836.38	308270.61	255829.20
指标	2004 年	2003 年	2002 年	2001 年	2000 年
国民总收入（亿元）	160289.70	135718.90	119765.00	108683.40	98562.20
国内生产总值（亿元）	160714.40	136564.60	121002.00	110270.40	99776.30
第一产业增加值（亿元）	20901.80	16968.30	16188.60	15501.20	14716.20
第二产业增加值（亿元）	73529.80	62120.80	53624.40	49262.00	45326.00
第三产业增加值（亿元）	66282.80	57475.60	51189.00	45507.20	39734.10

续表

指标	2004 年	2003 年	2002 年	2001 年	2000 年
人均国内生产总值（元）	12400.00	10600.00	9450.00	8670.00	7902.00
工业企业累计折旧（亿元）	43624.39	37323.59	33067.63	29666.83	25847.91
支出法生产总值（亿元）	161616.40	137457.30	121576.80	110657.40	100072.90
最终消费（亿元）	89224.80	79641.50	74171.70	68617.20	63729.20
资本形成总额（亿元）	68156.00	54850.90	44310.90	39715.60	33960.70
货物和服务净出口（亿元）	4235.60	2964.90	3094.20	2324.70	2383.00
最终消费率（%）	55.20	57.90	61.00	62.00	63.70
资本形成率（%）	42.20	39.90	36.40	35.90	33.90
年度工业企业折旧（亿元）	6300.80	4255.96	3400.80	3818.92	3368.20
消费购买/资本购买	1.31	1.45	1.68	1.73	1.88
消费者固定资产折旧估算（亿元）	8241.80	6175.94	5699.14	6595.35	6329.04
假设30% Ⅱ类为短期消费品	22058.94	18636.24	16087.32	14778.60	13597.80
GDC 估算	123786.14	103512.04	92564.86	86201.27	77745.34
GDSu 估算	36928.26	33052.56	28437.14	24069.13	22030.96
GDSt 估算	210528.81	173600.55	140547.99	112110.86	88041.73
指标	1999 年	1998 年	1997 年	1996 年	1995 年
国民总收入（亿元）	88989.80	83505.70	78517.30	70538.30	60146.50
国内生产总值（亿元）	90187.70	84883.70	79429.50	71572.30	61129.80
第一产业增加值（亿元）	14548.10	14618.00	14264.60	13877.80	12020.00
第二产业增加值（亿元）	40827.60	38808.80	37353.90	33665.80	28536.20
第三产业增加值（亿元）	34812.00	31456.80	27810.90	24028.70	20573.60
人均国内生产总值（元）	7199.00	6835.00	6457.00	5878.00	5074.00
工业企业累计折旧（亿元）	22479.71	19909.70			
支出法生产总值（亿元）	90447.20	85174.50	79739.20	71861.20	61329.00
最终消费（亿元）	56681.90	51509.80	47556.70	43117.60	36225.70
资本形成总额（亿元）	31228.70	30035.40	28632.50	27284.50	24104.60
货物和服务净出口（亿元）	2536.60	3629.30	3550.00	1459.10	998.60
最终消费率（%）	62.70	60.50	59.60	60.00	59.10
资本形成率（%）	34.50	35.30	35.90	38.00	39.30
年度工业企业折旧（亿元）	2570.01	19909.70			
消费购买/资本购买	1.82	1.71	1.66	1.58	1.50

续表

指标	1999 年	1998 年	1997 年	1996 年	1995 年
消费者固定资产折旧估算（亿元）	4670.71	**32273.62**	0.00	0.00	0.00
假设 30% Ⅱ类为短期消费品	12248.28	11642.64	11206.17	10099.74	8560.86
GDC 估算	68849.10	109900.76	53281.67	48006.24	41154.46
GDSu 估算	21338.60	**-25017.06**	26147.83	23566.06	19975.34
GDSt 估算	66010.76	44672.17	69689.23	43541.40	19975.34

注：因 1995～1997 年没有折旧数据，1998 年采用累计折旧数据，故 1998 年 GDSu 为负数。

由表 3-6 可知，截至 2014 年底，我们 20 年的财富存量累计约为 100 万亿元。改革开放前，我们国家还比较穷，财富主要是近 30 年积累的，如果统计近 30 年的 GDSt，应比较接近实际值。总财富存量大还不行，人均财富存量大才行，而且贫富差距要小。20 年人均财富积累约 7.8 万元。这些数据是估算的，误差肯定很大。

2. 国内存量总值与货币存量大致相等

除了要了解我们的"家底"，财富存量的统计还有什么意义呢？表 3-7 对比了财富存量和货币供应量。

表 3-7 1995～2014 年财富存量和货币供应量对比

指标	2014 年	2013 年	2012 年	2011 年	2010 年
GDSt 估算	1064016.77	932307.29	817118.65	692059.96	605287.98
货币和准货币（M2）供应量（亿元）	1228374.81	1106524.98	974148.80	851590.90	725851.80
货币供应量（M2）：GDSt	1.15	1.19	1.19	1.23	1.20

指标	2009 年	2008 年	2007 年	2006 年	2005 年
GDSt 估算	523421.07	437709.85	371836.38	308270.61	255829.20
货币和准货币（M2）供应量（亿元）	610224.50	475166.60	403442.21	345577.90	298755.70
货币供应量（M2）：GDSt	1.17	1.09	1.08	1.12	1.17

指标	2004 年	2003 年	2002 年	2001 年	2000 年
GDSt 估算	210528.81	173600.55	140547.99	112110.86	88041.73
货币和准货币（M2）供应量（亿元）	254107.00	221222.80	185006.97	158301.90	134610.30

续表

指标	2004 年	2003 年	2002 年	2001 年	2000 年
货币供应量（M2）：GDSt	1.21	1.27	1.32	1.41	1.53

指标	1999 年	1998 年	1997 年	1996 年	1995 年
GDSt 估算	66010.76	44672.17	69689.23	43541.40	19975.34
货币和准货币（M2）供应量（亿元）	119897.90	104498.50	90995.30	76094.90	60750.50
货币供应量（M2）：GDSt	1.82	2.34	1.31	1.75	3.04

注：因缺少数据，没有统计 1995 年以前的财富存量，所以 2002 年及以前的 M2：GDSt 值偏大，不做参考依据。

从表 3-7 中可看出，按现行价格，货币供应量与财富存量大约是 1:1 的关系，货币供应量稍大些，源于货币政策是 CPI 温和上涨。货币发行应保持供应量与财富存量相当才比较合适，如果凭空增发货币，也就是货币增发的速度快于实际财富增长的速度，物价势必上涨，涨价后的财富存量总值，与货币供应量基本相等。前面我们说了本币增长不能列为财富增长，但是现在我们却可以通过货币增长来大致推测财富增长，扣除通货膨胀因素之后，货币存量的实际变量，大约就是财富变量。

为什么货币供应量约等于财富存量？这其实很好理解，货币是财富的符号化形式，有多少财富对应的货币就应该是多少。图 3-28 是北宋时期主要在中国四川通行的纸币"交子"，是历史上有据可查的最早的纸币。币面上印着仓库和货物，意思是财物在这，随时可凭此兑换，朴素地表达了货币就是财富。

今天，无论是动产还是不动产，都是财富存量，是价值存量，是货币的本位，价值存量共有多少，货币就应发行多少。由于生产和消费始终是动态的，财富存量也是动态变化的，货币供应量与财富存量有弹性误差。市场越繁荣，即交换越频繁，对货币的需求量越多，会导致货币供应量大于财富存量。

按照已有的货币理论，近些年来中国的货币供应可谓"年年超发"，奇怪的是中国的 CPI（消费者价格指数）却始终温和上涨，并没有出现西方经济学家预计的严重通货膨胀，为什么？原因就在于中国的实体经济比较稳固，顺时差产品和长期消费品比重不低，实物储蓄在增长，中国货币供应量增长的速度并没有偏离财富存量增长的速度，保持可控的温和的通

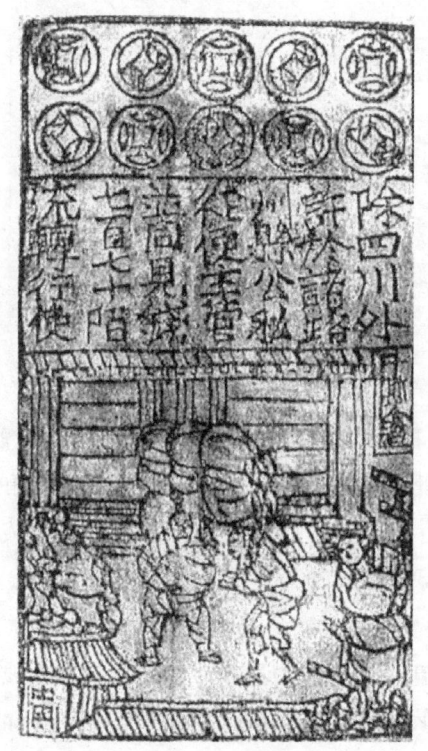

图 3 - 28　北宋交子

货膨胀率反而对促进消费、拉动生产、保障就业有一定的积极作用。

宏观经济体具有发行货币的权力，货币的本位不限于金银，有价值的财物都是本位，但凭空增发货币不会实际增加财富，最多是名义上增加，只有生产才会增加财富。凭空增发货币是重新分配财富，实际财富不变，大家手中的货币的购买力被强制稀释，相当于向手中有货币的人收税，增发货币又被称为铸币税，或通货膨胀税，往往是政府、中央银行、少数当权者获利。

3. 自然资源价值的减量与人类创造价值的存量

物质财富存量都是人类通过劳动和利用自然资源创造并积累的，其中许多自然资源是不可再生的，还有许多资源再生的速度慢于我们开采的速度。毫无疑问，人类创造的财富在增加的同时，自然资源是在减少的。GDP、GDC、GDS统计的都是人类创造的价值，我们不应忘记统计自然资源价值减少的数量。人类创造物质财富的存量会大于自然财富减量吗？两者相加，我们留给后人的财富是越来越多呢，还是越来越少呢？

自然资源价值的减量，先统计数量，再按当前市场价格核算价值，得出的数字足以触目惊心。全球石油已经开采大约 1500 亿吨，按现阶段国际油价算，价值约 39 万亿美元。我们只知道已探明的自然资源的储量，不清楚没探明的有多少，当探明数量变化时，自然资源的价格也会涨跌。虽然许多自然资源以前的价格低，甚至没有价格，不过，在资源不断减少的过程中，它们的价格定会节节攀升，尤其是不可再生资源。即便探明的储量在增加，若不加以控制，迟早有一天，我们的许多自然资源将会消耗殆尽。

还有，不要忘了负价值和浪费，我们在创造价值的同时带来了负效用，我们在创造价值的同时也浪费了许多价值，只是有多少我们并不清楚，甚至还没有意识到。

所以，即便我们创造的物质财富存量不断增长，留给后人的物质财富也不一定增长。

4. 最关键的财富积累是人创造能力的积累，知识存量最重要

财富分为物质化财富和非物质化财富，我们统计的 GDSt 更多代表物质化财富，非物质化财富存量无法量化。知识是最重要的非物质化财富，知识被消费一次后仍能继续被消费，甚至可以无数次被使用，知识的价值无法用一个数字来衡量，它和土地的价值一样，不会终结。技术转让等知识价值的交易中，价格是人为拟定的，是为了交换，是分配方案，而知识的效用是无限的。我们始终无法量化语言的价值是多少、文字的价值是多少，如同无法衡量国土、海洋、地球的价值是多少，可它们始终是我们的财富存量。

财富的积累，在于生产力的提高，也就是人类创造价值的能力的提高，这个能力又在于人人创造出来的价值比自己消费的大。坎蒂隆认为，一国的劳动越多，该国就自然地成为富有国。[1] 李斯特说：一个人也许很穷，但是他如果具有那份生产力，可以生产大于他所消费的有价值的产品，也就会富裕起来。两者都强调财富积累的关键是人，是人的创造性，

---

① 〔英〕理查德·坎蒂隆：《商业性质概论》，转引自卢大振主编《世界经济学名著导读手册》，中国城市出版社，2004，第 31 页。

是人的价值。

单个人的生产力是基础，团队的综合生产力是升华。团队中最重要的是人才，人才就是积累了科学知识、掌握了高端技能、具有创新和突破能力的人。一国的知识积累越多，一国的人才积累越多，该国就越富有。

时间几乎可以让所有的物质财富不复存在，唯独知识可以长久留存，对后人而言，最有用的财富莫过于知识。

第四章

协作升值

经济学中有 1 + 1 > 2，N 个 1 相加大于 N 或 2N、5N、10N⋯⋯

第一节　从分工协作到要素协作

通过前面的分析我们明白，实现财富存量增长应从两个方面入手：一是缩短产品的生产时间 $\overline{Tp}$；二是延长产品的消费时间 $\overline{Tc}$。做到这两点最有效的方法是分工，很早以前人们就知道分工可以提高产量和质量，然而，与分工相伴随的是协作，人们对协作的认识显然不如对分工的认识充分。

许多人在同一生产过程中，或在不同的但互相联系的生产过程中，有计划地一起协同劳动，这种劳动形式叫做协作。[①]

这句话马克思引自德斯杜特·德·特拉西的《论意志及其作用》，我们依然按这个解释来理解经济范畴的协作，不过要补充一下，有时无计划也会形成协作。协作即协商合作，也可称为协力、协同。

[①]　〔德〕马克思：《资本论》第 1 卷，人民出版社，1975，第 362 页。

一　分工必须协作

（一）每项分工中都有协作的内涵

大名鼎鼎的亚当·斯密，第一个指出产品数量的跃增和产品质量的改善起因于分工。在他所引的例证中，有制扣针的例子。制扣针工人，每人专造扣针的某一部分，一人拉铁丝，一人剪铁丝，一人磨铁丝头，等等。单单铁丝头需要两三种不同动作，每一种由一个工人担任。据斯密所说，通过这样的分工，一个雇用十个工人设备不很好的工厂，一天可制作四万八千只扣针。如果各个工人得一只一只地完成扣针的制造，所有动作自第一步以至最后一步全由他一个人来搞，那么，他一天大概只能造二十只，而十个人一天所能制造的只二百只而不是四万八千只。

斯密认为这个巨大差别是由于以下三种情况：

（一）从经常重复同一种简单动作所获得的熟练，包括体力上的熟练和脑力上的熟练。就某些工厂某些动作说，工人手法的敏捷，非身历其境的人所能想像得到。

（二）时间损失的减少。时间的损失，往往是由于抛下一种工作去搞另一种工作，或由于更换工作地点、工作姿势、工作工具而发生的。移转注意力是个缓慢的过程，人不能在顷刻之间，完成注意力从旧的对象到新的对象的彻底移转。

（三）大量机器的发明。这使一切工作变得更容易和更迅速。分工当然把各种动作局限于非常简单和反复执行的性质。这种性质的动作，恰恰就是最容易使用机器来搞的动作。[①]

斯密关于分工促进经济增长的论述被后人称为斯密定理。人们总结斯密的理论时注意到分工可以提高生产率，但忽略了另一点——协作，分工和协作是密不可分的。

---

① 〔法〕萨伊：《政治经济学概论——财富的生产、分配和消费》，陈福生、陈振骅译，商务印书馆，1963，第93~94页。

我们仍然来看制扣针的例子，工人分别干着拉铁丝、剪铁丝、磨铁丝头等工作，如果有一个环节出现了差错，最终总的结果就会变差。比如，一天磨铁丝头的工人生病了，磨出的铁丝头数量只有平时的一半，那么最后扣针的总产量就是原来的一半。当然，如果真是这种情况，企业主会赶紧让别人替代这个人，替代的人很可能并没有原来的工人熟练，产量还是会下降些。分工后，各个工种的工作进度必须同步，或保持一定的比例，这就是协作的要求，每项分工都包含协作的内涵。

表面上看来，一般先分工，后协作，其实在开始考虑如何分工的时候，就要考虑各项分工如何协同。拉铁丝、剪铁丝、磨铁丝头等分工是一套制扣针完整工序的分解，彼此间是有序的和能够衔接的，这就包含协作的内涵。分工且协作，产能才提升。

原始社会，人类就懂得分工，集体围猎，人分散开来，形成围圈，各个站位、走位就是分工。站位和走位有个基本要求，就是能够形成包围圈，这就是各项分工中协作的内涵。

现代社会，产品往往由许多部件组成，最后一道工序是将各部件组合为成品，并不是最后的组合才是协作，在每一个部件的分工生产过程中，每个部件的尺寸、大小、形状、位置、时序等都有标准，误差必须控制在一定的范围内，这些统一标准就是协作的内涵。

（二）协作才能完成最终的价值创造

协作使各项分工组成有机整体。早期人类社会，许多产品是简单的，个人能够完成制作。随着社会的发展，产品更为复杂，分工更为细致，每个人生产的产品往往只是最终消费品的某个部件或材料，分工后更为重要的是协作，如果不协作，各分工制作的部件和材料就不能有机地组合为一体，可能就缺少一种部件，产品就不具备使用价值，最终就是浪费。

美国管理学家彼得提出了木桶效应（见图4-1），对协作的道理进行了很好的阐述：

　　盛水的木桶是由许多块木板箍成的，盛水量也是由这些木板共同决定的。若其中一块木板很短，则此木桶的盛水量就被短板所限制。这块短板就成了这个木桶盛水量的"限制因素"（或称"短板效应"）。若要使此木桶盛水量增加，只有换掉短板或将短板加长才成。人们把这一规律总结为"木桶原理"，或"木桶定律"，又称"短板理论"。

…………

这由许多块木板组成的"水桶"不仅可象征一个企业、一个部门、一个班组，也可象征某一个员工，而"水桶"的最大容量则象征着整体的实力和竞争力。①

木桶理论中的每块木板就是每一项分工，桶箍就是加强协作，木桶就是协作组成的有机整体，盛水量是成效，是分工协作的效果。要达到最佳效果，一方面不能有短板，另一方面板与板的接触面要完全吻合，不能有缝隙。也就是说，不仅各要素的贡献都要高，而且各要素之间要有良好的协作。只有这样，效用才最大，劳动价值才被人承认，从而价值才能够最大，分工很重要，协作也至关重要（见图4-1）。

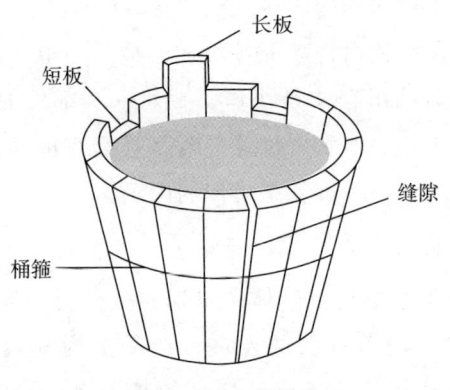

图4-1　木桶效应

价值创造中，协作是实现量变到质变最关键的一步。挖一条水渠，多人分段作业，每人负责其中一段，这是分工；每段要能连接起来，各段的位置、距离、方向、深浅等必须统一规划好，这是协作。如果不协作，挖的只能是横七竖八的段段沟壑，并非水渠，沟壑没有价值，水渠才有价值，沟壑转变为水渠最关键的质变要靠协作。

斯密列举的做扣针的例子中，一个人也能完成扣针的制作，但一天只

---

① 《木桶效应》，百度百科，http://baike.baidu.com/view/47735.htm。

能造 20 只，10 个人分工并协作一天能造的不是原来的 10 倍，而是 2400
倍，平均每人达到原来的 240 倍。实际上，大多数产品并不像扣针一样可
以由一个工人完成，而是只有一定数量的人协作才能做到，一个人努力再
多结果都是零，多人协作才能实现 0 到 1 的质变。要知道，0 到 1 才是质
变，1 到 10000 都只是量变。

二　分工与要素

创造价值的过程就是生产过程，不同阶段或不同部位的生产就是分
工。产业就是大分工，大分工可以分成若干个小分工，小分工也可继续分
成更小的分工，更小的分工可能还可以继续分下去……分工的归类就是所
谓的工种、项目、职业、产业等，社会大分工形成了不同的文明，诸如农
耕文明、游牧文明、工业文明等。

每一项具体分工或分工的产物都会成为下一个创造价值的组成部分，
所以分工也可视为创造价值的要素，也称生产要素。除了自然要素，其他
每项要素均可视为具体分工的产物。比如，制造工具是一项分工，工具是
此项分工的产物，工具又是其他生产过程的生产要素，制造工具的分工可
视为其他生产过程的生产要素。

（一）自然要素、人力要素、结合要素

早期人们创造价值离不开土地，于是，最早的要素论是二元论，即土
地和劳动。土地是最重要的一种自然资源，依托河流、湖泊、海洋、季
风、阳光等其他自然资源也能够创造出价值，正如恩格斯所言：劳动和自
然一起才是一切财富的源泉。不过经济学上仍然使用土地一词，以广义的
土地指代自然资源。

土地属于自然资源，劳动属于人力资源，价值形成的要素因此可分为
自然要素和人力要素。除了自然资源、人力资源，其他要素都是自然资源
和人力资源结合的成果，我们称之为结合要素。石器工具是最原始的结合
要素，是最原始的生产性消费品。

简单生产就是创造价值的要素较少或单一，复杂生产就是创造价值的
要素较多且结构复杂。随着社会的发展，再简单的消费品，其生产过程都
是复杂的。

马克思主义学说指出：生产力是人们控制与征服自然的能力。[1] 生产力是一个由多种要素构成的复杂系统，它的基本要素是劳动者、劳动资料和劳动对象。劳动资料和劳动对象合起来又称为生产资料。劳动工具是最重要的劳动资料。

从经济学范畴来讲，生产力就是创造价值的能力。劳动（劳动者）是人力要素，劳动资料是结合要素，劳动对象是自然要素或结合要素。比如捕鱼：捕鱼者是人力要素；渔网是劳动工具，是重要的劳动资料，属于结合要素；鱼是劳动对象，在自然湖泊中的鱼属于自然要素，在养鱼塘里的鱼属于结合要素。

（二）要素多元化实为结合要素的细化

我们在土地上生产粮食，粮食的价值由土地和劳动两要素结合形成。我们再用粮食来酿酒，粮食则是生产原料，酒的价值形成是粮食和劳动的再结合，粮食是要素之一，属于结合要素。我们继续用酒和中药材制作药酒，药酒的价值形成是酒、中药和劳动的再结合，酒是要素之一，属于结合要素。事实上耕地也属于结合要素，自然的土地原本并不适合耕种，是经过人们不断地改良，配以水利，才成为耕地的。

酿酒的过程中不仅需要粮食和劳动，还需要各种容器、工具等，专业酿酒的酒坊还需要窖池、灶台、蒸桶等，现代化的酒厂需要的设备更多。这些生产原料、生产工具、生产设备等被称为生产资本，生产资本都是生产性消费品，如果这些通过货币来购买，那么，货币也属于生产资本的范畴。[2] 在二元论的基础上，萨伊提出"生产三要素"论：事实已经证明，所生产出来的价值，都是归因于劳动、资本和自然力这三者的作用和协力，其中以能耕种的土地为最重要因素但不是唯一因素。[3]

其实，酿酒最关键的是掌握酿酒的知识和技术，即便资金、原料、设备、工人等都具备了，不清楚曲蘖的保存和应用，或火候掌握得不好，酿出的酒味道就不对或不好，很难喝或不能喝，诸多要素的价值往往会浪

---

① 许涤新主编《政治经济学辞典》上册，人民出版社，1980，第 78 页。

② 〔法〕萨伊：《政治经济学概论——财富的生产、分配和消费》，陈福生、陈振骅译，商务印书馆，1963，第 70 页。

③ 〔法〕萨伊：《政治经济学概论——财富的生产、分配和消费》，陈福生、陈振骅译，商务印书馆，1963，第 75～76 页。

费。在生产中，技术是关键，技术理所当然地成为要素之一。同时，人们也认识到了信息、管理在创造价值中的重要作用，于是形成了"六要素论"：土地、劳动力、资本、技术、信息、管理。

细看之下，资本、技术、信息、管理都是自然要素和人力要素协同形成的组合要素，是结合要素的细化。有的是自然要素比重高的结合要素，有的是人力要素比重高的结合要素，各种要素的比例不同就是要素协作的结构不同。技术、信息、管理通常是人力要素所占比重高，体现的主要是非物质化价值。所谓劳动密集型产业就是人力要素占比高的产业，技术密集型产业也是人力要素占比高的产业，不过二者不同，区别在于脑力劳动和体力劳动的占比不同，所以人力要素还可以细分为体力要素和脑力要素。

如今，人们又将资本分为人力资本、物质资本和资金资本，资金资本可以转换为人力资本，也可以转换为物质资本。我们通常也说成耗费人力、物力、财力。耗费人力，就是劳动价值成本，属人力要素；耗费物力，就是物质价值成本，多数属于结合要素；财力也属结合要素，用来购买物，财力就转为物力，用来购买劳动，就转为人力，财力什么都没买到就失去了，就是浪费财力。耗费可能是消费，也可能是浪费。

还有一种颇为重要的"四要素论"：土地、劳动、资本、企业家才能。这种理论迎合了企业家的需求，因为它解释企业获得利润凭借的是企业家才能。这里先看企业家才能属于什么要素。企业家才能很多体现在管理方面，体现在对信息的研判、时机的把握，体现在对技术的应用、资本的运作……但企业家不是天生就具有企业家才能的，必须学习和历练，离不开学习工具和生产工具，所以，企业家才能仍然属于结合要素，是人力要素和自然要素的多重结合，其中人力要素比重高，人力中又是脑力要素比重高。

如今，有时候人们还将教育、团队精神、企业文化、信誉、和平、安全等列为创造价值的要素，其实，这些或者是细化的人力要素，或者是人力要素与自然要素结合的特殊表现形式。

（三）物质化要素和非物质化要素

换个角度讲，我们可以把生产要素分为物质化要素和非物质化要素，这其实也是有必要的，因为这样可以清楚地了解一部分人的贡献。

前面说过，非物质化价值往往要通过物质化体现，许多物质产品表面上是物质化价值，实际上主要是非物质化价值。我们把技术列为要素之一，邓小平曾说"科学技术是第一生产力"。如果企业要购买技术，会体现在两方面：一方面是聘请掌握技术的人；另一方面是购买重要的技术资料和科技设备，这些资料是图纸、书本、硬盘等物质，它们是比重很小的物质化价值和比重很大的非物质化价值的共同体。技术要素是非物质化要素和物质化要素的结合。

通常情况下，产品的要素都有价格，企业会将它们列入生产成本。不过并不是所有的生产要素都会被列入生产成本，因为它们中有些是免费的，许多重要的非物质要素有时因为不需要纳入成本而被人们忽视，这些要素同样是价值形成的必要条件。比如通过信用制度体系，企业能免费查询了解客户的信用状况，可以降低风险，或加快合作进程，对企业的生产有很大的帮助。

中国改革开放中涌现出很多例子，一没有资金和设备投入，二没有人员变化，完全就是经济制度和宏观政策变化，许多企业就迸发出蓬勃的活力，产能迅猛增加，新产品接二连三诞生。可见，制度也是提高生产力的要素之一，而且属于非物质化要素。

（四）作用要素和受作用要素

把生产要素区分为作用要素和受作用要素，是为了方便理解和计量要素的贡献。

作用要素就是劳动和工具，劳动和工具的作用对象就是受作用要素，也称对象要素、劳动对象。一般产品的生产过程就是在劳动和工具的共同作用下，劳动对象有了新的效用，即转变为产品或商品，最终目的是消费；服务性生产过程是在劳动和工具的作用下，服务对象的需求得到满足，服务对象就是消费者，消费和生产同时，最终目的在生产过程同步实现。

我们往往是在"用商品生产商品"。一种情况是，前商品是后商品的原料，前商品是受作用要素，后商品是目的，是产出；另一种情况是，前商品是生产后商品的工具，前商品是作用要素，后商品是受作用要素。后商品也可能成为下个产品的原料或工具，所以，受作用要素和作用要素的地位是可以转换的。用钢铁生产铁锤，铁锤是工具，是作用要素，可以应用在许多产品的生产中；用钢铁生产钢板，再用钢板生产轮船，钢板是原料，仍是对象要素。

作用要素可能直接作用在对象要素上，也可能间接作用在对象要素上。对应的对象要素可分为直接作用对象和间接作用对象，简称直接对象和间接对象。土地是耕地劳动和耕具的直接作用对象，疏松的土地孕育着万千作物，玉米、麦子、水稻等农作物的果实是产品和产出，最终目的是满足人们的食物消费需求。这其中，耕地劳动和耕具是间接作用要素，农作物是间接作用对象；之前土地是劳动和耕具的作用对象，之后土地是农作物果实的作用要素。所以，从广义上说，土地也是工具，是不能移动的工具，类似土地，河流、湖泊等也是广义的工具。

用机器生产各种产品，首先要准备厂房，厂房可以遮风避雨，对工人和机器起庇护作用，使生产免受天气影响。机器运转需要能源，能源对机器起驱动作用。厂房和能源是间接作用要素，产品是间接作用对象。之前机器是作用对象，之后机器是作用要素。从广义上说，产品的间接作用要素都是作用要素，那么，厂房也是工具，是不便移动的工具，移动型厂房和机器都属于大型工具，给机器提供动力的燃料是机器系统的一部分，属于消耗性工具。

1. 资本的原名是工具，狭义的资本属于广义的工具

生产要素（factors of production）是用于生产产品与服务的投入。两种最重要的生产要素是资本和劳动。资本是人们使用的一套工具：建筑工人的起重机、会计师的计算器，以及本书作者的个人电脑。劳动是人们用于工作的时间。我们用符号 K 表示资本量，用符号 L 表示劳动量。①

一般的生产，投资者首先准备的是资金，投入就是用资金购买生产工具和劳动，投资者每天考虑的是如何使资金尽快收回，产出大于投入，即获得利润。在投资者最直接的意识中往往不是劳动和工具带来了利润，而

---

① 〔美〕N. 格里高利·曼昆：《宏观经济学》（第 7 版），卢远瞩译，中国人民大学出版社，2011，第 45 页。

是投资获得了利润。于是，"工具"一词被放在一边，"劳动"也很少被提及，挂在嘴边的总是"资本"一词。"资本"概念又从一般生产区域扩展开，期望产出大于投入的投入都被视为资本。比如，政治上的投入积淀也被喻为政治资本。

不过，狭义上的资本还是限于经济领域，正如曼昆定义的，经济学的资本是人们使用的一套工具，投资是创造新资本。现代社会的机器、厂房、高炉、桥梁、铁路、卡车、计算机、铁锤等，还有机器运转所需的燃料、润滑油、保养物品等，都是为生产其他的物品而生产的，实质都是生产工具，都是生产性消费品，是为了获得更多的生活性消费品，和原始人制造的弓箭是为了获得更多的猎物一样。与弓箭不同的是，现在的工具种类越来越多、越来越复杂、越来越高级、越来越先进、越来越贵重、越来越系统化，当然，效用也越来越大。

在很多时候，资本的意义范围很广，分类也多，各类资本的含义存在交叉和重叠，所以，资本与工具的差别不小。不过，仅在经济学上，作为生产要素的资本，是广义的工具，不妨命名为作用资本，或称工具资本。作用资本的作用，说白了，就是减轻和替代一部分劳动，还能做一些人直接劳动做不到的事，即延伸人们的劳动。

资本的形式是多样的，且是动态的，在不停地转换形式。有固定资本和流动资本、不变资本和可变资本、货币资本和物质资本、生息资本和生产资本、商业资本和工业资本、金融资本和产业资本、现实资本和虚拟资本等。无论形式和名称如何变化，资本的实质都不变，它是创造财富的工具。

2. 知识和技术是附在劳动和工具上的作用要素

面包房的生产，厨房和设备等资本是要素，面包工人的劳动是要素，还有一项关键要素——做面包的知识和技术，这项知识和技术较为普及，一旦掌握就不再有边际成本，容易被人们忽视，却是不可或缺的，也属于作用要素。

知识就是力量，培根的这句名言在生产上也一样适用，知识越来越重要，作用越来越显著，知识常被比喻成知识工具。知识力来自学习和应用已有的知识，也来自创新和总结。许多知识和技术掌握在人的手里，我们往往把这个要素归结到劳动要素上。此外，知识和技术也凝结在工具上，所有工具都是技术和知识的结晶。除了书本之外，现在知识有了许多新的载体，如电子媒介、光盘等，依托载体知识成为资源和产品，有了更多的传播方式和更广的应用范围。知识资源、知识产品、凝聚知识的先进工具以及掌握知识的人，一起构成知识资本，或称知识资产。

知识资产必须有一定的先进性和保密性，能够形成比较优势。在生产中，我们可以直接看到机器和人，即资本和劳动是直观的，看不到知识和技术，其实看到的机器和人同时也就代表着一定的知识和技术水平，知识或表现在工具上，或表现为劳动本身，知识资本也属于作用要素。

知识资本与作用资本是相交的关系，两者的交集是先进的工具，它们都属于作用要素（见图 4 - 2）。

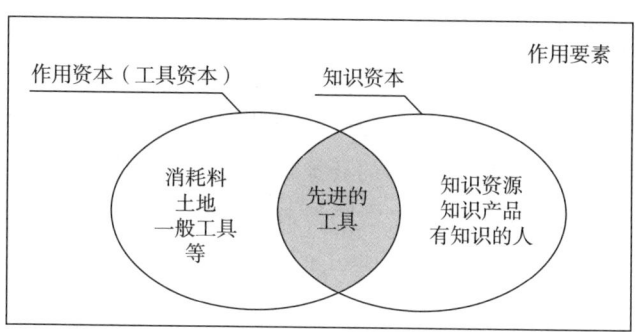

图 4 - 2　各作用要素的范围和相互关系

三　生产要素协作产生新的增加值

每项分工都是人力要素与其他要素的协同组合，各要素在协同中组合、在组合中协同，分工协作换句话说就是要素组合。要素组合不是各要素的简单叠加，而是格式塔现象——整体不等于部分之和，产品的价值不等于各生产要素的价值之和。

只有最原始的生产方式仅仅是人力和自然这两种要素的结合，绝大多数分工其实都是人力要素（劳动）和结合要素进行再结合，而且结合要素不止一种。产品是各要素组合的结果，又会成为下游产品的要素。前人创造的价值往往成为后人再创造价值的要素，如此，自然要素和人力要素经过分工呈现为一个个的单元，逐步地、交叉地组合到产品价值中，产品的价值究其根本仍然是自然要素和人力要素的结合。

鲁滨孙一人在孤岛上，如果没有船上留下的枪、火柴、小刀等东西，他就没有能力马上获得食物而生存下来。这些东西是别人的劳动成果，它们成为鲁滨孙在荒岛上进行生产活动的要素，鲁滨孙的劳动和其他要素的协同才能让他生存下来。

> 任何生产手段，不管它多么有效率，也不能单靠自己的力量产生出收益来；它总是需要别的生产手段的帮助。而且生产技术愈发展，参加合作的生产手段也就愈多。往往就是最简单的产品，也需要最复杂的生产方法，因为这些产品的生产比任何别的产品都更宜于使用机器，因而更宜于大规模生产。①

社会分工源于生产过程，分工就是我们的生产劳动走向专业化的过程，分工随着产品交换的发展而愈发细致，也越来越专业化。资本品的专业性对应的是分工的需要，资本品的互补性对应的是协作的需要。分工形成了大小不同的经济体，经济体的开放性就是经济体之间的交换关系，这就是经济体之间的协作。所谓开放经济其实就是社会化大生产和广泛的社会消费。各项分工都是社会化大生产中的一分子，分工与协作一同发展，社会分工越细，生产社会化程度越高，协作越紧密、越重要、越广泛。

生产要素协作，一方面各要素本身具有各自的价值，另一方面各要素结合后形成的价值大于原来各要素的价值之和，即会产生新的增加值，这个增加值就是一加一大于二的那部分，我们不妨称之为协作升值。

有人会说这个增加值是劳动创造的，应归于劳动这个要素的价值。然而，同样的劳动者、劳动时间、劳动强度，甚至在劳动对象都相同的情况下，其他要素（如机器、管理等）不同产值也会大不相同。除去各要素转移过来的价值，一种生产情况的增加值是1，另一种的增加值是100，多出来的99我们称为升值，若依照等量劳动等于等量价值的话，那么升值应归于哪个要素呢？我们说话，所有的话都必须通过嘴说出来，但大脑的思维、双肺的呼吸、声带的震动……都是说话的必要因素，正如说话不能仅仅归功于嘴，这个升值是劳动创造的，也不能只归于劳动这一个要素，应归于参与协作的所有要素。

---

① 〔奥地利〕弗里德里希·冯·维塞尔：《自然价值》，陈国庆译，商务印书馆，1982，第117~118页。

第二节 协作简析

一 协作分类

我们根据各分工或要素的时间、位置、范围、结合关系等特征对协作进行分类，以便更清楚地了解协作。

（一）先后协作和同步协作

分工可以区分为纵向分工和横向分工两种情况，或称垂直分工和水平分工。纵向分工，各分工有先后顺序，依次进行。

一个工人的劳动结果，成了另一个工人劳动的起点。[①]

横向分工，各分工可同时进行，保持一定比例的进度。纵向分工对应先后协作，横向分工对应同步协作。在实际生产中，都是既有先后协作，也有同步协作。

流水线作业是比较典型的先后协作和同步协作的结合，各工序既有一定的先后顺序，也保持一定的时差一起进行。汽车零件可以在不同的分厂同时生产，但要保持一定的比例，比如生产一个车架的同时生产四个轮毂，否则便会造成多余库存，这是同步协作。汽车总装配过程十分复杂，在总装车间分总成装配和主装配等工艺过程，必须严格按预定的流程顺序来，这是先后协作。有时候同步协作是粗略的同步，时间误差较大，有时候，要求精确同步，时间以秒为单位来计算。

后人利用前人创造的技术和知识，进行生产和再创新，这就是一种先后协作关系。

（二）有组织协作和无组织协作

进行有组织、有计划的分工，必然也进行有组织、有计划的协作。最早的协作组织方式是家庭协作，当时的生产和生活都是以家庭为单位的，

---

① 〔德〕马克思:《资本论》第 1 卷，人民出版社，1975，第 383 页。

后来范围扩大了一些，形成了氏族范围内的分工和协作。比如一个部落，女人负责采桑和育儿，男人负责出去狩猎和维护氏族的安全，防止被外族侵犯。

没有人来专门组织，也没有计划，有意识或无意识也能形成协作。自由交换就实现了无组织协作。一个人弓箭做得好，他的兄弟或朋友用他做的弓箭打的猎物比以前多了，原来每天只能打到1只兔子，现在能打到5只兔子，于是将打的猎物回赠一些给他，以后找他做弓箭的人越来越多，他得到的猎物也越来越多，他用不着自己去冒险打猎了，猎人回馈给他的猎物足以消受，他成为职业做弓人，与猎人们通过自由交换实现了互惠，这就是无组织协作。

最早的城镇的出现有许多是无组织协作的结果。路口是来往行人较多之处，开始有一个人到某个路口卖水给路人，后来有人在此路口卖干粮，后来又有人在路口卖雨具……摆摊叫卖的愈来愈多，来专门买东西的人也越来越多，这就形成了市场。下一阶段就有人建起房子来做生意，房子多了，街道多了，就形成了集镇，就是城市的雏形。集镇的形成给人们带来了便利，也带来了新的问题，比如街道整修、污水排放、防火防盗等，于是人们组织专人来管理和维护，便从无组织协作过渡到有组织协作，加快了城镇的发展。城市形成就是价值的创造和升值过程，城市本身就蕴含巨量的价值，人们用城市来比喻巨大的财富——价值连城。

一个人的行为往往会对身边的人产生引导或暗示作用，企业行为的作用会更大些，很多时候，无组织协作其实就是这种作用的体现。店多成市，就是如此。在城市里，常有这样的情况，在某一条街集中了许多经营服装的，在另外一条街，大部分店铺是修车的；在城南主要是做家纺的，在城北多为经营电器的。而且这并不是政府有意规划的，是先有一家开店，其他家逐渐跟过来开在附近，就形成了特色市场，有需求的顾客不必满城寻觅，可直奔相应的街区，减少顾客的时间成本，来这些街区的顾客多了，大家的生意都好做些，这些街区上店面的使用价值就提高了，于是房租或房价随之升高，即不动产升值了。早先店铺的房主不需要增加投入，店面的价值就提升了，这种升值是实实在在的，并非泡沫，这就是无组织协作升值，每个店都是要素之一。

利用与被利用、互为利用其实就是一种协作，"利用"和"被利用"

都是中性词，无须贬义化。有组织协作就是有目的地利用一切可利用的因素。建筑工地雇用健壮的工人，是为了利用工人的体力；科研企业雇用技术人才，是为了利用他们的智力。一个人不能被利用，则可能是无价值的人，至少是价值没有表现出来的人。利用人必须让被利用之人适当获利，这样才是用人，让被利用之人获利少或获害，则是害人，并导致"利用"和"被利用"的字义被贬义化。

工业化企业组织生产属于有组织协作，不同企业组织的效果有所不同，直接反映在产能上。商业交换本身也是协作关系。产品交换最初是随机的、简单的，是无组织协作，随着人类社会的发展，人们逐步认识到商业的巨大作用，有人专门从事贸易工作，还开辟专门的场地用于交换，政府也大力提倡贸易，商业逐渐成为有组织协作。

（三）接触协作和非接触协作

在产品生产过程中，传统的分工是在近距离、小范围内进行的，大家在同一个地方工作，可直接沟通，彼此有接触，这种情况下协作是接触协作。随着生产社会化的发展，要素贡献者互不认识、互不接触，仍然实现了协作，形成非接触协作。尤其是金融业、物流业的发展，打破了空间和时间的限制，非接触协作越来越多。中国圆珠笔的年产量高达 380 亿支，全球第一，不过笔尖珠芯 90% 靠进口，也就是说生产一支笔，各分工最远要相隔千里之外。非接触不是完全没有联系，而是没有直接接触，是通过其他载体形成间接接触。

李嘉图认为劳动有两种形式，一种是直接劳动，直接投在商品上的劳动；一种是间接劳动，协助直接劳动的器具、工具与原料等所包含的劳动，并认为积累的间接劳动就是资本。这里做进一步说明，管理、财务等工作也是间接劳动，间接劳动也参与了协作，其中许多是非接触协作。

股票的发行，就是非接触协作的形式。美国伊利运河的建设资金不是当时政府或哪个财团能掏出来的，必须集中大家的财富力量，通过股票发行，为开挖运河募集了庞大的资金，每一个购买股票的人都为开挖运河提供了一点贡献，也凭此获得运河建成后的利益回报。购买股票的人并没有和运河的建设者、经营者有任何接触，只是在买股票时和股票发行公司有接触，这是一种大协作，各参与方中许多是在完全不接触的情况下实现的协作。

国防业从经济范畴上看也是非接触协作。原始部落，族人们共同生产，也共同防御外敌入侵，威胁来临时，妇女、儿童、老人就躲起来，成年男子在首领的带领下准备迎战，集体安全是大家共同努力保障的。随着社会的进步，国家得以形成和发展，有了专门的人来做国家的安全防御工作，这就是军队，其他国民是不是对集体安全的工作没有贡献呢？不是，其他国民从事生产，他们生产的价值有一部分通过政府分配给军人，这是税收的一项重要支出，大多数国民不需要戍边，老百姓不认识军人，军人也不认识绝大多数的老百姓，但国民都知道国防事业和生产事业是国人共同的事业。国防并非职业军人一方做了贡献，每个纳税人都为国防事业做出了贡献，国防是全民共同协作的事业。同时，国防军人和大多数老百姓一样，也为生产做出贡献，他们维护着和平和安全，这是生产必备的条件，军人与百姓之间的协作就是非接触协作，也是通过政府组织的有组织协作。

后人在学习前人知识的基础上思想认识有新的飞跃，是跨越时空的协作，也是非接触协作。有时候，一项科技要等几十年、几百年才有新突破，因为这项科技需要有天赋的人，而且，有天赋的人还得有接触和掌握前人知识的机会。所以教育很重要，应该广泛传播知识，将普及教育和精英教育相结合。

（四）狭义协作和广义协作

在生产过程中，有计划、有组织地进行分工和协作，并达到了协作的效果，这是狭义的协作。家庭、企业组织生产是狭义的协作。狭义协作中，多数是有合作意向形成的合作，是自觉的行为。狭义协作中，有的是在强制性要求下的分工和协作，这样的协作效果要差些。

在经济活动中，只要达到了协作效果，都可以看作协作，这就是广义协作。社会化的大生产就是广义上的协作。有时候各方没有合作意向，各自追求自己的利益，但达到了互利互惠、相互促进的实际效果，这也是协作，是不自觉的行为。市场竞争中有时也会形成相互促进，竞争与合作一般具有相反的意义，但竞争不等于破坏，竞争中也可以存在协作。

公共事业就是广义协作。国民教育、安全卫生、公共交通、水利灌溉，城市供水，污水处理等，以服务社会为主旨，不以营利为目的，为经济和社会发展提供必要的服务和保障。

二　协作的方式

（一）机械式协作

涂尔干在《社会分工论》中指出，早期社会通过压制性制裁的手段，达到机械式团结。我们根据这个定义引申出机械式协作，以表达对这位大师的尊敬。需要注意的是，涂尔干说的机械式团结适用于整个社会范畴，包括经济范畴，本书中的机械式协作仅仅适用于经济范畴，主要在生产过程中。机械式协作，是在一定的压制手段下实现的协作，大多数分工或要素的提供者被动地参与协作。

众多奴隶制造宫殿，工程浩大，分工细致，有序推进，是机械式协作，在皮鞭下实现的协作，除了挥舞皮鞭的人具有主动意愿，其他人都是被迫的。

人们现在基本是在自由、自愿的前提下工作，每个人处在不同的岗位，也同时是整体生产的一部分，必须遵守一定的制度，符合一定的要求，才能保证整体生产的一致性，这就属于机械式协作。

强扭的瓜不甜，完全的机械式协作短期有效率，长期效率不高，不稳定且不可持续，容易崩盘。协作必须有其他方式。

（二）交换式协作

人口的增长需要创造出更多的财富。分工协作有利于提高生产率，让人与人之间的依赖程度越来越强，人越来越离不开社会，人人都成为社会人。

> 社会和谐也像组织社会一样是从劳动分工中产生出来的。它就是每个人在对自身利益的追逐中自然而然地确立起来的协作。[1]
>
> 分工一经完全确立，一个人自己劳动的生产物，只能满足自己欲望的极小部分。他的大部分欲望，须用自己的剩余劳动生产物，交换自己所需要的别人劳动生产物的剩余部分来满足。于是，一切人都要依赖交换而生活，或者说，在一定程度上，一切人都成为商人，而社

---

[1] 〔法〕埃米尔·涂尔干：《社会分工论》，渠东译，生活·读书·新知三联书店，2000，第159页。

会本身，严格地说，也成为商业社会。[①]

商业社会就是大分工和大协作的社会，我们依赖交换也就是我们离不开相互协作。交换式协作就是通过交换实现的协作。以物换物就是早期的交换式协作，以币换物、以币换服务是以物换物的衍生和发展，买卖和雇佣就是交换式协作。分工产生了不同职业，不同职业通过交换形成广义上的协作。

> *商业经济产生了一个精巧的合作制度：企业管理人员指导赚钱的方法，技术专家计划生产方法，贷款者审查巨额贷款方案，政府保护公共利益，消费者决定该生产什么样的东西。*[②]

交换是分工，交换也是分配，交换更是协作，社会化大分工也是社会化大协作。产业链是通过交换形成的链条，产业链也是协作关系链条。交易要建立在自由公平的基础上，不等交换和机械式协作一样是不可持续的。

（三）奉献式协作

一个人自己劳动的生产物，有时候直接赠予或留给别人消费，并不求换回什么，只是为了帮助别人，为了大家。创造价值奉献给别人和社会，有助于经济体整体的发展，就是奉献式协作。最普遍、最古老、最长久的微观经济体——家庭，主要就是奉献式协作，父母既赡养老人又抚养子女，多贡献、少享用。

前人种树、后人乘凉。先人们创造了无数的知识和财富，后人受益，先人已去，不需回报，在后人与前人的先后协作中，前人所为往往是奉献式要素。公元前256年，秦国蜀郡太守李冰和他的儿子，吸取前人的治水经验，率领当地人民，主持修建了著名的都江堰水利工程。此工程2000多年来一直发挥着防洪灌溉的作用，至今灌区已达30余县市，面积近千万

---

① 〔英〕亚当·斯密：《国民财富的性质和原因的研究》上卷，郭大力、王亚南译，商务印书馆，1983，第20页。

② 〔美〕韦斯利·克莱尔·米切尔：《商业循环问题及其调整》，转引自卢大振主编《世界经济学名著导读手册》，中国城市出版社，2004，第200页。

亩。可以说，今天这些灌区产出的粮食价值是古人和现在人协作的结果，只是不需将古人的贡献列入生产成本。

公益活动，出钱、出人、出物来帮助他人或支持某项大家都受益的事情，这些奉献行为是社会化协作不可或缺的一部分。

（四）竞争式协作

> 分工引起产品价格的下降，因为通过分工，同一数额或更小数额的生产费用能够生产更大数量的产品。由于竞争的关系，生产者不久之后不得不降低价格以至等于所节省的全部生产费用。所以生产者所得的利益远小于消费者所得的利益。[1]

从整体上看，由于竞争，价格下降，生产者收益减少量等于消费者受益增加值。提高效率的生产者收益不变或增加，处于劣势的竞争对手的收益下降，不过，一般情况下产品的消费者人数始终大于生产者人数。因而，竞争会使少数人受损，多数人受益，对社会整体来说是有利的，这就形成了一种广义协作。

缺乏竞争，浪费可以被转移支付，资源得不到有效利用，浪费惊人。竞争具有倒逼效应，使相同或相近产品的价格趋同。浪费意味着利润减少，为了确保利润，生产方会减少浪费，资源的浪费得到遏制，对社会整体来说是有利的，这又形成了广义协作。

竞争对手的压力就像一根看不见的皮鞭，鞭策着企业提升产品的竞争力，生产方会努力提高产品的质量、提升产品的使用价值、提高产品的价值时差率 Nj，努力创造新的产品、新的价值。企业甚至以敌为师，互相学习对方的长处，形成相互促进、你追我赶的局面，竞争的同时也形成了协作。

足球比赛，没有竞争就不会那么精彩，不精彩的球赛就缺乏观赏性。水平不在一个档次的比赛，看了没什么意思，就是非物质化价值低，票价便宜。强队之间进行激烈对抗，双方携手方能为观众奉献一场精彩的比赛，给观众带来竞技美。体育产业的核心——体育竞技业是典型的竞争式协作。

---

[1] 〔法〕萨伊：《政治经济学概论——财富的生产、分配和消费》，陈福生、陈振骅译，商务印书馆，1963，第96页。

竞争要本着自愿、公平、诚实的原则，要提倡正当竞争，反对不正当竞争，否则就不是竞争式协作，而是竞争式破坏。

（五）综合式协作

实际上，所有生产中的分工协作，既有机械式协作，也有交换式协作；既有被动参与型协作，也有主动参加型协作；既有无私奉献的协作，也有逐利竞争中的协作；既有制度保障型协作，也有利益驱动型协作。这些我们称之为综合式协作。随着社会的发展，利益驱动型、主动参与型、交换式在协作中所占比例会越来越大，成为主流。

第三节　协作何以升值

一　分工效应与协作效应

仅仅靠分工不能提高生产力，分工不协作，一切等于零，分工且协作才能提高生产力。协作建立在分工的基础上，随着生产过程由简单向复杂方向发展，分工协作也由一般性分工协作发展到复杂性分工协作。

一般性分工协作，分工相对简单，为单层面协作。以亚当·斯密举的扣针为例：生产扣针的流程被分解成大约 18 种操作或工序，每个工人担任其中两三种操作任务，10 个人一天生产 48000 只扣针，也就是说，一个工人一天剪了 48000 下铁丝，另一个工人一天磨了 48000 只铁丝头……如果每个工人完成扣针所有的工序，一人一天只能做 20 只，10 人一天只能做 200 只。分工后，各工序的产能为原来的 240 倍，18 种工序都同步提高。一般性分工协作，产品总价值增长等于各个分工单元增长之和，分工的作用是显而易见的，虽然离不开协作，人们一般将产能提高归功于分工，谓之分工效应，也就是斯密定理。

复杂性分工协作，层层分工和协作，多层面交叉协作。复杂性分工协作是多个一般性分工协作的交叉组合。复杂性分工协作一样也可以分解为各个分工单元，每个单元可理解为一个要素，每个要素同样含有分工效应。不过，与一般性分工协作不同，复杂性分工协作产品的总价值往往大于各个要素价值之和，产出在除去劳动、资本、土地、技术等要素的投入及回报之后，仍有余值，这样的效果我们谓之协作升值，或协作效应、协同效应、协力升值、协作增值。在复杂性分工协作中，各要素的价值更具模糊性，计量更难。

> 协同效应原本为一种物理化学现象，又称增效作用，是指两种或两种以上的组分相加或调配在一起，所产生的作用大于各种组分单独应用时作用的总和……
>
> 1971年，德国物理学家赫尔曼·哈肯提出了协同的概念，1976年系统地论述了协同理论，并发表了《协同学导论》等著作……
>
> 20世纪60年代美国战略管理学家伊戈尔·安索夫（H. Igor Ansoff）将协同的理念引入企业管理领域，协同理论成为企业采取多元化战略的理论基础和重要依据。[1]

企业管理领域的协同理论主要是探讨中、小型经济体的内部协作，属于狭义协作。今天，我们还要加强对广义协作的认识和研究。

一个人的劳动量为 N，100个人的劳动量约等于 $100N$；一个人创造的价值是 M，然而，100个人共同创造的价值却不是 $100M$，可能是 $300M$、$1000M$、$10000M$，甚至更多，也可能是 $50M$、$10M$、$0M$，甚至是负的。分工后可能协作得好，也可能协作得不好。不好的我们称之为负协作效应。

实际上分工效应和协作效应难以清晰分辨，很多时候合起来称分工协作效应更合适，之所以区分是因为有很多人和部门的主要职责就是协作，区分是为了更清楚地了解他们劳动的价值，提高价值分配的科学性和公平性。

二 协作升值的实质

（一）协作进一步缩短生产时间、降低劳动强度

斯密在总结分工效应时指出：分工减少了时间损失，分工会让每个劳动者的动作越来越熟练，平均每个产品的生产时间减少，产量提高。在生产中往往有许多非有效劳动时间，比如更换工作必然有转移注意力的时间，更换工作地点、工作姿势、工作工具占用的时间，分工可以避免这

---

[1] 《协同效应》，百度百科，http://baike.baidu.com/item/协同效应/1112361，最后访问日期2018年8月18日。

些，提高劳动中的有效时间占比。总之，分工缩短了生产时间 $\overline{Tp}$ ，使生产价值的速度快于消费价值的速度，推动财富增长。

分工可以缩短生产时间，协作则进一步缩短生产时间，并保持效用不降甚至提高。马克思举了个接力搬砖的例子：

> 例如瓦匠站成一排，把砖从脚手架的下面传到上面，虽然每个人都做同一件事情，但是这些单个操作构成一个总操作的连续部分，成为每块砖在劳动过程中必须通过的各个特殊阶段。因此，总体劳动者例如用24只手传砖，比单个劳动者每人都用两只手搬着砖上下脚手架要快。劳动对象在比较短的时间内通过同样的空间。①

众人协作传递砖，与每人双手搬砖上下相比，几乎省去了腿的动作，后者不仅辛苦而且耗时。接力搬运货物的方式至今仍常被采用，尤其在救灾物资运送中（见图4-3）。

图4-3 解放军从陆航米-171直升机上卸下物资

资料来源：《军报称大无畏精神在中国军人心中依然坚如磐石》，新华网，http://news. xinhuanet. com/mil/2008-05/28/content_ 8267335. htm，最后访问日期：2016年1月7日。

---

① 〔德〕马克思：《资本论》第1卷，人民出版社，1975，第363页。

协作改变工作方式,有时候生产时间不变或长些,但降低了劳动强度,减少了劳动量的消耗,也有助于升值。村里的男人在井上架个辘轳,转动井辘轳提水,与纯用臂力提一桶水上来,两者的时间是差不多的,前者可能时间还长些,但省力多了,臂力相对小些的妇女和少年也能自己打水了,家中的劳动力可以专心去伺候家里的田地。

可见,协作可以改变劳动的方式,许多工作或动作可以取消,改为省时省力的工作方式,进一步缩短生产时间,降低劳动强度。

(二) 协作减少了资源浪费

减少劳动量的消耗,就是减少人力资源的浪费,不仅如此,协作还减少了其他资源的耗费。镇上有间竹木坊和铁匠铺,相隔很近,竹木坊制售板凳、竹椅、箩筐、扁担等用具,铁匠铺制售镰刀、锄头、柴刀等农具。镰刀由木把和刀片两部分组成,铁匠把镰刀片打出来后再安装木把,会占用时间,一般在不忙时才安若干把。铺子里镰刀和镰刀片都卖,显然镰刀要比刀片更赚钱些。后来,铁匠把刀片交给竹木坊,等木工安好刀把后再取回来,但留下一部分镰刀作为回报。两家销售镰刀的价格都与以前一样。木工安的木把更细致和顺手些,而且充分利用短木等边角料,也比铁匠安得快。镰刀的质量有了提高,销量更多了。铁匠专打刀片,产量提高了,除去给木匠的镰刀,铁匠铺的收益更多了,竹木坊的边角料变废为宝,减少了浪费,同时也增加了收益。这就是协作带来的效益。

科技人员研究提高资源利用率的技术,以减少无谓的消耗,把不可避免的浪费变得可以避免,从而增加收益。冷藏汽车安装上 GPS 定位系统,物流监控中心对车辆和货物实时定位跟踪,并利用互联网将货主需求、货运代理及司机等各环节的信息有效、充分地结合起来,最大限度地调配车辆,空车率低于 10% ,单位货物运输成本大大降低,就是通过科技手段减少空车跑路中的浪费。

　　一方面,协作可以扩大劳动的空间范围,因此,某些劳动过程由于劳动对象空间上的联系就需要协作;例如排水、筑堤、灌溉、开凿运河、修筑道路、铺设铁路等等。另一方面,协作可以与生产规模相比相对地在空间上缩小生产领域。在劳动的作用范围扩大的同时劳动空间范围的这种缩小,会节约非生产费用,这种缩小是由劳动者的集结、不同劳动过程的靠拢和生产资料的积聚造成的。[①]

在土地资源越来越紧张、租金越来越贵的今天，劳动空间范围的缩小就是提高工作场地面积的使用率，减少空间资源的浪费。

（三）协作统一价值的方向，消减负价值

大雁每年都进行季节性迁徙，雁群总是结成"V"字形或"一"字形飞行，这样前雁能减少后雁的飞行阻力，当领头雁疲倦时会退到后面，另一只雁会来填补它的位置，这样可以比孤雁单飞提升70%的飞行能力。雁群团结协作，方向明确，目标一致，历经万里征程，终至目的地。我们在创造价值的过程中如同雁群，企业就是一个团队，企业的发展方向、经营目标、组织结构，好比雁群的飞行方向、目的地、队形，各成员心往一处想、劲往一处使，团结协作，共克险阻，企业才会有好效益，员工也才会有好收入。

上下同欲者胜，然而在企业内部，总会出于这种那种原因，上下级之间、部门之间、个人之间存在不同利益、不同出发点，造成相互掣肘、推诿拖延、责任模糊、资源浪费、重复劳动、效率低下等，甚至不同部门或人员努力的方向是完全相反的，形成正负值对冲，也就是所谓的内耗。这其实就是因为价值的方向性没有得到统一，企业有企业的价值取向、部门有部门的价值取向、个人有个人的价值取向，虽然他们主要的价值取向是相同的或平行的，但也存在相互矛盾的时候，需要分析原因、规避疏导，建立和健全规章制度，规范和监督执行，也就是避免和消除负值，这些是管理工作的重要内容，实质就是协作。

企业追求利润最大化与工人要求提高工资和待遇常常互相矛盾，劳方与资方的价值方向相反，矛盾激化的时候会造成停产，劳资双方都有损失、都承受负价值，劳资双方协商处理好劳资关系就是重要的协作，就是消减负价值。

（四）协作使创造的效用大大增加

孔子曰：术业有专攻。分工可以让劳动者在某一方面做到极致，甚至

---

① 〔德〕马克思：《资本论》第1卷，人民出版社，1975，第365页。

在某一领域达到顶峰。分工提高产品的质量，提高了产品的消费时间（使用寿命），自然就提高了产品的使用价值，进而提高了产品的价值。然而，仍有许多的事分工做不到，必须通过协作来完成，更为重要的是协作会创造出新的效用来，完成以前不能做到的事，甚至是想都不曾想到的事。

倘若 500 个人 5 年可以修 500 公里的铁路，1 个人是不是 5 年能修 1 公里铁路呢？别说 1 公里，1 米都不能，1 个人 1 根钢轨也搬不动。铁路建设可算得上超级工程，是高复杂性分工协作，铁路的价值创造中就蕴含着协作升值，资本、劳动、科技、管理、机器、能源、钢铁等要素必须充分协同组合才行。

产品会成为下游产品的要素，新效用、新产品、新技术可能起到意想不到的作用，添加了新的纵向分工和扩展了先后协作范围，要素的协同组合形成一定的放大效应，进一步提升上游产品的使用价值。

> 比如，"天地图"开通上线两年来，开发了上千个应用，产生了巨大的社会效益和经济效益。一家口香糖公司使用了这样的服务，利用地理信息掌握不同商店的缺货情况，进而优化物流配送的数量和运输路线，一年节省了将近一半的运输成本。[1]

口香糖公司对"天地图"的应用，扩展了"天地图"的效用。

巨型帆船的缆绳是由麻丝编成的，细细的麻丝先捻成线，再搓成细绳子，几根细绳再拧成粗绳，三股粗绳再拧成更粗的绳子……最后成为缆绳。银行也是如此，将分散的、闲置的、碎小的资金集中起来，最后组成庞大的基金，正是这个集聚作用，铁路、飞机、高速公路、摩天大厦、好莱坞巨片等都可以被生产出来。这些就是协作升值，把原来不可能的事情变成了现实，创造了人们可以消费的各种各样的效用，每一个参与贡献的要素自身的价值都得到了提升。

协作进一步缩短了劳动时间和生产时间；协作降低了劳动强度和对价值的浪费；协作规避价值方向冲突，减少了负价值；协作还提高了产品的

---

[1] 赵展慧：《李朋德委员表示，首次全国性全面地理信息国情普查明年完成　各种地理信息将装入一张图》，《人民日报》2013 年 3 月 4 日，第 6 版。

效用，延长了产品的消费时间；协作能生产出各分工生产不出来的产品，创造出以前不能创造的效用。协作升值的实质是：协作使创造价值的速度快于耗费价值的速度，协作使单位时间总体劳动获得物质和非物质财富的量大大增加，因此协作能升值，能进一步提高生产力水平。

三 分工形成比较优势，协作实现优势互补

（一）绝对优势和比较优势

古希腊思想家色诺芬指出，一旦分工劳动，每个人只从事他擅长的那一种工作，自然会做得更好，制作出来的产品也就会更加精美。也就是说，分工提高产品的质量，分工形成优势。除了在产品质量上形成优势，分工更重要的是能在生产成本上形成优势。

亚当·斯密提出了绝对优势理论：

> 分工既然可以极大地提高劳动生产率，那么每个人专门从事他最有优势的产品的生产，然后彼此交换，则对每个人都是有利的。即分工的原则是成本的绝对优势或绝对利益。他以家庭之间的分工为例说明了这个道理。他说，如果一件东西购买所花费用比在家内生产的少，就应该去购买而不要在家内生产，这是每一个精明的家长都知道的格言。裁缝不为自己做鞋子，鞋匠不为自己裁衣服，农场主既不打算自己做鞋子，也不打算缝衣服。他们都认识到，应当把他们的全部精力集中用于比邻人有利地位的职业，用自己的产品去交换其他物品，会比自己生产一切物品得到更多的利益。
>
> ……斯密由家庭推及国家，论证了国际分工和国际贸易的必要性。他认为，适用于一国内部不同个人或家庭之间的分工原则，也适用于各国之间。国际分工是各种形式分工中的最高阶段。他主张，如果外国的产品比自己国内生产的要便宜，那么最好是输出在本国有利的生产条件下生产的产品，去交换外国的产品，而不要自己去生产。他举例说，在苏格兰可以利用温室种植葡萄，并酿造出同国外一样好的葡萄酒，但要付出比国外高30倍的代价。他认为，如果真的这样做，显然是愚蠢的行为。每一个国家都有其适宜生产某些特定产品的绝对有利的生产条件，如果每一个国家都按照其绝对有利的生产条件

（即生产成本绝对低）去进行专业化生产，然后彼此进行交换，则对所有国家都是有利的，世界的财富也会因此而增加。①

然而，并非每个国家都存在具有绝对优势的产品，并且两个国家刚好都具有绝对优势的产品是对方所需的产品是极为偶然的情形，事实上，生产效率低的国家一样可以出口产品，只要具有相对优势就可获利。李嘉图进而提出了比较优势理论：

如果各国专门生产和出口其生产成本相对低的产品，就会从贸易中获益，或者反过来说，如果各国进口其生产成本相对高的产品，也将从贸易中得利。②

不妨以两个世纪以前的美国和欧洲为例，来解释国际贸易的基本原理……

在美国，生产 1 单位粮食需要 1 小时劳动，生产 1 单位服装需要 2 小时劳动；在欧洲，生产粮食的成本是 3 小时劳动，生产服装的成本是 4 小时劳动。我们看到，美国在生产这两种商品上都拥有绝对优势，它生产两种商品的绝对生产效率都要比欧洲高。但是，美国在粮食生产上有相对优势，而欧洲在服装生产上有相对优势，因为美国的粮食相对便宜，而欧洲的服装相对便宜。

…………

为简明起见，假设每个工人买 1 单位服装和 1 单位粮食。贸易前这一商品组合要花去美国工人 3 小时的工资，花去欧洲工人 7 小时的工资。

……但在 2/3 的价格比率下，美国工人只需工作 1.5 个小时就能买到 1 单位的欧洲服装。于是在允许贸易后，这一商品组合只需花费一个美国工人 2.5 小时的工资——这表明美国工人的实际工资上升了 20%。

对于欧洲工人来说，在自由贸易的情况下，生产 1 单位服装仍需花去 4 小时的工时。但为取得 1 单位粮食，欧洲工人只需生产 2/3 单

---

① 《绝对优势理论》，百度百科，http://baike.baidu.com/view/277480.htm。

② 〔美〕保罗·萨缪尔森、威廉·诺德豪斯：《微观经济学》第 19 版，萧琛主译，人民邮电出版社，2012，第 310 页。

位的服装（这需要工作 2/3 × 4 个小时），然后按 2/3 单位服装换 1 单位美国粮食的比率进行贸易。于是为了取得这一消费组合，欧洲工人所需工作的小时数为 $4 + 2\frac{2}{3} = 6\frac{2}{3}$ 个小时，这表明实际工资相对于没有贸易的情形提高了大约 5%。[①]

这里简单引用绝对优势和比较优势的理论，大家可以从李嘉图和萨缪尔森等名家的著作中详细了解，在此需要补充一下：具有绝对优势和比较优势的产品基本是价值顺时差的，劳动生产率高一般也是价值顺时差大，价值顺时差越大优势越大。

（二）协作实现差异化互补、避免优势空余

拥有比较优势会增加收益，人们都倾向选择做自己最擅长的工作，尤其是能凭借自己的优势更赚钱时，于是一部分人只做某项工作，成为职业，并积累和创新了许多生产知识和专项技术。可见，分工能形成比较优势，比较优势又会推动分工继续发展，尤其是推动生产技术和科学知识的专业化发展。

不过，事物总是对立统一的，拥有优势的同时也必然存在劣势，需要通过各种协作方式，使优势和劣势实现互补。我们听到许多伟大企业家创造财富神话的故事，其实财富并不是企业家一人创造的，他们实际上是协作大师。企业家组建的是一个团队、创造的是一个"平台"，在这个平台上，各种人才各有各的优势，在不同岗位上发挥作用。有一技之长的人处在不合适的岗位上，所谓的优势就无法起作用，徒有优势，所以，最重要的人是善于用人的人，此人往往就是企业家。

各种协作方式中，最重要的方式是交换。分工后，我们只做一种或几种产品，但对其他的产品仍然是需要的，分工中的任何一员，相对来说都缺少其他产品，只有通过交换来弥补不足，因而，分工将依靠交换，分工也促进交换。不管是绝对优势还是比较优势，不交换，优势都将失去意义，成为优势空余。

[①] 〔美〕保罗·萨缪尔森、威廉·诺德豪斯：《微观经济学》第 19 版，萧琛主译，人民邮电出版社，2012，第 310~312 页。

阿拉伯地区的国家，气候干燥，沙漠化国土占比大，粮食产量十分有限，自给率低，为40%左右，这是绝对劣势；但地下石油资源丰富，占全世界探明储量的70%，这是绝对优势。用销售石油的收入来购买粮食，通过国际贸易与其他地区和国家进行协作，就实现了以优补劣。

既有依靠自然资源形成的优势，也有通过人为努力而形成的优势。有的国家拥有丰富的石油资源，但石油开采能力不强，有的国家掌握先进的石油开采、冶炼和分解技术，通过协作，优劣互补，大家都获得较好的收益。如今，在国际分工和国际贸易中，凭借科学技术上的优势获得的收益，常常超过依靠自然资源优势获得的收益。

四　交换式协作的重要性

（一）如果没有交换，我们将几乎没有剩余价值

1. 交换已成为剩余价值实现的条件

假设我劳动1天的收入是100元，是我劳动1天生产A产品的价值，可以换来我能消费1个月的B产品，同样你劳动1天生产B产品的价值可以换来你能消费1个月的我生产的A产品。也就是说我1天创造了29天的剩余价值，与我交换的你也是创造了29天的剩余价值。如果不交换，你生产的B产品我自己来生产的话，我3个月才能生产出来，或者根本生产不出来，而我需消费B产品1个月，就是说自己生产B产品根本满足不了自己的需求，更谈不上有剩余价值了。同样的，我生产的A产品你自己来生产的话，你也要3个月才能生产出来，也同样满足不了你自己的需求，也不存在剩余价值。

我们的生活还需要C产品、D产品、E产品……如果都是自己来生产，我就没有精力可以1天生产出A产品来了，你也没有能力可以1天生产出B产品来了，其他人也没有能力1天生产出C产品、D产品、E产品……

如果没有商品流通，没有等价交换，我们消费的产品都由自己来生产的话，我们每个人都没有能力满足自身的需求，温饱都成问题，几乎没有剩余价值，最多满足基本的生存要求，处在原始的、赤贫的状态，所谓的自给自足其实是在生活水平十分低的条件下的满足，自给并不能真正自足；剩余产品出现促进交换的产生，交换也促进剩余产品增多，交换又发展为剩余价值实现的必要条件。

前面我们解读了，剩余价值不是在 P…W…P 商品流通过程中产生的，而是在 W…P…W 商品生产过程中产生的，现在我们还要说，商品流通对剩余价值产生至关重要。

首先，只有商品流通起来，剩余价值才能真正实现，优势不会空余。对生产方来说，产品不是为了自己消费而是用于交换，当商品没有实现交换，只能算是准剩余价值，如果产品始终交换不出去，自己又消费不了，产品的价值随时间的推移而渐渐消失——浪费了。

其次，商品流通的过程，必然存在许多相关的服务性生产与消费，总的看没有新的剩余价值，但生产方有剩余价值。流通意味着商品从一个地方转移到另一个地方，需要包装、运输、装卸、信息传递等，是买方的消费需求衍生的间接需求，由卖方通过劳动实现，加价部分代表着劳动新创造的价值。对于卖方来说，这个新产出往往大于所需的生产性消费（即成本），有剩余价值（即利润）；对于买方来说，加价部分主要是非物质化价值，是交易成本，是衍生的消费。商品流通中，伴随着新生产，一部分人生产的价值同时被另一部分人消费了。

总之，没有交换，没有商品流通，就没有所谓的社会生产力，没有社会化大生产。经济体相对封闭往往相对贫困，原因就是缺少交换式协作；自然经济为主的地区相对落后，市场经济为主的地区相对发达，差别也源于交换式协作的比重。

二战后社会主义国家陆续建立，但后来其经济发展速度比不上资本主义国家，根本原因就是社会主义国家限制或否定市场经济，整个社会经济偏重于机械式协作，缺乏交换式协作，社会生产力的发展必然缓慢。中国自改革开放以来，立足本国国情，发展市场经济，保留有效的机械式协作，并充分发挥交换式协作的作用，经济发展的速度迅速领先于几乎所有的国家。

2. 人类发明交换的方式具有划时代的意义

人自然的劳动能力是十分有限的，无论是穷人、富人，男人、女人，老年人、年轻人，体力都是有限的，劳动时间是有限的，劳动强度是有限的，过多的体力劳动或者脑力劳动都会使人疲劳、生病，甚至死亡，因而个人的生产能力十分有限。借助工具，人们的生产能力能够提高。一部分人专门研究和制造生产工具，这就是分工；另一部分人换购生产工具并应用，生产力大大提高，这就是协作。通过交换进行分工协作，形成社会生产力，社会生产力水平越来越高。

今天的经济已经发展到非常高的水平，一天创造的财富超过几百年前一年所能创造的。[1]

社会生产力，就是全社会所有人生产能力的总和，但绝不是有 N 人口，就是一个人生产能力的 N 倍，实际情况往往远大于这个倍数，原因就是协作升值。

动物也有"创造价值"和"消费价值"的相对过程；动物也知道制作和使用工具，白兀鹫会用石头来敲碎鸵鸟蛋，黑猩猩在日常生活中各种工具有多达 19 种用途[2]；动物也知道给自己搭建居所，燕子会衔泥垒巢，河狸会筑坝蓄水形成水库，然后在水库边建住所，进口设在水库底部，通过地道连接；动物也知道分工协作，位于加拿大艾伯塔省北部伍德布法罗国家公园南端的河狸坝是世界上最长的河狸坝，总长达 850 米左右，是几个河狸家族联合打造的超级大坝[3]，狼群捕食"战术"中具有明确分工和团队协作；动物也会分配食物，母狮总要拖回猎物给自己的孩子。但动物不知道交换，动物的"生产关系"是完全自给自足，所以动物的"生产力"始终得不到发展，动物"创造价值"的时间比"消费价值"的时间长或相当，只能维持生存。

产品种类是否丰富也是衡量财富的一个主要维度，交换能使产品种类更加丰富。人均可消费品种类增多，说明生活水平、富裕程度提高。单一的产品再多，并不代表富强，在某国或某地区，有的单产品多的如同垃圾一样不值钱。

总之，个人的生产能力是有限的，人们的协作升值是无限的，社会生产力的发展是无限的。人类发明交换的方式，同发明人工取火一样具有划时代的意义。交换在经济中如此重要，以至有的学者认为经济学其实就是

---

[1] 〔美〕约瑟夫·E. 斯蒂格利茨：《经济学》，转引自卢大振主编《世界经济学名著导读手册》，中国城市出版社，2004，第 440 页。

[2] 《白兀鹫用石头敲碎鸟蛋 破解动物制造工具之谜》，《北京科技报》2005 年 9 月 28 日。

[3] 《河狸》，百度百科，http://baike.baidu.com/item/河狸/319763。

交换学。

（二）交换加速分工，有利于优势更优、普惠大众

分工形成比较优势或绝对优势，优势推动生产更专业化和分工更细，越来越多人专注某一方面、某一点的研究，他们的需求可以通过交换得到满足，这些人将没有顾虑，可以更加专注，取得更大进步，因而，交换也能促进分工。

比较优势意味着成本低了或质量提高了，成本低就可以把产品的价格降下来，对最终的消费者来说，获得等量效用所需的支付少了，反过来说，等量价值换得的效用高了；质量提高就是使用价值增长了，成本不变价格就可以不变，对消费者来说，也是等量价值换得的效用高了。于是，顾客会增多，销量会增加。拥有比较优势的生产者的创出并不会降低，甚至还会高些，也就是说利润率和利润都会增加，生产者更有积极性也更有能力加大投入，保持优势并争取更大的优势。

我们可以从钢铁大王安德鲁·卡耐基的以下这番无可非议的话中感受到等量价值换得的效用变化有多大：

> 从苏必利尔湖开采两磅铁石，并运到相距900英里的匹兹堡；开采一磅半煤，制成焦炭并运到匹兹堡；开采半磅石灰，运至匹兹堡；在弗吉尼亚开采少量锰矿，运至匹兹堡——这四磅原料制成一磅钢，对这磅钢，消费者只需支付一分钱。

（三）非物质化价值的收益必须通过交换

物质产品本身就是价值的载体，具有一定的价值保存功效，许多物质产品不仅含有物质化价值，也含有非物质化价值。

然而，有许多非物质化价值没有物质作为载体，它就是人类短暂的活动过程，无以保存，仅仅留存在记忆和印象中，生产完全是为了被人使用，生产的同时就是消费，必须通过换得货币或其他物件来体现价值，在服务行业十分普遍。出租车载客后，司机服务劳动创造的价值只能通过顾客付的车费体现出来，司机的收益也来源于此。艺术、体育行业，以前也同样没有物质作为载体，过去的民间说唱艺人，唱堂会能落顿饭吃和捎带些烟酒回去，这些代表他们的劳动报酬。如今科学技术的发展增加了对文艺、体育价值的保存方法，戏剧、话剧、球赛等可以通过唱片、碟片、胶片、硬盘等转变方式保存，大大推进了文化和体育事业的发展。演员、运动员等非物质价值创造者的收益，不仅来源于活动的收入，还来源于碟片等的销售收入。

（四）降低交易成本更加有助于财富增长

交换是协作，这个协作也常常有成本，即交易成本。交易成本是消费者真正的消费需求衍生出来的，就交易成本这部分的价值而言，价值产生多少就是消费者消费多少，生产量等于消费量，社会总财富没有变化。不过，交易成本降低意味着商品的价格会降低，消费者的等量价值同比能换来更多真正的效用，也就是财富能变多，交易量会进一步增长，这就会促进商品产量的增长，这些商品是价值顺时差的，财富会增长。

我们继续研究本书第三章第一节中银行家约瑟夫的例子。农场主偶尔赶着马车风尘仆仆地来到小镇，自己不用给自己付钱，如果雇别人来赶马车，就要付钱了，付的钱其实就是交易成本。农场主自己赶着马车一样也是交易成本，只不过没有去测算这个成本是多少，农场主多付一些钱给约瑟夫时就会去测算这个交易成本，可以肯定精明的约瑟夫加的价低于这个成本，由此，客户们愿意多付一些钱，因为降低了交易成本。农场主节省的是时间和体力的成本，这个成本可以投入自己的生产中，产量会增加，他们的财富会增长。

交易成本可能是时间上的成本，也可能是体力上的成本，还可能是机会上的成本，或者也可能就是资金，交易成本降低，生产者就可以把节省的成本投入自己有优势的生产中去，有优势的产品是价值顺时差的，能够创造出更多的财富。

五 负协作效应

（一）协作可带来升值、协作不成也会带来降值

将资本、原料、技术、劳动等各种要素组合在一起，取得产品的总价值小于各个要素价值之和，这就是负协作效应。简单地说，众人在一起干活还不如适当分开干产出多，就是负协作效应，即 1 + 1 < 2，或称非协作

降值、不协作降值。

形成负协作效应的原因有很多，其中之一是缺少一项重要的要素——科学管理。先进的生产设备有助于生产率的提高，但不等于生产率一定会提高，可能提得不够高，没有好的管理、好的协作机制，同样的生产线、同样数量的工人生产出来的产品质量和数量是不同的，企业的效益也会大相径庭。

形成负协作效应也有技术层面的原因。信息来源的广度、信息传递的速度、信息传播的范围，影响着生产协作的范围，超出一定的范围，造成管理决策的准确性、及时性大大降低，形成不了有效协作。生产具有批量性，批量取决于计划，计划根据信息制订，信息传递依靠通信技术，在电子通信技术没有普及的时候，组织全国大范围的调度和生产，信息明显滞后。名义上是有计划地生产，实际上生产计划具有极大的盲目性，一方面会造成极大的浪费，另一方面会造成短缺，这是中国计划经济时代屡见不鲜的事情。在当今互联网时代，信息传递有了质的飞跃，有些产品就可以做到全国范围的计划生产。

企业、合作社等出现亏损是负协作效应；有时候账目上不亏损，甚至盈利和取得进步，但相比其他方式则效率低、发展慢，也就是把机会成本算进来就是亏损的，这也是负协作效应。

苏联的集体农庄、中国的人民公社本来都是希望通过协作提高产量，但都没有形成长期有效的协作，许多区域反而产量下降，这就是负协作效应。人民公社初期，部分地区调动广大农民的力量建设农田水利基础设施，取得了良好的效果。然而，人民公社过分注重村民的价值共性需求，忽视价值个性需求，片面强调集体主义，依靠政治力量和其他力量实施机械式协作，时间一长出现了许多问题，最常见的是扯皮和偷懒。人民公社推行"工分制"，表面上遵循按劳分配原则，实际上对劳动价值的计量是十分粗糙和模糊的，大家对干多干少有着不同意见，为减少矛盾逐渐形成了平均主义，干多干少一个样，一些人逆向选择，出工不出力，偷懒相对受益，大家都失去了积极性，造成劳动力资源的浪费。

协作要通过实践来证明是否有效，没有效果或效果不够好的必须及时调整。中国已放弃或改良了人民公社制度，但偷懒的问题并不是人民公社独有的，在各个国家、各个企业、各个时期都存在。如何杜绝偷懒、提高工作的主动性、激发大家的创造力，催生出了激励经济学。

（二）规模经济和规模不经济

企业家一般通过扩大再生产来增加收益，而多数情况下，投入与收益的比例不改变。如果所有生产要素增加相同百分比引起产出增加同样的百分比①，这样的生产便具有规模报酬不变的特征，简单说就是 $1+1=2$。

但 1773 年前的一个租地农场主，就清晰地指出，合理分工和有效协作、扩大规模具有优越性，生产率会提高一倍，用今天的话说，就是能实现规模效应：

> 这时候（当同样数量的劳动者由一个租地农场主用在 300 英亩土地上，而不是有 10 个租地农场主各用在 30 英亩土地上的时候）也会因雇工的相对人数较多而具有优越性。除了有实际经验的人，是不容易认识到这种优越性的。人们自然会说：1:4 等于 3:12；但实际情况却并非如此，因为在收获时期和许多其他类似的紧急工作上，把许多劳动力结合在一起，工作就会做得更好更快。例如在收获工作上，2 个人赶车，2 人装车，2 人传送，2 人使耙，其余的人安排在禾堆上或谷仓内，他们一起干完的活要比同样多的人分成组分别在各个农场里所干完的活多一倍。②

规模效应的实质就是协作效应。

> 规模效应也称规模经济（Economics of Scale），是当企业的产量达到一定规模后，由于各生产要素的有机结合产生了 $1+1>2$ 的效应，平均成本呈现下降的趋势。③

反之，随着生产规模的扩大，平均成本呈现上升趋势就是规模不经

---

① 〔美〕N. 格里高利·曼昆：《宏观经济学》（第 7 版），卢远瞩译，中国人民大学出版社，2011，第 45 页。
② 转引自马克思《资本论》第 1 卷，人民出版社，1975，第 363 页注释。
③ 《规模经济》，百度百科，http://baike. baidu. com/view/1009. htm。

济，实质就是负协作效应。

简单来说，工业规模扩大 n 倍，效益并非增加到原来的 n 倍，可能是 $2n$ 倍、$5n$ 倍等，这是规模经济、协作效应；也可能是 $0.5n$ 倍、0 倍、亏损等，这是规模不经济、负协作效应。如何避免大企业病、规模不经济，形成规模效应、协作升值，关键在企业家。

1898 年，泰勒工作于伯斯利恒（Bethlehem）钢铁厂，当时该厂雇有铲手工人 400～600 名，每日于一长约 2 英里，宽约 1/4 英里之广场上，铲动各种不同之物料。这些铲手，不用工场所准备的铲子，很多人自己从家中带来铲子，铲煤时，每铲重仅 3.5 磅，而铲矿砂时每铲竟重达 38 磅。此种自备铲子的情形与每铲重量之差额，颇引起泰勒之好奇。他想：铲子的形状、大小和铲物工作量有没有关系？究以何种铲重为最经济最有效？什么样子的铲子，工人拿了既舒服又铲得多，铲得快？这些问题实应加以研讨。泰勒乃选优良铲手两名，分在场内不同地点作试验工作，同时用马表（Stop Watch）记录其时间，并分别用大小不同的铲子去铲比重不同之物料，并分别记录所用铲子之大小及式样和每铲重量，经多次试验后，发现每铲重量约为 21.5 磅时，可得最经济，最有效之结果，也就是工作者每日每人可铲最多物料。铲重物时用小铲，铲轻物时用大铲，但每铲重量均为 21.5 磅左右。泰氏得此结果后，于是设计各种尺寸大小不同的铲具，训练工人，并拟定奖工办法，凡工人能完成规定之工作时，可得日薪 60% 之奖金，否则派员授以正确工作方法，务使其亦可得同样奖金。经此改善后，原需 400～600 名工人才能完成之工作，采用新方法后，140 名工人即可完成。因之每吨所需铲费减少达 50%，而工人工资则增加 60%，除去因研究所需各项开支外，每年尚可节省 78,000 美元。如此不但使工厂的生产量大增，也使铲手工作效率提高，待遇增加，工作情绪也愉快多了。①

以上便是著名的"铁锹实验"，彰显了科学管理之力量，由此逐渐催

---

① 《IE 工程师》，百度百科，http://baike.baidu.com/view/411669.htm。

生出一门新的专业——IE 工程（工业工程，Industrial Engineering）。

  美国工业工程师学会（AIIE）对工业工程的定义是：工业工程是对人员、物料及设备等从事整个系统之设计改进及运用的一门科学。它利用数学、自然科学与社会科学的专门知识及技巧，并利用工程分析与设计的原理和方法，来规划、预测，并评估由此及其有关系统中所获得的效果。①

① 《IE 工程师》，百度百科，http://baike.baidu.com/view/411669.htm。

|第五章|
协作升值与分配

完善劳动、资本、技术、管理等要素按贡献参与分配的初次分配机制，加快健全以税收、社会保障、转移支付为主要手段的再分配调节机制。

——《中共十八大报告》

第一节　要素的贡献和要素的价格

一　要素的价格名义上等于要素的贡献

工具、设备、厂房、原料、技术、劳动、管理……这些生产要素往往并不属于同一所有者或供给者，企业的发起人或经营者将诸多生产要素组织起来，靠的是资本，方法就是交换，用货币来换取服务或产品，交换必然有价格，这就形成要素的价格。包括货币资本本身也可能是别人的，也可以交换，一定费用换得一段时间的使用权，使用费用就是利息。

要素价格是指生产要素的使用费用或要素的报酬。例如，土地的租金，劳动的工资，资本的利息，管理的利润等。[①]

---

① 《要素价格》，百度百科，http://baike.baidu.com/view/1256457.htm。

只有在市场经济中，企业成为经济社会的主要成员和中坚力量，生产要素才普遍有要素价格。非市场经济中，许多生产要素有贡献但没有价格。比如：奴隶社会的主要生产要素——奴隶的劳动，没有报酬，要素价格无从谈起；计划经济，土地、矿产等资源依靠行政指令分配，常常不列入生产成本，中国曾多次出现煤炭的价格如同河沙价的情况。

每个生产要素都是产品增加值形成的必要条件，因而参与协作的要素都对增加值有贡献，除非像鲁滨孙一样所有生产要素的所有者或供给者都是自己，否则，必须计量各要素贡献的大小，市场经济中要素的价格反映了要素的贡献，是凭贡献大小要素的供给者或所有者获得分配的份额（这句话常缩略为要素获得分配）。要素的价格名义上等于要素的贡献，简单来说，分配给你这么多，是因为你的贡献就是这么多。

警察的工作是保障社会治安，治安是生产的必要条件，否则今天有仓库被盗、明天有工人被打，生产则无从谈起。治安是广义的生产要素，治安属于公共服务，服务增加值一样计入 GDP，警察的创出就是分配给警察的收入，来源于企业上缴的税金，名义上等于警察的贡献。用公务人员的工资衡量其创造出来价值，方法并不准确，也颇受争议，但世界各国对公共服务的 GDP 都是如此统计，因为找不到更好的方法。

正因为要素的价格并不一定能准确对应要素的贡献，价格对应的仅是名义上要素的贡献，如此，掩盖了分配中的许多不公平，包括剥削。下面我们来分析要素的贡献。

二　要素贡献的集体性

通过协作提高了个人生产力，而且是创造了一种生产力，这种生产力本身必然是集体力。[1]

"协作提高了个人生产力"，就是前面我们分析的协作具有放大效应，可以提升参与贡献的要素自身的价值，也包含人力要素；"创造了一种生产力"，这种新生产力属于参与协作的所有人——这是马克思的初衷，我

---

① 〔德〕马克思：《资本论》第 1 卷，人民出版社，1975，第 362 页。

们现在可以引申为，这种创造出来的新生产力属于参与协作的所有要素，是集体的贡献，必然是集体力。并且，随着社会的发展，这个集体力的作用会越来越重要，产业增加值绝大部分是集体力作用的结果，个人生产力必须融入集体才能发挥出来。也就是说，协作升值是产品增加值的主要成因，是剩余价值（利润）的主要成因，生产力主要由集体力决定。资本不能单独成为生产力，劳动也不能单独成为生产力，土地（自然资源）也不能单独成为生产力，管理更不能单独成为生产力，它们集合在一起才成为生产力。我们将马克思的这句话引申为：协作提高了单个要素的贡献，而且创造了一种新贡献，这种贡献本身必然是集体贡献。

科学家认为，手和眼睛、大脑是人具有高度智慧的三大重要器官。以手为例：手的抓、握、捏、敲、弹等动作得益于五指和手掌的"分工和协作"，拇指、食指、中指、无名指、小指和手掌等"要素"单独能做的动作很少，它们必须结合在一起才成为人类最完美的工具——手。

三　要素贡献的模糊性和可比性

有经济学者绞尽脑汁想分清每个要素的独立贡献，找到一种决定工资、利息、利润是多少的公正且精确的方法，却往往事与愿违，所谓的方法并没有得到大家的公认。实际上价值具有模糊性，要素的贡献同样具有模糊性，要素的价格只要符合成交需要就可以了。

再来看看手，我们无法具体分清拇指的作用占多少，食指、中指、无名指、小指的作用占多少，但大拇指的作用是不可替代的，我们能分清大拇指的作用要比其他手指的作用大，各个手指的作用大小的排序能列出来，但具体哪个手指的作用占百分之多少是个较模糊的值。要素的贡献大小也是这么一回事，在一个分工协作的产业经济体中，每个要素的作用用百分比完全区分清楚是不可能的，而不同要素的重要性可以区分、可以排序，具有可比性。我们在分配的时候，每一个人、每一元资本、每一项技术等的服务价格有具体不同金额，占据产品增加值不同的比例，这些差异是模糊性和可比性的统一。

要素的贡献是分工效应和协作效应的结合，有的要素的贡献就是协作，不直接生产产品。拇指和食指捏起一个物件，在这个动作中，手掌是不接触物件的，但手掌的作用是不可或缺的，拇指和食指通过手掌协同完成动作。产品的生产也一样，产品由制造工人直接生产出来，企业中有很多人是不接触产品的，甚至都看不到产品，但他们对产品的生产一样起到不可或缺的作用，一样是产品的生产者。"铁锹试验"中设计和总结试验的人泰勒的贡献就是协同，企业的效益增加属于协作升值，他应该分得其中的一部分。

四 要素贡献的动态和静态特性

（一）生产要素具有流动性

生产要素的流动性可以从两种角度来看：一种是地理区域的变化，另一种是经济关系的变化。很多时候生产要素从两种角度看都变了。

资本是流动性最强的要素。资本的贡献主要就是将生产要素集中在一起并持续协同下去，资本循环就是保证生产的连续性，保证生产要素协同的连续性。"巧妇难为无米之炊"，企业的资金链一旦出现断裂，没钱买原料，即便有再多熟练工人，生产也会中止，企业濒临解体，资本循环如同血液循环，能确保企业的生命。

有人把土地列为唯一不能流动的要素，这是仅从地理角度出发得出的结论，从财产权角度看，从经济关系的角度看，土地也有流动性。土地不变，土地的主人可能在变、土地的使用者可能在变、土地的经营者可能在变、土地的收益者可能在变，一样都可以理解为土地要素在流动。土地在不同人手中的作用会不同，土地流动到更能发挥好土地效用的人手中更合适，土地要素流动的好处就在于有助于实现和提高生产要素的协作。土地流动受制度的影响，有的国家，或在一段时期内，土地是禁止交易的，包括所有权和使用权，只能经行政司法性手段变动，土地的效用难以得到较好发挥，容易造成土地的有效利用率低。

> 劳动的流动性就是劳动力的流动，是指劳动者在地区之间、产业之间、职业之间和岗位之间的变迁；有计划流动和市场流动两种形式。[①]

从不同角度还可以分为：小范围流动和大范围流动，主动流动和被动

---

① 《劳动力流动》，百度百科，http://baike.baidu.com/view/3715262.htm。

流动，低成本流动和高成本流动。

企业内部的人员岗位调整和变动就属于劳动力的小范围流动。国内劳务输出、国际劳务输出就是劳动力的大范围流动。水往低处流，人往高处走。劳动者申请换岗位，或跳槽或转行或到外地去谋职，多数是为了更高的收入，至少是预期收入高，属于主动流动。市场经济条件下，就业一直面临着竞争和变化，会出现周期性失业、结构性失业、技术性失业和摩擦性失业，劳动者不得不选择其他工作，包括收入低于以前的工作，属于被动流动。诸多因素使得劳动者换工作有阻力，如同移动物体必然有摩擦阻力，这个阻力就是流动成本，流动成本也成为流动壁垒，使劳动者在一定时期内趋于稳定。

不仅劳动力的流动有流动成本，其他生产要素流动也存在成本，这些成本有助于生产要素的稳定。

市场经济可以说是流动性经济，自给自足经济相对而言是非流动性经济。实际的经济是流动性和非流动性结合的经济，并以流动性为主。生产要素的自由流动，尤其是人才的流动，有利于资源的优化配置，是协作效应的必要条件之一。

要素的流动性对要素的价格有十分重要的意义，要素一般都是向价格高的方向流动，经市场博弈，最终要素的价格有统一的趋势，等量的要素贡献趋向等量的要素价格。等量资本趋同等量利润，等量土地趋同等量收益，等量劳动趋向等量薪酬，这些都需要通过流动性来实现。

（二）要素不变，贡献不同

要素不变，贡献不同的主要原因是协作效应在变。

1. 自然要素不变，贡献不同

河北省遵化市的刘各庄村，近些年来怪事不断，这里的村民争着抢着，都要承包石头多土壤少的山坡，而对山下既能水浇又平整的好地是不闻不问，这里面隐藏着什么样的玄机呢？

…………

就这片土壤稀少，石块裸露，连荆棘和野草都不好好长的山坡，每年每亩的承包费竟然要五百五十块钱，这价钱都能包下村里最好的水浇地了……村民们都抢着高价承包荒山，就是想靠种核桃，来发家致富。

而给了他们信心的，是一位叫麻庆福的核桃种植户……全国知名核桃专家——李保国，看过了麻庆福的核桃园，也是赞不绝口。这个果园，亩产五六百斤很普遍，是干果，这样效益就上去了，一斤卖二十块钱，一亩就是一万到一万二，很可观。现在全国平均亩产不到一百斤，这么一比更显示出遵化水平比较高。

…………

麻庆福种的新品种叫作"辽宁一号"，是我国农业科技工作者近些年的杰作。

…………

早实核桃因为怕涝，所以首先低洼地不能选；因为喜欢阳光，向阳的山坡最好，而刘各庄村偏偏什么都缺，就是不缺山坡，这么一来，闲置的荒山一下子变成了种早实核桃的优质资源。[①]

闲置的荒山，地租（承包费）飙升，是因为这块土地能够产生新的效益，是与农业科技、种植能手一起形成的协作升值，其中科技的贡献最大，土地的贡献提升最大，土地没变，土地的贡献在变，土地的价格在变。

不仅如此，水力发电、网箱养鱼、风力发电和太阳能发电等人工技术，河流、湖泊、风力和阳光等自然要素，在科技、资金和人力的协同下都能提升效用和贡献；同一块土地若在农业、商业、工业、房地产等不同应用领域，贡献差异也很大。

2. 结合要素不变，贡献不同

一种商品的生产可视为一项分工，这种商品又可能应用到多种其他商品的生产上，这种商品则成为下游产品的生产要素，对下游其他商品来说，这种商品的重要性是不同的，或者说此要素的贡献是不同的。比如，1度电，用在不同的生产中产生的效益不同，从成本的角度看电费没有差别，如果停电，损失不同，就能看出来差别了。

停电的影响有多大？对大多数人来说，可能只是造成一些不方便，但对一个乳品生产企业来说，却会损失十几万元。

---

① 节选自央视七套《科技苑·石头山坡种核桃》（2012年11月9日）解说词。

昨日，银桥乳业突然断电一小时，企业因此倒掉了31吨还未加工完的牛奶。

…………

生产线对液态奶从4℃逐步加工然后升温至137℃灭菌，达到无菌化，再降至20℃包装。"一旦停电，生产线的液态奶停滞，设备内的温度环境恢复到30℃至40℃，这是细菌最容易滋生、繁殖的温度环境。"①

电是结合要素，是商品，是具有非直观物质化价值的产品，是现代社会时时刻刻都需要的生活必需品和生产必需品。从电的应用中可以看出：要素相同，贡献不同，协作升值不同。

3. 要素不变，替代性、稀缺性变化，贡献在变

生产要素属于资源，相对于人类的需求来说，资源是有限的，有时甚至是稀缺的。稀缺性影响着人们对要素价值的认定，越是稀缺人们越觉得价值大。稀缺的要素同时缺乏替代性，就会成为产品生产过程中的关键性要素、控制性要素，效用突出，往往被视为贡献大、价值高，也就是要素的权益人获得的分配比例高。

我们知道价格变化会引起需求和供给的变化，同样，需求和供给的变化也会引起价格的变化。供需理论非三言两语能说清，供需比与价格的变化关系见图5-1。

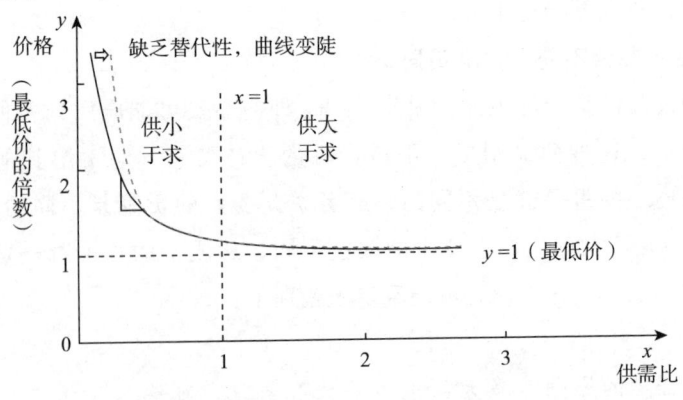

图 5-1 供需比与价格的变化关系

---

① 《银桥因停电一小时 31吨牛奶倒掉 网友支招废物利用》，华商网，http://news.hsw.cn/system/2011/11/25/051166833.shtml，最后访问日期：2016年1月9日。

纵坐标是价格，采用最低价格的倍数形式，低于最低价格 1 没有供给，越靠近 $y=1$ 线，越接近最低价。横坐标是供需比，等于 1，要素市场饱和；$x=1$ 线的左边是供小于求（供不应求），越小则越稀缺；右边是供大于求（供过于求），越大则越过剩。

一般来说，替代性增加，一部分需求会转向替代品，需求量减少，供需比增大，价格降低，替代性大可以抑制价格增长。缺乏替代性的要素，人们对稀缺性的敏感度随供需比的减小会越来越强，要素价格变化百分比会大于供需比的变化百分比，曲线的斜率（$\triangle y / \triangle x$）变大，向右弯曲变陡。

缺乏替代性的要素容易被人为控制，形成相对稀缺，价格飙升。比如，核心技术无法替代，价值高，CPU 芯片是电脑产品的核心部件、关键要素，为了利润最大化，最新研发出来的、运算速度更快的 CPU 芯片，从来就不会被厂商大批投放到市场，只会少量供应，供应量最多的芯片往往是前两年的新产品。

人为造成稀缺到一定程度就是卖方垄断，卖方谋取暴利，获得的分配比例高，是名义的贡献大，并非真正的贡献大，相反，是减少对社会进步的贡献，如今，反垄断已成为共识。

（三）要素贡献具有相对稳定时态

在我们的生产过程中，生产要素在变，贡献也在变，要素贡献呈动态特性，但在一段时间内，也存在生产要素的组合关系不变、贡献相对稳定的情况，这就是要素贡献的静态特性。

在一段时间内，有一定数额的资金是某个项目的专项资金，在这项生产上进行资本循环，就是资本的静态特性。资本循环围绕着一个企业或项目，相对于资本转移到别的企业或产业，是静态的，好比水只在一个水池内打转，没有外流。

自然资源的静态特性更为明显，土地的所有权、使用权，矿产的开采权等往往长时间不变。

技术可以像商品一样转让、交易，虽然随着科技的发展，一部分技术会逐渐被新的技术淘汰，不过，有的技术的半衰期较长，相对产品的生产周期来说，技术的贡献是稳定的。现代社会，技术保护的意识越来越强，核心技术不流动，核心技术的作用更具长效性。

每个企业虽然都经常遇到人员的流动，但一般情况下，企业的大部分人员可以保持较长时间的稳定，尤其是主要岗位的人员不会经常变动。一些劳动密集型企业，劳动人员的流动性大，流出大、流进也大，劳动力总量变化不大。这些都属于劳动要素相对稳定时态。

生产要素相对稳定，要素的集体贡献就可以保持稳定，协作效应就可以持续生成。我们评估要素的贡献，会对应时间，并主要依据要素相对稳定时的数据。

五　要素的价格既有黏性，也有预测性

要素的价格不像一般商品，可以随时调价，甚至一天一个价，要素的价格往往通过合同约定，贷款合同、雇佣合同、技术转让合同、土地租赁合同等都是有期限的，而且这个期限都不会很短。如此，即便要素的贡献发生了变化，要素的价格也不会马上改变，调整较为缓慢，即要素价格具有黏性。要素价格的变化，就是要素获得分配的份额发生变化，分配的合理有助于协作生产的组建和持续。

签订合同，确定要素的价格必然要先对要素的价值进行评估，这个评估就是预测将来要素的贡献会有多少。评估会考虑多方面因素，主要有产品的价格、要素的市场价格、生产率、要素的贡献率等，评估也存在准确不准确的问题。

第二节　用价值生产价值

一　受作用要素的价值转移到产值中，对增加值的贡献是零

前面说过，原材料消耗有两种情况：一种物质会转移到新产品上，如纺纱的棉花；另一种物质不会转移到新产品上，如机器的润滑油。从严格意义上说，前者才是原材料，我们称之为实际原材料，简称实原料或实材料，可分为主要实材料和辅助实材料；后者虽然在财务报表中也列为原材料，实际上与真正的材料还是有差别的，为便于区分，后者我们称之为消耗料或消耗品。简单来说，实际原材料是被加工成产品的，消耗料是起加工或间接加工作用的，本书后文都按这种方法区分。

受作用要素，基本是实际原材料，它的价值被认为等量转移到了新产品中，产值中包含实际原材料的价值，但增加值中不包含它。受作用要素对新产品的贡献就是自身的价值，实际原材料成本价格合计多少，对产品价值的贡献就是多少，一般具有规模收益不变的特性，产量改变的百分比等于实际原材料相应改变的百分比。比如做面包，面包要增大 1 倍，面粉也要增加 1 倍，若面粉没增加 1 倍，往往是偷工减料。

实际上，这个规模收益不变特性也并非一成不变，价值转移具有转移成本，实际原材料不会 100% 转移到新产品中，由于转移成本往往被转移支付，让我们有了实原料价值等量转移到新产品中的错觉。在其他生产要素的作用下，如科技进步、工艺改进、科学管理等，可避免浪费或不可避免浪费均会减少，原材料利用率会提高，规模收益增加，不过这个贡献要记在其他生产要素上，实际原材料的贡献不会变。

设 Q 为产出，km 为实际原材料用量，那么，产出与实际原材料用量函数关系可写作：

$$Q = A \cdot km$$

A 是常数，产出与实际原材料呈线性关系，A 代表斜率。

浪费减少，实际原材料利用率提高，A 则增加到 B，函数关系变为：

$$Q = B \cdot km$$

斜线变陡，如图 5 - 2 所示。

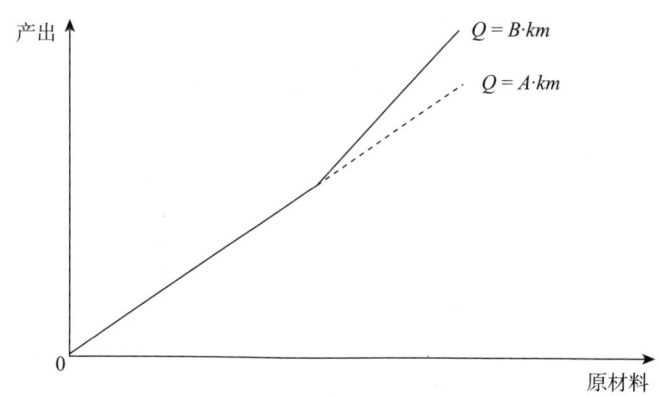

图 5 - 2　原材料消耗与产出的关系

产出减去转移等于创出，实际原材料是转移价值的一部分，实际原材料的利用率提高，每单位实际原材料对应的产出增加，意味着创出也会增加。

有人会说，实际原材料往往占据大额资金，是巨额资本，难道这些资本对增加值没有贡献吗？其实围绕这部分资本，必然有许多服务性劳动，巨额资金的利息就是对这些服务的报酬，利息表面上是资金的贡献，实际上还是作用要素——劳动的贡献。

二　对增加值的贡献皆归于劳动和工具

(一) 产值分解归类

产值由生产成本和利润组成。生产成本项目虽然很多很杂，但无非是人力、物力、财力，人力就是围绕生产的各种劳动，物力就是实际原材料、消耗料和固定资产折旧，财力是除转为人力、物力之外的费用，如税收、排污费、保险、利息、租金、专利费、技术转让费等。

围绕生产的劳动是多方面的，有直接的有间接的，各项一线作业是直接生产劳动，管理、研发、财务以及给员工提供后勤和医疗服务等，属于间接生产劳动。各种劳动也都是脑力劳动和体力劳动的结合，是知识和动作的结合，所以，人力可分为知识力和动作力。如今，知识力的比重越来越大，动作力的比重越来越小，有的小到几乎可以忽略。

消耗料（消耗品）可分为两种：一种是提供动力的，称能源消耗，如燃料、电等；另一种是耗材，如水、润滑油、冷却剂、办公耗材、医用耗材等。消耗料也可分为主要消耗料和次要消耗料，次要消耗料也称辅助消耗料。需要再次强调，物质不灭，消耗料的物质在生产中只是物理、化学或生物特性变化了，甚至还有核物理变化，原先有用的特性消耗没了。

固定资产包括机器、仪器、设备、车辆、厂房、办公楼、办公设备等，它们的折旧也是消耗，相对于前者，价值耗减速度比较缓慢和隐蔽，若称之为隐性消耗或慢消耗，那么前者可谓显性消耗或快消耗。

暂不考虑浪费，图5-3显示虚线以下，折旧、工资（含福利）、各项费用和利润都属于产品的增加值，即创出。

同样的物品，可能既是受作用要素，也是作用要素。比如，涂在产品上的油漆，这是辅助实材料；油漆涂在机器上，保养机器，是次要消耗料。酿酒，水是原材料之一，属于对象要素，生产过程中用水降温，水也是作用要素。

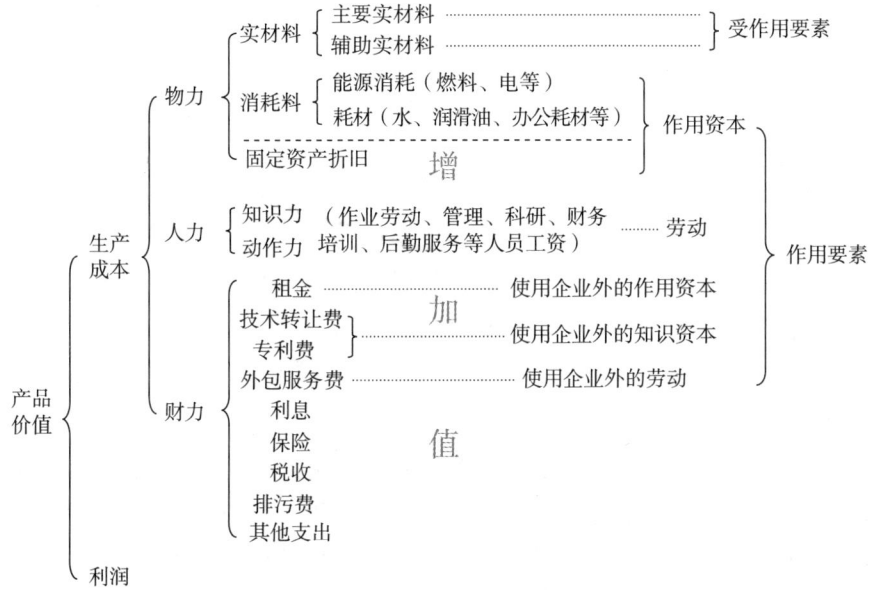

图 5 - 3　产品价值组成

租金，有土地租金、房屋租金、设备租金等，它们是使用企业外的作用资本的费用。

技术转让费和专利费是使用企业外的知识资本的费用，企业自身的知识资本呢？企业自己的知识资产融入生产要素的各个角落，在设备上、在员工（尤其是技术人员）上、在大家的协作过程中、在最后的产品中。如今，企业的产品呈多元化，不仅有物质化的产品，积累的信息、经验和技术等也可以汇成知识资源、形成知识产品。比如飞机制造公司，既卖飞机，也销售制造飞机的技术和专利。固定资产会折旧，同样，知识资产也会贬值。

知识资本可以分解到劳动和工具资本中，分工和协作实际上是劳动的方式，一些工具就是为便于沟通和协作而制作的，劳动离不开工具。所以，对增加值的贡献都归于作用要素——作用资本和劳动。

以上是以物质产品为例进行的产值分解，非物质化产品、服务业可能有些区别，但一样适用。

软件（计算机程序）是产品或商品，既没有物质的实际原材料，也没有物质产品，软盘、硬盘、光盘、网络硬盘等只是软件的载体，好比厨师烧的菜，软件是菜，软盘等是盛菜的盘子。软件生产会有物质消耗，如计算机折旧和电费等。软件也会有"实际原材料"，即基础程序或基础软件，它们一部分是免费复制的，或者属于沉没成本，纳入成本的基础软件价值等量转移到新产品中，软件产品的增加值源于作用资本和软件工程师的劳动。

有的服务业产出没有物质产品，也不存在物质的实际原材料，但生产会有物质消耗，如出租车服务，油料消耗和汽车折旧；有的服务业也会有物质的作用对象，如货物运输，货物是受作用要素，在生产过程中，物品本身不变，变化的是附加的增加值，受作用要素对增加值没有贡献。所以，服务业的产出也来自劳动和作用资本。

种植业、养殖业、畜牧业、采矿业等与工业生产也存在一些区别。种植、养殖、畜牧的受作用要素是生长物，增加值取决于生长物的生长；采矿业没有物质实材料，有物质消耗料和物质产品，采挖出来的产品是下游产品的实材料。这将涉及自然要素、自然资源，下面结合自然要素分析增加值来自哪些方面。

（二）自然要素、自然资源与增加值

产品的实材料、消耗料也是产品，它的价值也是由它的实材料价值、消耗料价值、增加值组成的。循着实材料的物质来源上溯，最初的实材料都来自自然；循着消耗料的物质来源上溯，最初的实材料也来自自然。最初实材料是各种植物、动物和矿物，还包括一些有用的微生物（主要是菌类生物）。种植业、养殖业、畜牧业等产业就利用了自然生产的植物类、动物类和菌类等产品。自然资源中，除了土地成为作用要素，阳光、空气、发酵菌、雨水、河流、湖泊等也可以成为作用要素。

对产品价值有贡献的自然要素原本没有价格，产品价格以劳动为主要参量，当自然资源稀缺时才有了价格，价格是解决资源分配问题的手段之一。以土地为例，曾经人口稀少，土地像空气和阳光一样可以充分供给。随着人口的增长，农业技术的进步，土地的重要性和稀缺性愈加明显，占领土地就是获得财富，围绕土地的归属，开始有矛盾和斗争，严重时成为战争。许多人是通过武力和血腥手段将土地据为己有的，少数人是依照先来后到的次序分配得到的。当人多地少的时候，地主可以通过出租或出让土地获得收益，土地开始有了价格。地多人少的时候，土地没有价格，如俄罗斯在远东地区的政策中有免费发给当地公民每人 1 公顷土地的计划。

土地之所以有价格，不仅是因为稀缺，还因为人性中有自私和贪婪的一面，如果空气和阳光像土地一样可以被控制，可以不让别人享用，那么空气也会有价格，阳光也会被买卖。可以被控制的自然要素被当作了资本，属于作用资本。阳光、空气、雨水等自然要素尽管对生长物起着重要作用，因为免费而不被列为作用资本。以生长物为作用对象的产业，生长物自身属于产品，肥料、除草剂、饵料、饲料、饲料添加剂、水等是生长物的消耗料，属于作用资本，增加值的贡献也都归于作用资本和劳动。

采矿业没有实材料，开采出的矿物就是产品，就有增加值。实际上，能直接摄取为产品的矿藏资源原本也没有价格，矿物开采的增加值仍然来源于作用资本和劳动的贡献。

采矿当初属于劳动密集型产业，开采工具简单、成本低、作用有限，矿产品价格也是以劳动为主要参量。当自然界的矿物资源被人或者组织（主要是政府）控制后，垄断了开采权，才有了价格，表现为矿山地租、资源税等形式。这个开采权成为采矿业的虚拟实材料，开采权的租金就是采矿企业的"实材料"成本。地租和资源税实际上是为了调整自然资源财富的分配。各种矿物的稀缺性和效用不同，价值相差很大。不同的矿物，政府收取不同的资源税，可以将自然财富让广大的国民享有，这是价值分配的方法，当然这还得看财政收入如何支出。

采矿劳动包括认识矿物资源的劳动、勘查矿物资源的劳动和开采矿物资源的劳动。其中认识矿物资源是一个漫长的过程，经过多少代人的实践和知识积累，形成先后协作，让今天的我们对矿物的认识愈加全面，矿物的价值也愈高。开采矿物的增加值，不仅有开采企业的作用资本和劳动的贡献，也有前人劳动的贡献。资源税在一定程度上也是前人与后人的协作升值部分，是后人享受前人的劳动成果。

与矿物资源一样，动植物资源、海洋资源等，因其可以直接获取，增加值也归于劳动和作用资本。自然资源越来越紧张，尤其是不可再生的资源，无论是免费还是收费的，我们都要珍惜。

自然资源的贡献就是提供了最初的实际原材料，在以后的生产过程中，自然资源物质可能作为实材料直至最后的生活消费品，也可能在某个生产环节成为消耗料。同一自然资源，作为实际原材料，经历不同的生产途径，附加上的增加值会不同，自然资源的贡献却不变，它的价值被一次次地等量转移到下游产品中，直至转到最终产品中；同一自然资源，作为消耗料，经历不同的生产途径，贡献也是不同的，价格也不尽相同，这也是自然资源的价格经常变化的一个原因。

一些自然要素或结合要素会成为作用资本，作用资本的作用就是减轻、替代和延伸人们的劳动。这个作用是有代价的，代价就是作用资本的价值在耗减，直至为零，所以要不断补充新的作用资本，这就是投资。投资实际来自前期生产的增加值，创造的增加值也会有一部分用于后期的生产，这是循环的。且劳动具有劳动价值，所以，我们的生产过程就是用价值生产价值，消耗一部分劳动价值和资本价值来生产出更多的价值，并循环往复。劳动更名为人力资本，我们的生产就是用资本生产资本；价值都用货币来替代，我们的生产就是用钱生钱。

三　作用要素与产出具有规模收益变化的特性

（一）劳动与产出的规模收益变化

1. 劳动的边际产出都是递减的吗？

人们常说，人多力量大，可以理解为劳动越多，产出越多。劳动离不开工具，若工具不变，产出的增加就存在变数。有经济学家指出，资本量不变，劳动的边际产出递减。

图 5 - 4 为生产函数曲线。它说明，当我们保持资本量不变而变动劳动量时，产出量的变动情况。表明，劳动的边际产量是生产函数的斜率。随着劳动量的增加，生产函数变得更加平坦，表明边际产量递减。[1]

资本量不变，劳动人员增加，意味着人均资本在变小，这必将导致边际产出变小。试想生产面包，当厨房里越来越拥挤，烤炉、烤盘、打蛋器、工作台等工具越来越不够用，工人的生产率能不下降吗？劳动的边际产量递减规律的实质是：人均拥有工具越来越少，工作效率越来越低。

但是，此曲线的开始阶段，值得商榷。一定量的资本，也可以理解为

---

① 〔美〕N. 格里高利·曼昆：《宏观经济学》（第 7 版），卢远瞩译，中国人民大学出版社，2011，第 48 ~ 49 页。

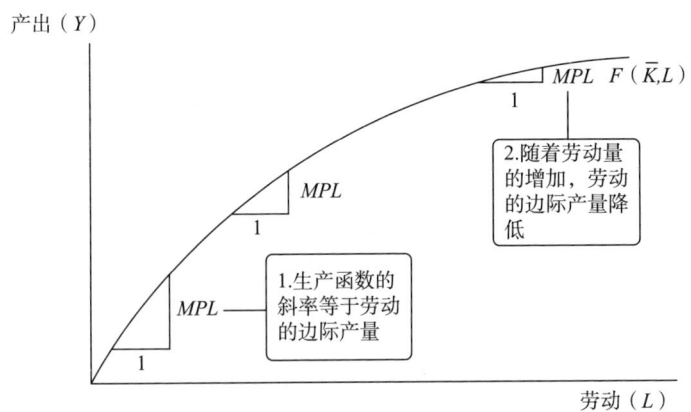

图 5 - 4　生产函数

一定数量和种类的工具，对第一个工人来说，他不可能同时使用所有工具，总有一些工具在闲置。当第二个工人进入后，可以与前一个工人错开时间使用同一工具，做不同工序的事，如此，总的效率提高，第二个人的边际产出会大于前面的边际产出。比如包饺子，一人用擀面杖和台板擀面皮，一人用刀、砧板和筷子做馅料，比单纯一个人的速度会快不止 2 倍。当第三个工人参加劳动后，边际产出依然可能递增……直至工具闲置低于一定水平，使用率高到一定水平，边际产出不再递增。在边际产出递增向递减变化的过程中，一定阶段，边际产出增加和减少都不明显，可视为不变，劳动与边际产出为规模收益不变的特性，即呈线性关系。结合起来，生产函数不是抛物线，而是斜置的 S 曲线，如图 5 - 5 所示。

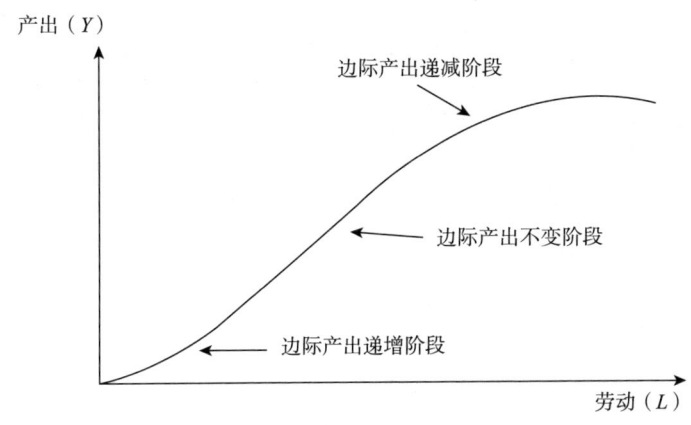

图 5 - 5　完整的生产函数

企业投产时，无论是资本量还是工人人数一般都不会从 0 点起步，常在边际产出不变或递减阶段，继续增加劳动，往往呈现出边际产出递减规律。简单生产，价值以劳动为主要参量，一般处在边际产出不变阶段，劳动与产出具有规模收益不变的特性。除此之外，劳动的边际产出还有其他特征。

劳动是人力要素，是唯一具有主观能动性的要素，其他都是被动性要素。不过，人的主观能动性有积极的一面，也有消极的一面。消极作用下，缺乏协作，人员增加的边际产出不是一般性减少，而是骤减，甚至为零。"一个和尚挑水喝，两个和尚抬水喝，三个和尚没水喝"，这句谚语简单形象地表述了这种情况，反衬出协作的重要性。非协作、不能有效协作的原因很多：可能是信息不畅、缺乏有效沟通；也可能是不知如何协作、协作不得要领；还可能是制度不合理、有人逆向选择；或者有些部门或个人之间存在摩擦性矛盾，甚至个别人阻遏和破坏协作，人力的作用方向相反……非协作降值常常是隐性的，不易测得，只有改变非协作因素，前后对比，才能测出以前的负效用的大小。

复杂生产往往由于存在协作升值，产出变化的百分比大于劳动变化的百分比，增加值有个额外增长量，即协作升值量；又由于存在非协作等原因，并非劳动越多产出越多，并非人多劳动多。生产过程中，既有协作升值，也有非协作降值。增加值的额外增长量应该是协作升值量减去非协作降值量。我们本可以做得更好，只因为总有非协作，让人常有遗憾。

2. 边际产出与边际创出

严格来说，物质产品的生产中，保持资本量不变而变动劳动量，是不可能的，因为生产原料必然变化。比如生产面包，劳动量增加，但面粉不增加，面包能增加吗？产出能增加吗？所谓保持资本量不变只能是保持劳动工具不变，所谓劳动的边际产出，只能是在保持劳动工具不变的情况下，每增加一个单位的劳动，产出增加多少。每增加一个单位的劳动，必然有一定的价值转移，我们称之为边际转移；同时会带来一定的增加值，我们称之为边际创出。所以：

劳动的边际产出 = 劳动的边际转移 + 劳动的边际创出

简写为：

$$边际产出 = 边际转移 + 边际创出 \qquad (5-1)$$

当边际转移足够小，相对于边际产出可以忽略时，资本量也视为不变，劳动的边际产出就是边际创出。传统的农业生产就是这种情况，转移到产出中的只有劳动工具的折旧，简单工具本身的价值就低，折旧更是微乎其微，一定的土地，每增加一个农民带来的边际产出就是边际创出，而且边际产出也会存在递增、不变、递减三个阶段。

实际原材料、消耗料、折旧都属于价值转移部分，常常与产出一样具有规模收益不变的特性，若产出增加1倍，转移也会增加1倍，那么，创出也会增加1倍。此时，劳动的边际产出与边际创出同步变化，边际产出递减，边际创出也会递减。

如果转移与产出呈现规模收益变化呢？比如，原材料利用率提高，就是边际转移减小，产品的销售价格短期不变，那么，边际产出不变，而边际创出变大。

许多服务业没有物质产品，表面上没有价值转移，实际上价值转移的同时被消费，产出中一样包含着价值转移。比如住宿服务业，旅客付的住宿费就是宾馆的产出，包含着水、电消耗和床、沙发、电视、空调、楼舍等的折旧，这些就是价值转移部分，随同服务产出一起被旅客消费。宾馆的基本设施不变，每增加一个服务人员对应的产出变化就是边际产出，也对应有一些变化的边际转移。尽管基本设施不变，但显性消耗和隐性消耗始终存在，严格上讲资本量不可能不变。基本设施不变，若边际转移很小则可以忽略，或者每月或每年的显性消耗和隐性消耗是一个比较固定的值，列为固定成本，那么，劳动的边际产出也就是边际创出。

宏观上讲，产出是创出之和，总产出就是总创出，由此，边际总产出就是边际总创出。

（二）作用资本与产出的规模收益变化特性

1. 消耗料用量与产出

传统面包作坊，一般情况下，面包要增加1倍，面粉也要增加1倍，燃料也要增加1倍。实际原材料与产出一般具有规模收益不变的特性，消耗料与产出也有此特性。不过，和劳动的边际产出类似，在一定阶段，或在一定条件下，消耗料与产出的规模收益也是变化的，会有边际产出递增的情况，也会有边际产出递减的情况。烤第一炉面包时，消耗的燃料是最多的，因为要启动炉火，炉膛的温度不够高，第二炉、第三炉的燃料消耗会逐渐减少，渐成一个稳定的值，烘烤每一炉面包的燃料消耗相同，也就是燃料的边际产出先递增，而后逐渐到不变。开车，车速达到一定程度，控制好油门，匀速行驶，油耗稳定，再加油门，增加的速度很小，持续加油门，速度增加更小，甚至几乎不增长，燃油的边际产出从不变到递减。

生产过程中，消耗料不断耗减的过程是显而易见的，保证产出不受影响，减少消耗料的消耗，就能增加收益，这是再简单不过的道理。所以，几乎在所有的产品生产过程中，人们都一直不遗余力地探求节省消耗的方法，并不断地取得成效。从长期看，消耗料的边际产出是递增的，边际创出也一样是递增的，从能源的利用率逐年提高就可以明白这一点。

设 y 为产出，kc 为消耗料用量，产出与消耗料用量长期的函数关系写作：

$$y = f(kc)$$

函数关系如图 5-6 所示。

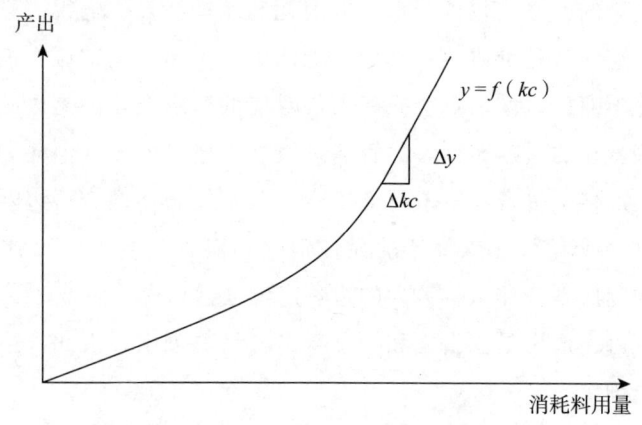

图 5-6　消耗料用量与产出的函数关系

在图 5-6 中，消耗料用量与产出呈曲线关系，后面比前面的斜率高，就是消耗料单位用量带来的产出变大，这是科技进步的体现。在一定区间内也近似呈线性关系，即消耗料与产出呈规模收益不变的特性，区间中 $y = f(kc)$ 的导数，即斜率是个常数。

2. 固定资产折旧与产出

企业的固定资产，小到铁锤，大到厂房，都属于广义的生产工具，固定资产的折旧可以换来产出增长、产品有增加值。那么，折旧与产出的函数关系如何？

为了便于运算，我们采用线性折旧法，折旧就是固定资产的已消费价值 Mt。

$$Mt = M \cdot \frac{t}{T} \Rightarrow t = T \cdot \frac{Mt}{M}$$，t 是生产时间，T 是固定资产的使用寿命，M 是固定资产的初价值。

设 y 为产出，v 为生产速度（单位时间的产出），则：

$$y = v \cdot t \Rightarrow y = v \cdot T \cdot \frac{Mt}{M} = \frac{v \cdot T}{M} \cdot Mt$$

如果生产是匀速的，那么 $\frac{v \cdot T}{M}$ 是常量，产出与折旧也是线性关系（见图 5 - 7）。

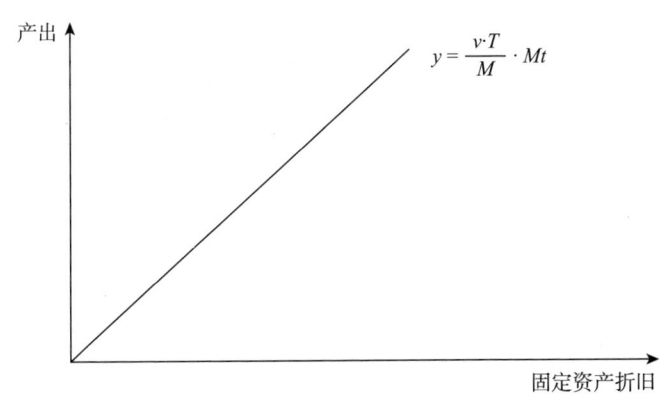

图 5 - 7 固定资产折旧与产出的函数关系之一

工具不用的时候价值也在自然耗减，停产的时候固定资产依然在折旧。在实际生产过程中，会有多种因素造成生产暂停，生产速度会下降，取平均生产速度 $\bar{v}$，则 $y = (\bar{v} \cdot \frac{T}{M}) \cdot Mt$，函数关系如图 5 - 8 所示。

固定资产折旧不同于原料和消耗料，它的价值转移到产出中不是那么明显，甚至看不出来或意识不到，对折旧的认识源于对利润的精算，究竟折旧多少一直是比较模糊的值，不确定的因素很多，几乎取决于人们的算法。比

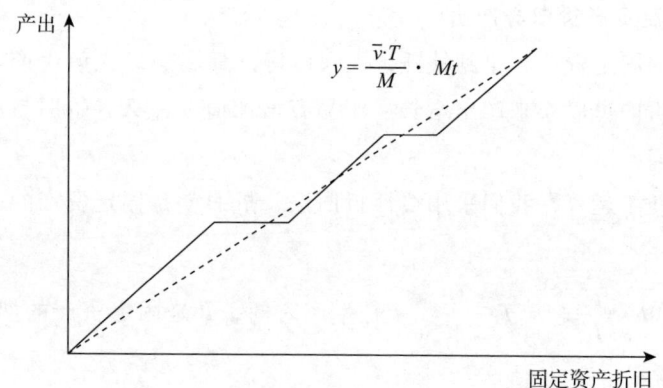

$$y = \frac{\bar{v} \cdot T}{M} \cdot Mt$$

图 5 – 8　固定资产折旧与产出的函数关系之二

说明：水平线代表生产暂停时，产出不变，折旧持续增大。

如，高效新机器的出现会一下子迫使老机器的价值锐减。这里，我们不探究折旧的边际产出或边际创出，因为这会是一个更加模糊和不确定的值。

企业的固定资产有很多种，不同种类的固定资产使用寿命是不同的，初始价值也不同，折旧也主要采取曲线折旧方法计算，折旧与产出的关系要更加复杂，我们可以化繁为简，做粗略推算。曲线折旧，随着时间的推移折旧的速度会变慢，如果每月的产量保持不变，即生产速度不变，那么产出增加相对于折旧增加的百分比会更大，折旧与产出会保持正相关性，函数关系如图 5 – 9 所示。

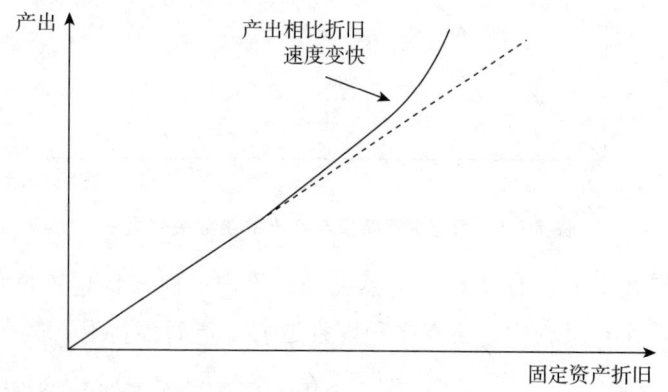

产出相比折旧
速度变快

图 5 – 9　固定资产折旧与产出的函数关系之三

无论是曲线折旧还是直线折旧，停产或者生产率过低，都不改变产出与折旧的正相关关系。

3. 人均资本量与产出

经济学家认为：

> 和劳动一样，资本也受到边际产量递减的支配。再次考虑面包店里的面包生产。厨房里最先安装的几个烤箱生产率很高。然而，如果面包店安装的烤箱越来越多，而劳动力保持不变，那么，最终，烤箱的数量将会超过雇员能有效率地操作的数量。因此，最后几个烤箱的边际产量比最初几个烤箱低。[①]

资本的边际产量递减规律的实质是：人均工具越来越多，员工们操作不过来，工具的闲置时间增加，使用效率会越来越低。

资本的边际产出递减规律同样有值得商榷之处。若劳动量不变，资本量的增加从 0 点开始，那么，开始阶段，资本的边际产量并不会递减，而是递增或不变。如果 5 个人去割麦子，只有 1 把镰刀，5 个人轮流用镰刀，产出基本上与 1 个人 1 把镰刀的产出相等。之后增加 1 把镰刀，第 2 把镰刀的边际产出是增大的。直至增加到 5 把镰刀，边际产出都递增，因为交换镰刀也是要耽误劳动时间的，每增加 1 把镰刀都节省了交换工具的时间。

劳动不变，资本与产出的关系依然可以分为边际产出递增、不变、递减三个阶段。事实上，企业投产时资本量的起点往往处在边际产出不变或递减阶段，若继续增加资本，大都会呈现出边际产出递减规律。

资本的边际产出递减规律和劳动的边际产出递减规律，可以综合为人均资本与人均产出的关系。人均资本量与人均产出的关系如图 5-10 所示。

如图 5-10 所示，人员不变，资本在变，也就是人均资本在变，是人均资本变化的一种情况，所以人均资本与产出的关系，同资本的边际产出曲线基本一致。人均资本量变化从边际产出不变到递减阶段，就是资本的边际产出递减规律。人均资本向原点移动，即人均资本变小，同资本不变、劳动增加的过程是一样的，人均资本量变化从边际产出不变到递增阶段，就是劳动的边际产出递减规律。

---

① 〔美〕N. 格里高利·曼昆：《宏观经济学》（第 7 版），卢远瞩译，中国人民大学出版社，2011，第 50 页。

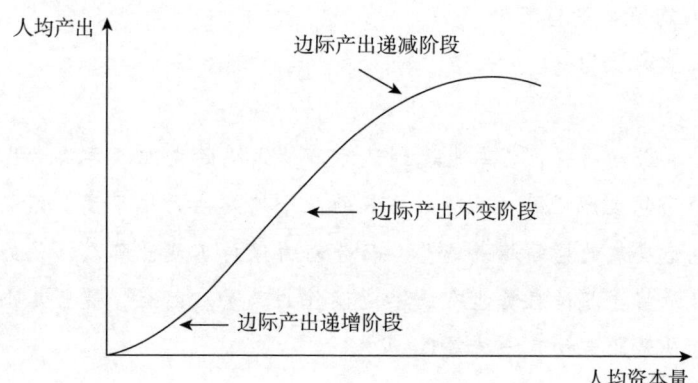

图 5 – 10　人均资本量与人均产出的关系之一

　　通过以上分析可知，工具能替代和扩展人们的劳动，但并不是工具越多越好，人均工具资本量越大，人均产出不一定越大。人员不变仅资本在变，或者资本不变仅人员在变，这样的情况都很少见，实际情况往往是人员在变，资本也在变，选用人均资本与人均产出来分析，有助于我们找到最合适的人员和工具的比例。

　　人均资本量增加到边际产出最小时，是不是就一定不要再增加资本了？也不是。有了创新工具，工作效率会提升，人均资本量增加，边际产出不仅不会递减，反而会显著增加。面包房起初用的是烤炉，产能到达最高，新增电烤箱后，工人不变，产量又能骤增，而且创出也骤增，因为能源消耗减少。在技术革新或新型设备投入后，边际产出又会依次递增、不变、递减……人均资本量与人均产出呈波浪线向上，如图 5 – 11 所示。

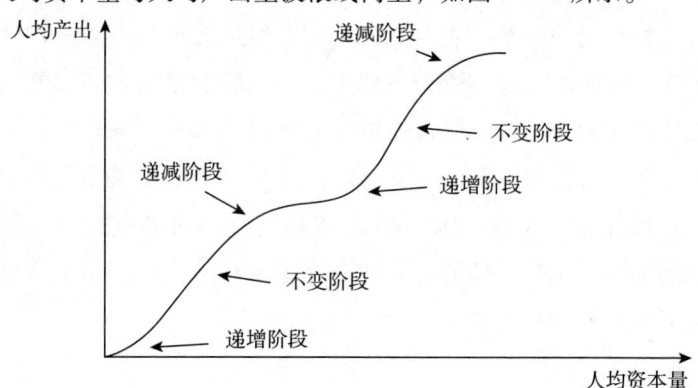

图 5 – 11　人均资本量与人均产出的关系之二

就某一种工具而言，其他条件不变时，随着工具数量的增加，一般具有边际效益递减特性。事实上，工具有很多种，并且它们的功能很多是不能互相替代的，而是互补的。人和工具的搭配很关键，既要避免功能重复，还要考虑工具的使用率。猎人打猎，带一张弓就可以了，要多带几支箭，还要带上长矛、短刀等。工具种类的变化、耗材的变化、数量的变化，会带来不一样的产出变化。现实中，很难有其他条件不变，仅某一种因素变化的情况，人均资本量与产出的关系，是将各种工具资本综合在一起的，变数较多，也更为复杂，需要具体测量和研究。前面列举的泰勒试验，以及 IE 工程学，简单地说就是研究人与工具的匹配、人均资本与产出的关系。对大多数企业来说，人均资本量与产出具有正相关关系。

通过分析，我们了解作用要素与产出具有正相关性，产出（创出）来源于作用要素的作用，作用要素与产出一般具有规模收益不变的特性，有时也具有规模收益变化的特性，变化主要取决于是否减少浪费和负值。

第三节　生产效率的测算

利润率、剩余价值率、投入产出比、劳动生产率、资本生产率、全要素生产率等其实都是用来测算生产过程中付出与收获的比例关系、研判生产效率的，差别在于选择哪些作为付出（投入、耗费）数据、哪些作为收获（收益、产出）数据。这里提出一组新的指标：劳动产出率、资本产出率和全要素产出率。

一　生产率和产出率

衡量经济业绩的最重要的指标之一就是生产率。生产率（productivity）是总产出对加权平均的投入的比率。两个重要的变量是劳动生产率（labor productivity）和全要素生产率（total factor productivity），前者计算每单位劳动的产量，后者计算每单位总投入（一般包括资本和劳动）的产量。[①]

---

① 〔美〕保罗·萨缪尔森、威廉·诺德豪斯：《微观经济学》第 19 版，萧琛主译，人民邮电出版社，2012，第 106 页。

（一）劳动产出率是更准确的劳动生产率

1. 劳动单位不同，劳动生产率的表现形式不同

生产率最简单的表达式就是生产速度（率），即用产出（产量、产值、创出）比时间。这也是全体人员的劳动生产率，劳动生产率的实质是生产速率与劳动人数之比值，即人均的生产速率。

> 一国的生活水平取决于它生产物品与劳务的能力。
>
> …………
>
> 几乎所有生活水平的变动都可以归因于各国生产率的差别——这就是一个工人一小时所生产的物品与劳务量的差别。在那些每单位时间工人能生产大量物品与劳务的国家，大多数人享有高生活水平；在那些工人生产率低的国家，大多数人必须忍受贫困的生活。同样，一国的生产率增长率决定了平均收入增长率。①

从严格意义上说，劳动生产率不是以劳动时间为参数的，而是以生产时间为参数的，劳动时间不等于生产时间，劳动暂停时，机器等其他生产要素可以持续作用在受作用要素上，这时候仍属于生产时间。许多劳动时间弹性较大，不宜统计，在计算劳动生产率时，往往用生产时间取代劳动时间。劳动生产率是平均值，单位可以是每个人每小时的产量，也可以把每个人换算为每十人、每百人、每千人、全员等；也可把小时换算成天、月、年等，不过要注意生产时间的换算不同于标准时间的换算；也可把产量换算为产值，产值会随价格波动，劳动生产率也因之变化。也可以用生产单位产品所消耗的劳动时间来表示，平均时间越少，劳动生产率越高。

马克思最早提出劳动生产率的概念，在此之前人们一直用利润率来测算投入与产出的关系，这是静态指标，缺少时间维度。虽然年利润率能反映资本（资金）的使用效率，但一年时间跨度偏大。利润率反映不出生产速度，也区分不出劳动和工具的贡献。我们常说的人均 GDP，就是一国或

---

① 〔美〕N. 格里高利·曼昆：《经济学原理》上册，梁小民译，机械工业出版社，2003，第10页。

一个经济体范围内平均每个人一年的产出（创出之和），这个"人均"是全部人口的人均，如果换算为劳动人口的人均，就是宏观层面的劳动生产率，由此可见马克思提出这个概念的深远意义。世界银行的数据显示，2014 年全世界人均 GDP 是 7300 美元，除去老幼，以世界人口的 60% 为劳动力人口，再除去节假日，以人均每年工作 240 天，每天工作 8 小时计，那么，世界人均劳动生产率为每小时创造 6.34 美元价值。

2. 量化劳动的维度

劳动是价值的重要维度，劳动时间又是劳动的重要维度，很多时候我们取平均劳动强度，再用劳动时间维度来代替劳动维度，短期看问题不大，长期来看，用生产时间和劳动人数来量化劳动越来越不准确，低估了生产力的发展水平，因为比起过去我们的平均劳动强度已大大减小，劳动需要更科学的计量和对比方法。

劳动俗称干活，分重活和轻活，也就是重体力劳动或轻体力劳动，耗用体力的程度也是劳动的维度；劳动又称工作，有的工作难做，有的工作易做，劳动又有复杂和简单之分，复杂程度（难度）也是劳动的维度。此外，我们大概都有这种经历：一天 8 小时的工作中，有时一直忙个不停、有时在长时间等待，有时紧张、有时轻松。可见，工作时间中真正的劳动时间不一样。这里把劳动时间与生产时间的比称为劳动时间密度，或用马克思所说的工作量密度，简单说，工作中忙不忙，也是劳动的维度。这些量化劳动的维度综合起来就形成了劳动强度。

把一人一天 8 小时的劳动比喻为体积一样大的砖，耗用体力程度代表材质不同，体力大好比铁砖，体力小则是土砖；劳动时间密度大小表示疏密程度不同，劳动时间密度大好比致密的实心砖，密度小则是疏松的空心砖。显然，就像一样体积的砖的重量会不同，劳动时间相同，劳动强度不同，实际劳动量也是大不相同的。今天的产业工人比起过去的产业工人，名义上一样的一天或一小时的劳动量，实际上要减轻许多。

除此之外，工作环境的温度、湿度、美洁度等因素也会影响员工的工作进度和疲劳程度，工作压力、热量消耗指数、痛苦指数、受伤（安全）指数等都会影响大家对劳动强度的感受，这些因素相互间不能直接相加或直接相比，我们可以把所有因素综合起来，加权合成，用一个指数来度量，暂定义为劳动强度综合指数。

以插秧为例：人工插秧，要踩在泥水里，长时间弯着腰劳作，又累又脏，十分辛苦；驾驶操作插秧机插秧，如同开车，显然干净、轻松许多（见图5-12、图5-13）。人工耕作是人均一天3分地，现在用机械耕作是每台一小时3亩地，工作效率（劳动生产率）是人工耕作的50倍左右。假设人工插秧的劳动强度综合指数为2.00，机械插秧的劳动强度综合指数为0.50，前者的劳动强度是后者的4倍，那么，机械耕作的劳动产出率是人工的200倍。

图 5-12　人工插秧

资料来源：汇图网。

图 5-13　乘坐式插秧机耕作

资料来源：汤森机械网。

我们以某一项劳动的强度综合指数为标准值，或者以社会各项劳动的平均值为标准，即为1，劳动时间以1人1小时为标准，设定一个理想的劳动单位——工量，平均一个工量的劳动创造的价值就是劳动产出率，也就是，用劳动生产率除以劳动强度综合指数值就是劳动产出率，即：

$$劳动产出率 = \frac{增加值}{劳动时间 \times 劳动强度综合指数} = 每工量的产出 \qquad (5-2)$$

宏观上讲，若以社会各项劳动的强度综合指数的平均值为标准，某年度的人均劳动生产率就等于劳动产出率；若分析生产力水平的历史发展，当以某年度各项劳动的强度综合指数的平均值为标准。

前面我们说过找不到"价值原器"，劳动也一样找不到原器。工量并非能成为"劳动原器"，工量也具有模糊性和波动性，只是相对仅用时间作为劳动的维度，要更准确些，有助于我们更好地研判生产力水平。劳动强度综合指数的测定洵非易事，是一项系统工程。

劳动生产率（产出率）实际上反映了产出与劳动单方面的函数关系，作为衡量经济业绩的指标，并不是说产出仅来自劳动的贡献，贡献应该来自全要素。不管劳动生产率，还是劳动产出率都不全面，虽然能看出工具的作用，但量化不了工具的效率，反映不出对资源消耗的情况，有时生产率很高，但对能源、机器等资源的消耗很大，尤其是不可再生的资源，代价是高昂的。我们还需要了解产出与资本的比例关系。

（二）资本产出率是更合适些的资本生产率

1. 静态的资本产出率

资本生产率反映的是资本的投入与产出的比例关系，表示一段时期，每单位资本存量有多少产出，或者人均资本存量的人均边际产出，这是西方经济学中使用的资本生产率算法。我们知道，资本生产率与劳动生产率应该是对应的，劳动生产率中的劳动是消耗量，生产中资本存量有消耗，却不都是消耗量，把资本存量作为资本的投入，与劳动生产率对接匹配并不完全适合，把消耗的那部分作为资本的投入更合适。

为了与西方经济学的资本生产率概念有所区分，我们将其定义为资本产出率：一段时期，平均每耗减一个单位的作用资本带来的创出（或产出）是多少；或者，平均一个单位的创出（或产出）需要耗减多少作用资本。宏观上，总产出等于总创出，资本产出率是产出与资本消耗的关系；微观上，产出不一定等于创出，有的产出包含转移，用创出更准确些，资本产出率是创出与资本消耗的关系。简单说，宏观用产出，微观用创出。

　　资本的耗减量，就是生产性消费品的消费量加浪费量，折旧是固定资产的消耗量。若不区分浪费，则：

$$作用资本耗减量 = 能源消耗 + 耗材 + 折旧 \tag{5-3}$$

$$资本产出率 = \frac{创出}{作用资本耗减量}$$

$$= \frac{增加值}{消耗料 + 折旧}$$

$$= \frac{利润 + 工资}{消耗料 + 折旧} \tag{5-4}$$

　　若将增加值细化，公式 5-4 则为：

$$资本产出率 = \frac{利润 + 工资 + 折旧 + 利息 + 税金 + 其他支出}{能源消耗 + 耗材 + 折旧} \tag{5-5}$$

　　除去折旧的产出（创出）是净产出（创出），净产出（创出）与作用资本耗减量的比值，我们称为资本净产出率，或净资本产出率：

$$资本净产出率 = \frac{利润 + 工资 + 利息 + 税金 + 其他支出}{能源消耗 + 耗材 + 折旧} \tag{5-6}$$

　　此资本产出率和利润率很相似，都是静态指标，我们不妨称之为静态的资本产出率。下面是利润率的计算公式：

$$利润率 = \frac{m}{c + v}$$

$$= \frac{利润}{成本}$$

$$= \frac{利润}{实际原材料 + 消耗料 + 折旧 + 工资} \tag{5-7}$$

　　资本产出率与利润率的公式差别在于分子和分母的取值不同。利润率不把工资作为收益，只把利润作为收益，并把工资作为投入，体现资方的着眼点。不过，有一种企业的利润率和资本产出率比较接近，这就是家庭式企业，一般不考虑工资支出，增加值就是利润，利润率算法与资本产出率的差异在于分母中多了实际原材料一项，即：

$$利润率 = \frac{增加值}{实际原材料 + 消耗料 + 折旧}$$

　　甚者，代加工类的家庭作坊式企业的利润率就等于资本产出率，原材料和产品都属于客户，企业收入就是毛利润。比如磨坊，将顾客的小麦磨成面，收取一定的加工费，加工费就是服务类产出（增加值），作用资本的消耗主要是磨坊设备的折旧和能源消耗，如果是水力磨坊或风力磨坊，资本消耗只有折旧。同样，个体服务企业的毛利润率，其实就是资本产出率。比如个体理发店，工具折旧、电费、房租等成本属于作用资本消耗，收取的理发费既是毛利润也是产出。

创出等于折旧的时候，产值＝实际原材料＋消耗料＋折旧，利润和工资都为零，即净增加值为零。所以，创出至少要大于折旧，否则使用工具便没有任何意义。一般来说，资本产出率会远高于1，因为现代工具的功能和效用都很强大。

以袋装即食方便米线类食品"淮南牛肉汤"为例。一袋食品的成本如下：原料中粉丝0.34元、豆丝0.30元，佐料0.45元，干菜0.10元，小计1.19元；包装0.25元；加工费用中，电费0.05元，人工0.18元，水费和折旧等其他费用约0.01元，小计0.24元。每袋出厂价2.00～2.10元（根据采购批量大小调整）。

利润率min：

$$(2.00 - 1.19 - 0.24 - 0.25)/(1.19 + 0.24 + 0.25) = 0.32/1.68 = 19.05\%$$

利润率max：

$$(2.10 - 1.68)/1.68 = 0.42/1.68 = 25.0\%$$

资本产出率min：

$$(0.32 + 0.18)/(0.05 + 0.01) = 8.33 = 833\%$$

资本产出率max：

$$(0.42 + 0.18)/0.06 = 10 = 1000\%$$

生产流水线作业，作用资本的消耗绝大部分是能源消耗——电，资本产出率如此之高，让我们稍稍领略到电气化生产设备的强大。或许有人会说，原始的生产作业方式，原始工具的损耗微乎其微，资本产出率也很高。确实是这么一回事，所以，单独的资本产出率也是不全面的，必须和劳动产出率结合起来，后面我们会分析全要素产出率。

2. 单项的资本产出率

工具的种类很多，有的不同类的工具资本可以相互替代，有的不可以替代，除了综合性的资本产出率，可以单举某项不可替代的工具资本，计算此项作用资本的资本产出率。

取一个时间段，产出与消耗料用量之比就是资本产出率，这种算法是平均法。比如，单位 GDP 能耗，就是宏观层面上能源消耗料的资本产出率。2011 年我国单位 GDP 能耗最低的地区是北京，为 0.459 吨标准煤/万元，即每一万元的产出平均需要消耗 0.459 吨标准煤，可以换算为每消耗一吨标准煤平均可以带来 2.18 万元产出。如果一吨标准煤按 500 元计价，那么，每消耗 1 元标准煤平均带来 43.57 元产出。近些年来，我国的单位 GDP 能耗一直在下降，也就是每吨标煤带来的产出增加，这符合消耗料与产出的规模收益变大的长期特性。能源消耗与劳动消耗类似，计量的都是消耗量，而非存量，所以，标准煤的资本产出率就是它的资本生产率。

土地生产率就是土地此项作用资本的资本生产率。比如，某几户家庭农场只种粮食，当年土地生产率平均为 1335.00 元/亩，另几户家庭农场种经济作物或养殖，当年土地生产率平均为 4205.00 元/亩，显然后者的土地利用效率高得多。土地的效用具有永久性，一般没有消耗，土地几乎是永远的存量，宏观上我们采用土地生产率来评估，不过，微观上对企业来说，要考虑到土地的租金，如此产出与地价（地租）之比就是土地产出率。

当固定资产价值耗减为零的时候，整个时期的产出，对应的资本耗减量就等于最初的资本存量。所以，固定资产单项的资本产出率，最后必然等于它的资本生产率，或产出与投入比。一段时期的资本产出率其实是资本存量在整个消耗过程中的边际资本生产率。

某单项资本的资本生产率或产出率，都只是说明它单方面与产出之间的函数关系，并非产出的贡献仅来自某单项资本，产出的贡献来自劳动和所有作用资本的结合。

3. 资本耗减速度和动态的资本产出率

资本产出率需要和时间联系起来，才能和劳动产出率综合为全要素产出率，资本产出率要转变为动态的资本产出率。我们要引入新的指标——

资本耗减的速度，它是单位时间的资本耗减量，也可以用耗减一个单位的资本的平均时间来表述。

动态资本产出率应该是：平均每消耗一个单位的作用资本的时间是多少，同时带来的增加值是多少；或者，单位时间平均消耗的资本是多少，同时带来的产出是多少。作用资本以元为单位，动态的资本产出率则是：每消耗 1 元资本的时间是多少，同时带来的产出是多少元。时间以天为单位，动态的资本产出率也是：每天消耗的资本是多少元，带来的产出是多少元。

我们暂时没有综合性资本耗减的准确数据，仅以单项资本来演算下宏观层面上动态的资本产出率。以能源为例，一般将煤炭、石油、天然气、核电等能源都换算为标准煤，2012 年我国一次能源消费量为 36.2 亿吨标准煤，GDP 为 518942 亿元（初步核实值），则：

标煤的静态资本产出率 = 518942 亿元/36.2 亿吨 ≈ 1.43 万元/吨

标煤的耗减速度 = 36.2 亿吨/365 天 ≈ 991.8 万吨/天

标煤的动态资本产出率：每天消耗 991.8 万吨，同时带来 1433.54 亿元产出。这个数据很大，不容易识记，我们把它换算为劳动人口的平均值：2012 年就业人口为 76704 万人，那么，劳动者人均每天在生产中要消耗 12.93 千克标煤（约 6.5 元），同时带来 185.36 元产出。然而，这个数据并不乐观，因为我们人均每天消耗的资本不仅仅是能源，还有其他矿物、淡水、钢铁、各种动植物等，但人均日产出，即劳动生产率还是每人每天 185.36 元（宏观上，劳动强度综合指数以年平均值为标准，年度人均劳动生产率等于人均劳动产出率）。其实：

$$资本产出率 \times 资本耗减速度 = 生产速度$$
$$= 人均劳动产出率 \times 劳动人口 \qquad (5-8)$$

资本耗减速度与资本流动速度的不同。前"资本"是作用资本，后"资本"是流动资本，也常常是全部资本。全部资本流通快意味着生产速度快，创造价值的速度也快，作用资本耗减的速度也快。所谓的资本循环，其实消耗的资本已消耗了，不可能真正循环使用，以资本和劳动的消耗为代价带来的产出，其中一部分会再投入生产成为新的作用资本，我们视为消耗的作用资本又被还原了，又可循环作用了。

（三）全要素产出率

1. 动态的全要素产出率

生产要素可概括为劳动和作用资本两种，两者必须结合起来，缺一不可，全要素生产率也应由劳动生产率和资本生产率组合起来。为了与西方经济学的全要素生产率概念有所区分我们以全要素产出率为名，它是增加值（宏观为产出，微观为创出）与全部要素的消耗量的比例，即：

$$全要素产出率 = \frac{增加值}{资本消耗量 + 劳动消耗量} \qquad (5-9)$$

V 表示全要素产出率，Y 表示增加值（产出），劳动消耗量用 L 表示，资本消耗量用 K 表示，则：

$$V = \frac{Y}{K+L}$$

分子、分母的时间要统一，按天计较为合适。宏观上，产出、劳动、资本统计起来的数据都会很大，换为人均数据会便于理解。那么：

$$全要素产出率 = \frac{人均日产出}{一人一天劳动 + 人均资本日消耗量} \qquad (5-10)$$

$$全要素净产出率 = \frac{人均日净产出}{一人一天劳动 + 人均资本日消耗量} \qquad (5-11)$$

公式（5-10）（5-11）用语言表述为：平均每人工作一天，相应会消耗多少资本，带来多少产出（净产出）。注意：一天并非劳动 24 小时，往往是 8 小时，或其他几小时；但资本是 24 小时消耗量，夜晚，劳动暂停作用时，机器可能仍在运转，固定资产的折旧不会停止。工业生产已经完全离不开工具，劳动消耗和资本消耗一般是连动的，增加劳动就要增加资本消耗，只是资本消耗增加量与劳动增加量之间的匹配关系存在一定的变数，这也是规模收益变化的原因之一。

劳动的单位往往是时间，资本的单位往往是货币，不便统一。为了更好理解，我们倒过来表述全要素产出率，单位产出所需的各种生产要素消耗为多少。如：每一元产出，需要消耗的劳动是多少小时、作用资本是多少元。"元"单位量级较小，产出常以"万元"为单位。若我们把资本再细分为几种相互不可替代的工具资本，全要素生产率的倒数方式就是：每一万元产出，需要消耗的劳动是多少人多少天、能源消耗折合是多少吨

（元）标准煤、耗用多少立方米（元）水、固定资产折旧是多少元、其他资本耗减是多少元。

这种表达方式就是单位产出的消耗率，表达方式中各生产要素分列出来，称为产出的分列式费率，这种形式最贴近实际生产。

根据国家统计局的数据，2012 年我国（不含港澳台地区）GDP 是534123.0 亿元，就业人员 76704.0 万人，能源消费总量 402138 万吨标准煤，工业用水总量 1423.88 亿立方米，农业用水总量 3880.3 亿立方米，工业固定资产折旧 20588.79 亿元，农业生产性固定资产折旧 1076.19 亿元（估值）…… 也就是说，2012 年，每 1 万元产出，需要消耗大约 35 人 1天的劳动（每人每年计 240 个工作日），消耗 0.753 吨标准煤能源，用水99.3 立方米，固定资产折旧 405.6 元…… 若 1 吨标准煤价值 500 元，农业用水成本 0.35 元/立方米，工业用水成本 1.30 元/立方米，那么，每万元产出，需要消耗大约 35 人 1 天的劳动，作用资本消耗超过 842.1 元。

以上数据并不完整，也不算很准确，一方面能源消费并不都是生产消费，还有生活消费，另一方面水和能源的价格也存在一定的误差，推出这些数据主要是为了便于大家理解产出的费率。尽管上文的数据不完整，这里还是匡算下全要素产出率，让大家了解大致在什么水准：2012 年，就业人口劳动一天（每年计 240 天，日工作不具体到小时），人均日产出 290.1元，同时，人均资本日消耗超过 24.43 元；资本产出率大约比 11.87 低一些。

2. 静态的全要素产出率和产出的综合费率

全要素产出率不仅有动态表达方式，还有静态的表达方式。宏观上讲，劳动强度综合指数以平均值为准，总劳动量就可以用总劳动时间替代。计量劳动以时间为单位，这是劳动的时间形式，计量劳动还有价格形式，也就是工资，工资名义上等于劳动。在劳动产出率中，劳动选择的是时间形式，如果改为价格形式，劳动产出率就成为一个百分比或倍率。同样，若将全要素产出率中劳动换算为工资，劳动与资本、产出的单位会统一为货币单位，全要素产出率成为一个纯百分比或倍率。

用 P 表示劳动 L 对应的工资，用 U 代表静态的全要素产出率，则：

$$U = \frac{Y}{K + P} \tag{5-12}$$

需要注意的是，K 是消耗的资本，不是资本存量，也不是凭资本获得的利润。产出也可选用净产出，如此就可算得静态的全要素净产出率。

前面说过，价值时差率 Nj 就是一段时间一定数量人员价值生产量与等时间等数量人员价值消费量之比。宏观上讲，消费量用支出来代替，Nj 就是某时间段的产值/支出，即每一元的支出带来的产值，宏观上静态全要素产出率就是前面我们说的价值时差率。

劳动采用价格形式，产出率隐去了时间参数，看不出生产速度的变化，成为一个静态指标，与利润率相似，不同的是，利润率把实际原材料计算进成本。

利润率用 G 表示，实际原材料为 Km，公式 5 - 7 则为：

$$G = \frac{Y - P}{K + P + Km}$$

代加工类的企业的毛利润率与全要素产出率十分接近，原材料和产品都属于客户，没有 Km，则：

$$G = \frac{Y - P}{K + P}$$

如果是家庭式的代加工企业，没有雇员的工资支出，那么企业的毛利润率：

$$G = \frac{Y}{K + P}$$

就是静态的全要素产出率。

静态的全要素产出率反过来，即 U 的倒数 $(K + P)/Y$，就是产出的综合费率，可用百分比表式。

我们经常看到有的行业利润率很低，且常年如此，其中固然有市场竞争激烈的原因，但从业者并不会减少，持续稳定，其中一个原因就是该行业全要素产出率并不低。比如家电销售业，尤其是彩电零售，毛利率平均在 3% 左右。某家电商店，一台进价 3000 元左右的彩电，常加价 80 ~ 150 元销售，老板会指着附近的服装商店对顾客说："100 ~ 200 元的服装，加价可在 100 ~ 200 元，近乎 100% 的毛利，家电根本不挣钱，真想转行了。"说归说，老板仍会继续做电器生意。一台彩电 3000 元进价，我们列为成本，实际上并不会消耗这 3000 元，只是将消费者的 3000 元转移给供应商，并把彩电转移给消费者。销售过程中真正消耗的只是转移成本，是作用要素耗减量的价格，包括销售、运输、仓储、装卸、财务等人员的劳动，汽油、电等消耗，汽车、店铺、展柜等固定资产折旧。只要月销量达到一定规模（不算太难），这些成本分摊到每台销售的电器上，往往只有 30 元左右，全要素净产出率低时为（80 - 50）/30 = 1.0，高时为（150 - 30）/30 = 4.0，为 1.0~4.0，并不低。

2012 年，全国城镇非私营单位就业人员年平均工资 46769 元，城镇私营单位就业人员年平均工资 28752 元。前面说了，就业人口人均日产出 190.78 元，同时，人均资本日消耗超过 16.1 元，若日平均工资为 100 元，则静态全要素产出率约在 1.63。

生产过程中，我们追求的始终是：消耗小、产出大，即全要素产出率高。开始是简单生产，追求消耗劳动越小，产出越大，于是人类发明了各种工具来减轻和替代劳动，第一次工业革命就是工具大发明时代。后来，生产逐渐复杂，追求更进一步，不仅要求消耗劳动越小，同时要求消耗工具越小，产出越大。今天，生产已经到了几乎全依赖工具的程度，人类的主要作用是研究和开发更加有效的工具，也就是所谓的科学技术。这就是科技进步、生产力发展的过程。生产力发展的目标简单地说，就是劳动少、消耗少、产出多。

将劳动换算为劳动价格，有利于我们分析贡献率。

二　生产率（产出率）与贡献率（分配率）

生产要靠集体努力。要想锯倒一棵树，只有一把锯子是没有用的，而两手空空的工人也同样不能生产价值。只有将锯子交给工人使用才能很容易地将树锯倒。[1]

工人的劳动对象也就是工具的作用对象，劳动和工具共同作用带来产出，那么产出的多少份额属于劳动、多少份额属于作用资本呢？怎样分配

---

[1]　〔美〕保罗·萨缪尔森、威廉·诺德豪斯：《微观经济学》第 19 版，萧琛主译，人民邮电出版社，2012，第 213 页。

才公平合理？这是市场经济成为主流的几个世纪以来，经济界、政治界以及劳资双方争论的焦点和难点之一。

19世纪著名经济学家卡尔·马克思用了大量时间力图解释资本与劳动的收入分配。[①]

（一）规模收益同比的分配原则

规模收益同比的分配原则也就是等量投入获得等量产出的原则，十分常见。几个人一起干活，几天后，活干完了，如果大家每天都来了，收入分配很好办，有几个人就平均分成几份，一人一份。如果其中一两个人有事，比大家少干三天活，收入怎么分才公平？一人一天算一个劳动单位（天次），总共消耗了多少个天次，每个人劳动的天数比上总计天次，比例是多少，就从总收入（产出）中分得多少。这个就是规模收益同比的分配原则，劳动增加的百分比，等于收入增加的百分比。

几个人合伙做生意，出资的比例是多少，分红的比例就是多少，多出资的多得，少出资的少得，也是规模收益同比的分配原则，资本增加的百分比，等于收益增加的百分比。

如果是劳动和资本在一起，如何分配呢？

1. 等量消耗应换来等量创出

将生产要素简单分为劳动和资本两种，劳动收益就是工资，资本收益就是利润，增加值也就由工资和利润两部分组成。需要强调的是，这个"资本收益"的资本不是全部资本，不包括实际原材料，只能是对创出有贡献的作用资本，是广义的工具，是消耗掉得那部分资本的价值。

工资和利润最初是按什么比例分配的暂时不清楚，但是，随着产量的增加，即规模扩大，规模收益的分配原则可以确定，就是规模收益同比，即工资的增长率等于利润（率）的增长率。

如果劳动都是雇员提供的，资本都是雇主提供的话，雇员工资增加的百分比等于雇主利润增加的百分比，面包房今天做出的面包是昨天的2倍，

---

① 〔美〕N. 格里高利·曼昆：《宏观经济学》（第7版），卢远瞩译，中国人民大学出版社，2011，第46页。

今天给面包师傅的工资也应是昨天的 2 倍，面包房店主的利润也大概是昨天的 2 倍，因为面包师傅的劳动量是昨天的 2 倍，面包店的煤、水等消耗是昨天的 2 倍，面包炉、烤盘等折旧也近似于昨天的 2 倍。

规模收益同比原则，是等量劳动应获得等量价值、等量价值应换得等量效用两大基本理念延伸来的，属于等量投入获得等量产出。确切地说，等量消耗应换来等量创出，或者说，等量牺牲应换得等量收益。

回过来看劳动和资本最初按什么比例分配，这一原则也适用。如果劳动与创出是线性关系，即规模收益不变，劳动换算为劳动价格，劳动与创出的比是个定值 A（$A < 1$）。若资本消耗量与创出也是线性关系，即规模收益不变，资本与创出的比也是个定值 B（$B < 1$）。随着产量的增加，资本消耗与劳动的比值是 B/A，也是个定值。价值的计量是承前启后的，可以先取值行业平均工资或以往的工资水平，令 $N = B/A$，那么，生产过程中，每消耗 1 元的劳动，对应消耗 N 元的资本。劳动与作用资本的匹配是多少，分配比例就应该是多少。劳动的贡献率是 $1/(1 + N)$，劳动的收益应是创出的 $1/(1 + N)$，资本的贡献率是 $N/(1 + N)$，资本的收益应是创出的 $N/(1 + N)$。令 $\alpha = N/(1 + N)$，$\beta = 1/(1 + N)$，则 $\alpha + \beta = 1$。

1 元劳动对应消耗的 N 元的资本可以细分成若干种类，分别是 N_1，N_2，N_3，$\cdots$，N_i 元，则 $N_1 + N_2 + N_3 +$，$\cdots$，$+ N_i = N$，它们的贡献率则分别是 $N_1/(1 + N)$，$N_2/(1 + N)$，$N_3/(1 + N)$，$\cdots$，$N_i/(1 + N)$，令它们分别为 α_1，α_2，α_3，$\cdots$，α_i，那么，$\alpha_1 + \alpha_2 + \alpha_3 +$，$\cdots$，$+ \alpha_i = \alpha$。

劳动也可以细分为不同岗位或职能，各岗位人员的工资与总工资的比分别是 M_1、M_2、M_3，$\cdots$，M_i，则 $M_1 + M_2 + M_3$，$\cdots$，$+ M_i = 1$，它们的贡献率分别是 $M_1/(1 + N)$，$M_2/(1 + N)$，$M_3/(1 + N)$，$\cdots$，$M_i/(1 + N)$，令它们分别是 β_1，β_2，β_3，$\cdots$，β_i，那么，$\beta_1 + \beta_2 + \beta_3 \cdots\cdots + \beta_i = \beta$。

2. 贡献率的调整和模糊性

分配率是名义的贡献率，自由公平的市场经济条件下，分配率就是贡献率，贡献率的调整就是分配比例的调整。政令、垄断、欺骗、武力等造成的分配比例调整，不能代表贡献率的真正变化，扭曲了贡献率与分配率的关系。

价值的实质是比值，它的计量会前后影响，劳动和资本的价格也不例外。资本和劳动的市场价格会决定 α 和 β 的大小，却不是一成不变的，始终受到市场因素的作用和影响，贡献率不断进行一定程度的调整。贡献率总是向关键要素倾斜，就是关键要素获得的分配比例更高一些。原来是主要向资本倾斜，现在是向技术倾斜，即向技术性劳动倾斜。

资方往往不仅提供作用资本，还提供实际原材料，虽然实际原材料不是增加值的源泉，但没有它生产便无从谈起，它也是生产的必要条件。有的产品价值，其中实际原材料的占比很高，远大于消耗料和增加值的占比之和。所以，资方的分配率 α 实际要大于 $N/(1+N)$。α 增加的这部分，其中就包含实际原材料这部分资本的服务价格，即名义上的贡献率，它与银行利率关联度很高，有时就等于银行的贷款利率，因为它的机会成本至少是银行的利息。

α 增加的这部分还包含资本的风险因素。对企业和资方来说，及早收回成本是摆在第一位的。前面我们分析过，生产并非一定就 100% 有增加值，不一定就有利润，亏损的可能性始终存在，资方往往是亏损的主要或全部承受方。技术进步的速度越来越快，先进技术和设备可谓层出不穷，工具被淘汰的速度变快，知识的半衰期缩短，资本收不回来的风险加大。为了降低风险，企业往往选择加速折旧，因为从增加值中分出来的折旧一般归资方所有；企业也常常在投产初期高价销售产品，等成本回收的差不多之后，再降价销售，高价带来高利润，也带来贡献率 α 的增加。风险与收益并存，也应匹配，风险越大，获益的概率越小，收益比例越大，好比博彩业中奖概率越小赔付率越高，这决定着 α 实际要大于 $N/(1+N)$。

资本有资本的风险，劳动也有劳动的风险。许多职业都存有或多或少的工作风险，可能受到大小不一的伤害，尽管现在的生产中有许多安全措施，事故和伤害能降到最低，但不可能杜绝。工作中的风险程度，会使 β 比 $1/(1+N)$ 大一些，某些风险较高的岗位，工资也要高一些。

分配中会遇到一种情况，劳方当初的工资太低了，企业效益提高后，即便按照规模收益同比原则等比例增长，工资还是较低。一方面劳方通过斗争争取到涨工资；另一方面资方为了便于管理，为了更好地扩大再生产，为了招到最好的工人，提高了工资水平，工资增长率会高于利润增长率，即 β 比 $1/(1+N)$ 大一些。

劳动的成本变化也会影响分配率的调整。每天的劳动可能没有变化，全要素产出率也没有变化，但劳方的学习、培训和生活成本提高，实际减少了劳动的收益，劳方会有提高分配率 β 的要求，可能资方不一定情愿，由于劳动具有流动性，为减少人员流动而稳定生产，在一定条件和一定程度上，资方会同意 β 比 1/（1 + N）大一点。

供需关系也是重要的调整因素。社会上闲置资金增多，资本的供给大于需求，资本的分配率 α 会降低；社会上待业人员增多，劳动的供给大于需求，劳动的分配率 β 会降低。

影响贡献率的因素细化起来还有很多，这些因素的作用有时会很大，甚至能完全改变贡献方的地位。不过，最基本的分配原则还是规模收益同比，自由度和公平性高的经济地区体现得更加充分。

贡献率基于要素价格和增加值，价值具有模糊性，贡献率必然存在模糊性。微观上看，随着价格的波动，贡献率呈现出波动性，价值是价格的规律。宏观上看，因为统计的数据大，得出的价格均值最为接近真正的价值，宏观经济体资本的贡献率 α 和劳动的贡献率 β，可以理解为实际贡献率。不过，即便是精确的百分数，也不代表能将贡献率精准测出，只是相对准确，是粗线条的数据，这已能够满足社会需求了。

微观是宏观的基础，宏观的贡献率数据又可以成为微观分配的参考，影响着生产要素的微观定价。要素价格和要素贡献互为因果关系，彼此影响，彼此确定。今天的分配是参考以前的分配，今天的分配也会成为以后分配的参照。

3. 劳资双方受益关系四分图

我们在此引入受益度概念。生产中分工协作方式方法改变后，劳方受益度是劳动量换算为相等或近似相等条件下，等量劳动的受益量与之前受益量的比值，也就是一个工量的劳动的现收入与前收入之比；资方受益度是换算为投入相等或近似相等条件下，等量投入的受益之比。若以前的投入产出比为 $1:N_0$，生产方法变化后为 $1:N_1$，则受益度为 $N_1:N_0$。规模收益同比也就是劳方的受益度等于资方的受益度。

资方投入以资本消耗量为宜，相应的产出投入比是资本产出率，但目前缺乏这样的统计数据，暂以利润率为依据进行分析。

如图 5 - 14 所示，x 轴为劳方受益度，y 轴为资方受益度 $x = 1$，则劳方受益相比以前没有变化；$x > 1$，则劳方受益比以前增加；$x < 1$，则劳方受益比以前减少，相对来说就是受损。$y = 1$，则资方受益相比以前没有变

化；$y>1$，则资方受益比以前增加；$y<1$，则资方受益比以前减少，相对来说就是受损。这样，整个坐标图被 $x=1$ 和 $y=1$ 两条线分为四个区域，分别命名为对立、互利、困难、失败。

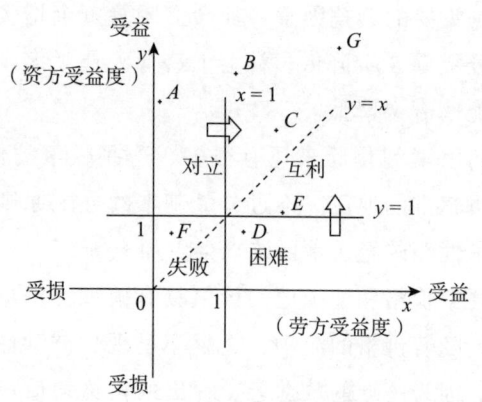

图 5－14　劳资双方受益关系四分图

①对立区域。劳方受益小于以前，相对以前来说受损，资方受益大于以前，资方的受益在一定程度上是建立在劳方受损的基础上的，两者是对立的，劳资双方的关系紧张。在位置靠近 $x=0$ 的企业，比如 A 位置的企业，资方的受益增加许多，而劳方的受益减少许多，资方是剥削劳方的，劳资双方矛盾突出，处在对抗和冲突中。

人们很早就认识到了管理的重要作用，发现了协作能带来新的增值，但这些增值常被少数人占有。在工业革命早期，由于缺乏安全的保障设施，工人在工作中常常受伤甚至丧生，并得不到应有的补偿，劳方不是相对受损而是绝对受损，资方却大肆敛财，劳资受益关系处在 $x=0$ 线的左边、$y=1$ 线的上方。

马克思形容说：

> 劳动替富者生产了惊人作品（奇迹），然而，劳动替劳动者生产了赤贫。劳动生产了宫殿，但是替劳动者生产了洞窟。劳动生产了美，但是给劳动者生产了畸形。①

---

① 〔德〕马克思：《1844 年经济学哲学手稿》，刘丕坤译，人民出版社，1979。

这种情况下，工人只会感受到被剥削，憎恨资本家的盘剥，不会想到资本家其实也有贡献。所以马克思在分析协作时，将资本家的管理职能称作为了尽可能多地剥削劳动力的特殊职能。

②互利区域。劳方受益大于以前，资方受益也大于以前，互利共赢，双方的受益度会有所不同。靠近 $y = x$ 线，比如 C 位置的企业，劳资双方受益度相近，分配比例合适，共享发展成果，劳资关系融洽，更加有利于企业的发展。

> 1914 年 1 月 6 日，美国密歇根州高地园，从凌晨 3 点开始，就有人冒着深冬的严寒来到这里，7 点半的时候已经有超过 1 万人在排队，一天前，福特汽车公司宣布将把工人的工作时间减到 8 小时，同时提供每天 5 美元的工资待遇，这是原先 2.34 美元日薪的两倍多，很多人都表示不解，因为福特公司每年将为此多支出近 1000 万美元，而当时它的年利润刚超过 1000 万美元，有经济学家批评福特把圣经的精神错用在工业场所，拿博爱主义做幌子来争取人心。"美国及至整个世界都为之震惊，这个企业家竟然为工人增加了一倍多的工资，而且没有受到工会、罢工和任何暴力事件的影响"，但亨利·福特却反复强调，给工人以高工资是效率问题，绝不是慈善行为，而工人也无须感激雇主，因为这是一个公平的种瓜得瓜、种豆得豆的世界，"支付更高的工资，工人会变得更好，生产力会提高，因此，这个时期，劳工关系获得了一定的缓和，这些工人反过来又成为公司大规模生产的产品的消费者"，事实上，当年年底福特公司的利润就上升到 3000 万美元，福特的逻辑在今天看来似乎不难理解，但是在当时，却是对传统观念的一次颠覆！[1]

受益或收益有多种方式，不考虑安全、医疗、环境等因素，仅从劳动的付出和回报上看，福特汽车公司给工人的工资提高了 2 倍多，工作时间也减少了，工人的受益度高于 2。福特公司的年利润从 1000 万美元上升到 3000 万美元，虽不清楚当时的投入产出比情况，却可推测福特公司的受益

---

[1]　节选自央视纪录片《公司的力量》第四集《进步之痛》解说词。

度在 2 与 3 之间。劳资双方的受益度相差不大，较为公平。有人将福特公司获得巨大成功的原因归为在技术上最先采用流水线大批量生产方式，其实福特与工人在分配上共享集体力的成果也是重要原因。

如果在一段时期内，一个国家或经济体内，大多数经济组织和主要企业处在互利区域，那么这个国家或经济体处在快速发展期。

③困难区域。劳方受益大于以前，资方受益小于以前。企业盈利不如以前，甚至亏损。

足球的职业化发展，对此项竞技体育的非物质化价值进行了明码标价，足球俱乐部就是一个经营非物质化价值的经济体。广大的球迷从球赛中感受激情和快乐、享受竞技体育的运动美，这些非物质化价值是集体创造的，不仅仅是球员拼搏、教练指导、裁判公正等协同的成果，队医、保安乃至球迷自身都有一定的贡献。中国的足球职业联赛走过了 20 多年，水平依然在全球低位徘徊，绝大多数的中国足球俱乐部也始终笼罩在亏钱的阴影下，与之不对称的是球员的薪金却迅速抬高（见图 5 – 15）。

图 5 – 15　中超联赛的资金支出

资料来源：央视《新闻直播间·五问中国足球》第一集视频截图。

在赚钱能力不足的情况下，各家俱乐部花钱的情况又怎么样呢？我们来看一张近几年来中超联赛的资金支出表，我们可以清楚地看到，从 2011 年起，资金支出就是一年一个台阶地往上走，今年突破了

22 亿元大关，成为中超俱乐部最烧钱的一个赛季。那么这些钱究竟是花到哪去了？多家俱乐部的经营者告诉我们记者，俱乐部绝大部分的花销都用在了球员的薪资和转会费上。今年中超球员的薪金总额达到了 17.81 亿元，比上一年度上涨了 24%，7 家俱乐部的球员薪金总额超过了 1 亿元，其中 3 家俱乐部的薪资超过了 2 亿元，薪资占据了俱乐部近八成的运营经费。另外，各队转会全额达到了 4.7 亿元，比去年增加了 20%。[①]

受益关系处于困难区域的企业必须设法跨入互利区域，否则企业乃至整个产业将不能够生存和发展。

④失败区域。劳资双方的受益都小于以前，是负协作效应；劳方即便拿到工资，也低于机会成本，因为若在别的企业做同样的工作收入会比这个多；企业面临破产、倒闭或重组。如果处在失败区域的企业占大多数，整个国家或地区则处在经济严重衰退时期。

分配的不公平、不合理，将抑制协作效应，不公平超过一定程度就形成了剥削，极端的不公平会激起反抗和破坏，使协作走向反面，产生负协作效应，员工怠工，人才流失，许多企业正是从对立区域滑入失败区域的。

工人的工资由雇佣合同规定，合同的签订时间和长期性，决定了工资具有黏性。往往在一段时期，企业的利润无论增加还是减少，工人的工资都不变，也就是劳资双方受益关系处在 $x = 1$ 这条线上。

处在对立、困难、失败区域的企业都要努力移动到互利区域，没有哪个百年企业是在劳资关系长期紧张的状态下发展壮大的，几乎都经历过失败或困难的窘境，并最终改善了这种窘境。

4. 规模收益变化会带来差额

给贡献率带来最显著变化的还是规模收益的变化。

生产初期，创出是 Y，消耗的资本和劳动的贡献率占比是 α 和 β，对创出进行分配，资方所得是 αY，劳方所得是 βY，$\alpha Y + \beta Y = Y$。继续生产，劳动量增加到 h 倍，资本消耗也增加到 h 倍，劳方的收益增加到 h 倍，即

βhY，资方的收益也增加到 h 倍，即 αhY，如果规模收益不变，创出也会增加到 h 倍，即 hY，$\alpha hY + \beta hY = hY$。然而，规模收益具有变化的特性，可能在其中某个时间开始改变。规模收益变大，创出会大于 hY，劳方取得 βhY 工资，资方取得 αhY 利润，之后会有余额；规模收益变小，创出会小于 hY，若劳方先取得 βhY 工资，资方取得的利润必将小于 αhY，若资方先取得 αhY 利润，劳方取得的工资必将小于 βhY。

以上情况下，劳动与资本消耗的比例是稳定的，即每消耗 1 元的劳动，对应消耗的资本一直是 N 元，规模收益变化的原因是实际原材料的变化。有的是，生产中减少了浪费，原材料利用率提高，规模收益变大；或者规模扩大，原材料的采购量增加，进价会降低，生产成本相应降低，规模收益有余额。

全要素产出率增长，就是每一个单位增加值所需的劳动消耗减少、资本消耗减少。可能单位创出的劳动消耗减少，资本消耗不变；或劳动消耗不变，资本消耗减少；或者劳动和资本的消耗都减少。全要素产出率的增长必将带来规模收益的变大，如果按照生产之初的贡献率来分配创出，必然有余额，这个余额怎么分配？贡献率应该有相应的调整。

贡献率怎么调整呢？首先，要弄清楚规模收益变化的原因是什么，哪个要素促使规模收益变大，贡献就归于哪个要素。其次，促成规模收益的常常有多种因素，劳动和资本过于笼统，这就要求将要素进一步细分，哪个要素是主要贡献者或重要贡献者，哪些要素属于一般的贡献者。再者，即便规模收益变大形成的余额是某一个要素贡献的，也不能将余额全部分配给此要素。原因很简单，你把你的贡献都拿走了，对其他人（要素）来说，有你无你是一回事，况且没有其他要素搭配，也不会有规模效益。另外，要注意化繁为简，贡献率可大致区别大小，但在细节上依然是模糊的。

前面引用的 1773 年前一个农场主的论述，即在收获工作上，同样多的人干完的活多一倍，实现规模收益增加一倍的原因，不是人员和工具的变化，而是组织有效的分工和协作使得单位创出的劳动减少了一半。规模收益变大的原因是协作升值，管理是主要的贡献者。原来企业的管理者往往也是企业的所有者，经营管理带来的收益裹在利润中不严加区分，后来管理逐渐交给了一些专业人士，管理也被单列出来作为一个生产要素，成为一个职业，如职业经理人。管理引起的规模收益变大，管理者的薪酬最应该提高，协作升值对管理者的受益度应该大于平均的受益度，即管理者工资增加的百分比高于平均工资增加的百分比，以及企业利润增加的百分比。不过，具体高多少因企业的实际情况、市场环境等不同而不同，仍然具有模糊性。

实际原材料的价值是等量转移的下游产品的，提高原材料利用率，单位产出的实际原材料用量减少，节省出来的往往就是利润，这块利润的贡献者并不是原材料，科技和管理才是主要原因。科技和管理各是一项劳动，原材料利用率的提高体现为劳动生产率的提高。科技不仅能够使单位产出（创出）的实际原材料用量减少，也能够使单位产出（创出）的资本消耗减少，还可以使单位产出（创出）的劳动消耗减少，科技因而被单列出来成为一个生产要素，而且是越来越重要的生产要素。管理不仅能让单位产出（创出）的原材料浪费减少，也能让单位产出（创出）的消耗料浪费减少，还能让单位产出（创出）的无效劳动减少。管理也可以看作一项技术，甚至有人将管理比作一门艺术，管理先进就是管理技术的进步。简而言之，技术使本来不可避免的浪费变得可以避免，管理使可以避免的浪费得到避免。

科技是一项分工，科技也需要合作，科技进步本身就是分工协作的成果。一部分人专门从事科研工作，发明新的技术供其他人应用。除了发明，科技还得转化为生产力才行，这方面企业家功不可没，许多企业家或慧眼识珠，或自身就是科技专家；技术工人的作用也不容忽视，其时常决定产品的质量和产业成败。掌握技术的人越多意味着整体科技水平越高，越有可能掌握尖端科技，正如陆地的最高峰处在高原和山脉中，不会在平原中。科技引起的规模收益变大，协作升值对技术人员的受益度应该大于平均的受益度，人类社会在财富生产上的发展主要可概括为两个方面，一是技术的发展，二是管理的发展，两方面相互促进、相互影响，共同促进生产力的发展，使规模收益不断扩大。

5. 规模收益同比原则的实例

以美国劳动收入与总收入的比为例。

图 5-16 表示 1960~2007 年美国劳动收入与总收入的比。尽管在过去的 40 年内经济有许多变化，但这个比仍然一直是 0.7 左右……资本得到了

30% 的收入，劳动得到了 70% 的收入。①

比例为什么稳定？因为根据劳动与资本的规模收益同比原则，工资增加的百分比等于资本收益（利润）增加的百分比，等于产出增加的百分比。

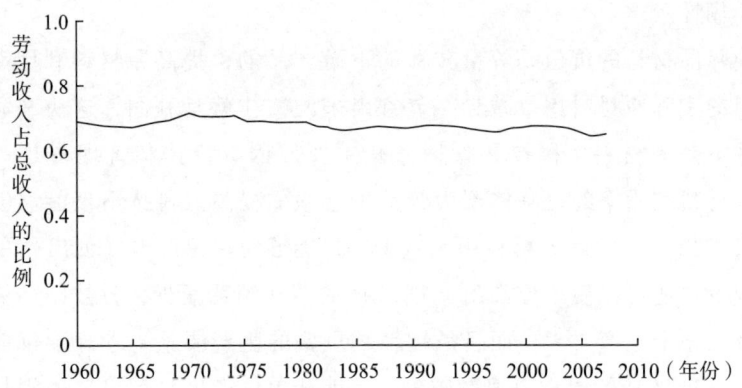

图 5 - 16　劳动收入占总收入的比

资料来源：〔美〕N. 格里高利·曼昆：《宏观经济学》（第 7 版），卢远瞩译，中国人民大学出版社，2011，第 54 页。

结合劳资双方受益关系四分图（即图 5 - 13）继续分析。市场经济中，竞争无时无刻不在，企业犹如逆水行舟，不进则退，能够长期生存下来的企业主要是互利区域的，受益度相同或相近，劳资双方容易达成一致意见，有利于企业持续稳定发展。对立和困难区域的企业，要么进入互利区域，要么滑入失败区域被淘汰。在互利区域，尽管不都在 $y = x$ 线附近，有的企业资方受益度大些，有的企业劳方受益度大些，相互中和；更关键的是，公司具有独立的人格，总经理和董事长也是员工，他们的收入也算劳动收入，他们的高收入与产出往往是同比增长的。因此，劳动收入占总收入的比是个比较稳定的值。

劳动收入占 70%，也就是劳动的贡献率为 70%，是否说明美国以劳动密集型产业为主？不是，工资占比高不代表体力劳动大，脑力劳动大也是工资占比高，美国劳动收入占总收入的比例高，原因之一是经济上以知识密集型产业和第三产业为主。在统计和计算中，我们常常把每人每小时的

---

① 〔美〕N. 格里高利·曼昆：《宏观经济学》（第 7 版），卢远瞩译，中国人民大学出版社，2011，第 54 页。

劳动视为均等的，然而，在生产力水平高的地区，劳动强度综合指数要比生产力水平低的地方小很多。所以，不要把劳动贡献率高误认为劳动密集、工作辛苦。

美国的劳动收入占比高，不代表贫富差距小。劳动收入中相当一部分是 CEO、COO、CFO 等高管的工资。美国的公司多数是股份制企业，如果利润高，分给普通股民的红利和股息也多。高管往往也是公司的大股东或董事，属于自己给自己打工、自己给自己开工资，高管令人咋舌的高工资，实质是将一部分属于公司的利润以工资的形式冠冕堂皇地留给了自己，甚至有时企业亏损，高管们工资依然不减。

以泰勒的"铁锹试验"为例：

> 原需 400～600 名工人才能完成之工作，采用新方法后，140 名工人即可完成。因之每吨所需铲费减少达 50%，而工人工资则增加 60%，除去因研究所需各项开支外，每年尚可节省 78000 美元。

单就铲物料这项工作可推算出，ρ 提高了 185.7%～328.6%，若按创出等比例计算工资，工人的工资也似乎应提高 185.7%～328.6%，那么工厂采用新办法后，每吨所需铲费不变，对工厂来说也就毫无意义，工人涨工资的前提是利润得到一定的增长。每吨所需铲费减少达 50%，也就意味着仅铲物料此一项利润增加了 50%，工人工资增加 60%，两者之比是 $0.5/0.6 \approx 0.83$，接近于 1。资方的受益度是 1.5，劳方的受益度是 1.6，两者之比是 $1.5/1.6 \approx 0.94$，更接近于 1，符合规模收益同比原则。

事实上，铲物料只是钢铁厂生产中的一个单元，整个生产有 i 个劳动单元，"因研究所需各项开支"就包含科技和管理的劳动。其中一项劳动生产率提高会推动总的劳动生产率增长，但不会增长那么多，总劳动生产率和利润计算也更复杂些，化繁为简、相宜调整一直是解决分配的实用方法。

科技劳动是 i 个劳动单元中的一项，添加到分母，会降低劳动生产率，但带来的创出又会增加分子，最终提高总劳动生产率。科技和管理还会带来一个问题——劳动力需求的减少，从"原需 400～600 名工人"到"140 名工人即可完成"，意味着 260～460 名工人必须转岗或重新就业，可见，科技和管理会带来就业结构和生产结构的变化。

（二）以产出率为基础的生产函数

前面分析过，只要不浪费，价值被消费的速度大致是不变的，努力提高价值的生产速度，我们的财富就能进一步增长，我们更主要的目标是人均财富的增长。通过对生产率指标的计量和分析，我们能从宏观层面对今后的生产进行预测和准备，有助于我们实现和超越生产目标。经济学上常以生产函数为工具来研判经济，下面我们来分析以产出率为基础的生产函数。

生产函数有多种形式，是用数学的方法表示在一段时期，某个或某些生产要素与产出的数量间的函数关系。比如前面的 $y = f(kc)$ 就是生产函数，是产出与消耗料的数量间的函数关系；再如一个特别简单的生产函数：

$$Y = A \cdot K$$

式中，Y 是产出，K 是资本存量，而 A 为衡量每一单位资本所生产的产出数量的一个常数。[1]

最常用的是产出与资本和劳动两种生产要素的函数关系，记为：$Y = f(K, L)$，L 是劳动。在西方经济学中，生产函数和全要素生产率中的资本都是指资本存量，而不是消耗的资本。在这里，我们可以用消耗的资本建立生产函数：

$$Y = \sigma \cdot K \tag{5-13}$$

Y 为增加值（宏观为产出、微观为创出），σ 为资本产出率，K 为资本消耗量，资本与产出的基本单位都用"元"表示，σ 是纯数字，或为百分比，或为倍数。

也可以用劳动建立生产函数：

$$Y = \rho \cdot L \tag{5-14}$$

ρ 为劳动产出率，L 为劳动消耗量，劳动强度综合指数取平均值，就

---

[1] 〔美〕N. 格里高利·曼昆：《宏观经济学》（第 7 版），卢远瞩译，中国人民大学出版社，2011，第 208 页。

可以用劳动时间来统计劳动量，采用人数乘以天数，基本单位为"人天"，则 ρ 的基本单位是"元/（人·天）"（注意，劳动和资本在一起时，生产时间的基本单位统一用"天"，劳动单独在函数中，可以换算为小时，一般按 8 小时而不是 24 小时算）。劳动如果采用价格形式，基本单位也是"元"，ρ 则是纯数字，或为百分比，或为倍数。

劳动消耗采用价格形式，我们还可以得到资本和劳动的贡献率。设劳动 L 对应的成本价值为 P，资本的贡献率为 α，劳动的贡献率为 β，那么：$\alpha = \dfrac{K}{K+P}$，$\beta = \dfrac{P}{K+P}$，$\alpha + \beta = 1$。劳动成本一般是生活成本，随着社会的发展，智慧型劳动、复杂劳动占比越来越大，劳动能力的形成离不开学习，教育成本在劳动成本中的比重越来越高。

或许会有人说，公式 5-13 和公式 5-14 太过简单，没太大意义，谁都知道劳动、资本与产出是正相关关系，扩大生产就得增加劳动和资本的投入，投入越大、产出越大。然而，劳动投入和资本投入的增长，到一定程度就会受到局限，我们将面临在劳动和资本不增长或降低的情况下，如何实现产出增长的课题。比如许多企业的生产都存在一定的技术门槛，即便普通工人也要掌握一定的技能，如果要扩大生产，短时间内是招聘不到足够多的合格员工的，提高产能唯有从提高劳动生产率上想办法。有些地区水资源一直匮乏，农业生产离不开水，提高农业产出必须提高水资源的产出率，以色列的滴水灌溉技术就是典范。

从宏观层面看，劳动和资本的增加更有局限。对一个国家或地区来说，增加劳动来自两个方面，提高就业率和劳动力人口增加。总人口的增长会带来劳动力人口的增长，却也意味着人均收益减少。发展中国家人口增长率普遍较高，需要控制人口增长；而发达国家，人口增长率普遍较低，人口日益老龄化，劳动力人口呈下降趋势。同时，相对总产出的变化，人口的变化是缓慢的，几年内，或更长时间，劳动力人口基本是一个变化不大的值，这也意味着 L 近乎是个常量，如果我们想每年的总产出都有明显的增长的话，一味地依靠劳动的增长是不行的。再看资本，消耗的资本都是前期的产出，是人力要素和自然要素的结合，自然要素是大自然赐予人类的财富，其中许多是不可再生的资源，今天的人们多用些，明天的人们就要少用些，或者没得用，可消耗资本会越来越少。如果指望增加资本消耗来获得更大的产出，那么留给子孙后代的自然资源将越来越少，资源濒临枯竭时，人们又将何去何从？所以，对国家和地区来说，总产出的增长，不能依靠增加资本消耗量，反而应将其减少，即 K 是个趋小值。那么增长来自哪里？只能是 ρ 和 σ 的不断提高，全要素产出率的提高才是正道。

（三）协作升值率

产出 Y 的增长，可能是劳动消耗 L 的增长，也可能是资本消耗 K 的增长，还可能是劳动产出率 ρ 的增长，又可能是资本产出率 σ 的增长。K 和 L 的增长带来 Y 的增长并不能代表生产力的进步，只有源于 σ 和 ρ 的增长，也就是单位产出的资本和劳动消耗减少，即产出的费率减小，才能代表生产力的进步。相同时间段的产出就是生产率，年产出的增长率就是生产率的增长率，前后时期相比，去除劳动消耗增长和资本消耗增长的因素，生产率的增长来自劳动产出率 ρ 和资本产出率 σ 的增长，两者加权结合起来就是协作升值率。

2012 年对比 2011 年，GDP 名义增长率为 10.3%（实际增长率为 7.8%）。如果劳动消耗基本没变，资本消耗比上年增长，那么，协作升值率则比生产率的增长率低些，若资本消耗比上年减少，则协作升值率高些；如果资本消耗基本没变，劳动消耗比上年增长，那么，协作升值率要比生产率的增长率低些，若劳动消耗比上年减少，则协作升值率要比生产率的增长率高些。

根据国家统计局的数据，2011 年我国（不含港澳台地区）GDP 是 484123.5 亿元，就业人员 76420.0 万人，能源消费总量 387043 万吨标准煤，工业用水总量 1461.8 亿立方米，农业用水总量 3743.6 亿立方米，工业固定资产折旧 33765.52 亿元（比前后年份都高许多），农业生产性固定资产折旧 5822.26 亿元（估值）……也就是说，2011 年，每 1 万元产出，需要消耗大约 38 人 1 天的劳动（每人每年计 240 个工作日），消耗 0.799 吨标准煤能源，用水 107.52 立方米，固定资产折旧 817.72 元……若 1 吨标准煤价值 500 元，农业用水成本 0.35 元/立方米，工业用水成本 1.30 元/立方米，那么，每万元产出，需要消耗大约 38 人 1 天的劳动，作用资本消耗超过 1283.77 元。人均日产出 263.96 元，同时，人均资本日消耗超过 33.89 元；资本产出率大约比 7.79 低一些。

结合前面的数据，我们可得出：2012 年比 2011 年资本产出率约提高了 34%，劳动产出率约提高了 9.9%（忽略劳动强度差异）。我们以劳动收入占总收入的比为劳动产出率的权数，资本收入占总收入的比为资本产出率的权数，一般我国的劳动贡献率取值 0.4，那么：

2012 年协作升值率 $= 0.34 \times 0.6 + 0.099 \times 0.4 \approx 24.4\%$

这个数值是不太准确的，肯定偏大，因为受条件限制，数据来源不全面，其中有些消耗没有算进去。

更准确地说，协作升值率是协作效应大于负协作效应的综合值。在社会生产中，既有协作效应，也存在负协作效应，生产率的增长率大于零，就是协作效应大于负协作效应，不过在生产效率的计算中，往往忽略负协作效应。协作升值率意在反映我们能够克服劳动减少、消耗减少的困难，做到使产出依然增长的能力。

（四）产出率变化带来贡献率的变化

产出率变化必然会带来增加值（宏观为产出、微观为创出）的变化，变化一般是增长，增长的产出如何分配呢？这个分配会改变贡献率吗？

资本与劳动的贡献率之比就是资本消耗对应的利润和劳动消耗对应的工资之比，假如劳动消耗对应的工资有一个公平合理的标准，即 1 个工量对应一个标准工资，这个标准工资对应一个普遍成本，那么比较公平的分配规则是，利润与工资之比等于消耗的资本与劳动的普遍成本计值之比。产出率变化后，消耗的资本与消耗的劳动之比也将变化，又会如何影响利润和工资之比呢？

设创出 Y 所需资本消耗为 K、劳动消耗为 L，资本对应收益为利润 M，劳动对应收益是工资 P，这个劳动的普遍成本是 $\overline{P}$，$Y = M + P$，资本贡献率 $\alpha = M/Y$，劳动贡献率 $\beta = P/Y$，假如某一时期分配率是公平合理的，那么，资本与劳动的贡献之比转为价格方式就是 $K/\overline{P}$，且 $K/\overline{P} = \alpha/\beta = M/P$。

一段时期，规模收益不变，则等创出 Y 的劳动消耗不变、资本消耗不变，即劳动产出率 ρ 不变、资本产出率 σ 不变，静态全要素生产率 $U = Y/(K + P)$ 也不变。某一时期，规模收益发生变化，也就是等创出 Y 的劳动消耗、资本消耗发生变化，若劳动产出率变为 h 倍，即现劳动产出率为 $h\rho$，资本产出率变为 r 倍，即现资本产出率为 $r\sigma$，等创出 Y 的现劳动消耗 L' 为 L/h、现资本消耗 K' 为 K/r。

如果工资与创出等比例变化，即符合规模收益同比原则，那么等创出 Y 的工资 P 不变、利润 M 也不变，劳动与资本的贡献率也不变。一般劳动产出率是增长的，即 $h > 1$，也意味着生产率是增长的，这种情况就是社会生产中较为普遍的现象。

如果工资与工作时间等比例变化，由于等创出 Y 的生产时间为原来的 $1/h$，劳动也是原来的 $1/h$，所以现工资 P' 为原来的 $1/h$，即 P/h。一般劳动产出率是增长的，即 $h > 1$，这意味着等产出 Y 的分配有一个余额，等于 $(1 - 1/h) P$，这个余额就是规模收益增长带来的余额，这个余额一般被资方占有，也就成为利润的一部分，即现利润 $M' = Y - P/h$，

$\because \beta = P/Y$

$\therefore M' = Y - P' = \dfrac{P}{\beta} - \dfrac{P}{h} = \dfrac{h - \beta}{h\beta} \cdot P$

$\therefore$ 现资本贡献率 α' 与劳动贡献率 β' 之比 $= M'/P' = \dfrac{h - \beta}{\beta}$

$\because \alpha' + \beta' = 1$，可组成方程组，解得：

$$\alpha' = \frac{h - \beta}{h}$$

$$\beta' = \frac{\beta}{h}$$

虽前文设定 $h > 1$，但方程组一样适用 $h < 1$ 或 $h = 1$。显然，若工资与工作时间等比例变化：如 $h > 1$，则资本的分配率上升，劳动的分配率下降；如 $h = 1$，劳动产出率无变化，分配率也无变化；如 $h < 1$，劳动产出率下降，工资因工作时间变长而增加，劳动的分配率上升，资本的分配率下降。如果提高劳动产出率对工人来说没有意义，降低劳动产出率反而有利，哪个工人还愿意去努力提高工作效率呢？磨洋工岂不更好！这必将影响企业的生产和发展，所以，规模收益增长带来的余额应由劳资双方分享，正确的选择必然是工资与创出同比增长，至少是同时增长，工资既与工时挂钩，也与绩效挂钩。

劳动产出率增长带来规模收益增长，原因往往是管理创新和技术创新，普通员工的工资与工作时间等比例变化，做出贡献的管理和技术人员的工资增长会与创出的增长同比，甚至快于创出的增长速度。如果企业通过购买技术或购买先进设备带来产出率增长，即便本企业人员的工资没有

与创出同时增长，但是宏观上，技术提供方或先进设备提供方的劳动收入也会与总创出的增长同比，甚至大于创出的增长速度。所以，规模收益增长后，即便企业没有按着同比原则分配增长带来的余额，也不会将余额全部转为利润，现资本贡献率 α' 会在 α 与 $(h-\beta)/h$ 之间，即 $\alpha < \alpha' < (h-\beta)/h$，于是，现劳动贡献率 β' 会在 β/h 与 β 之间，即 $\beta/h < \beta' < \beta$。

劳动产出率增长 h 倍，$h > 1$，意味着等创出 Y 的劳动为 L/h，按照规模收益同比原则，工资仍是 P，等劳动 L 的工资就增长为 hP，即便没有完全按照同比原则，等劳动的工资也会增长，只是没有增长到 h 倍。劳动消耗转变为价格形式，就是劳动的成本，除了生活成本、教育成本，还会考虑机会成本，于是，劳动对应的普遍成本，往往就是平均工资。劳动产出率提高，推动等量劳动的工资增长，也就会推动工资水平上涨，这会影响到宏观的劳动贡献率。

有一点请不要混淆：$K/\overline{P} = \alpha/\beta = M/P$，当 $P = \overline{P}$ 时，$K = M$，利润等于消耗的资本，是不是便没有净利润了？注意利润是创出的一部分，创出中已经除去了转移，K 是产出中的转移，利润的数值与消耗资本的数值相等很正常和很普遍。

等创出 Y 的现资本消耗为 K/r，一般资本产出率是增长的，即 $r > 1$，作用资本有节约，节约额为 $(1 - 1/r)K$，这也是规模收益增长带来的余额，这个余额若归资方所有，不会减少原利润的分配，利润 M 不变，则等创出 Y 的工资 P 不变，劳动与资本的贡献率也不变。

资本产出率增长了，但是，资本产出率增长的原因绝对不可能是资本自身，而是管理劳动和技术劳动，节约额 $(1 - 1/r) \cdot K$ 肯定会拿出一部分，甚至全部拿出来，奖励给管理人员和技术人员，尤其当资方本身就是企业管理人员时，于是，资本的贡献率下降，劳动的贡献率上升。

假如工资 P 等于平均工资 $\overline{P}$，则 $K = M$，若资本节约额都转为工资，劳动的贡献率会增加到最大值。等创出 Y 中现利润 $M' = M - (1 - 1/r)K = K/r$，现工资 P' 不变，等于 P，则：

现资本贡献率 α' 与劳动贡献率 β' 之比 $= M'/P' = \dfrac{\alpha}{r\beta}$

$\because \alpha' + \beta' = 1$，可组成方程组，解得：

$$\alpha' = \frac{\alpha}{\alpha + r\beta}$$

$$\beta' = \frac{r\beta}{\alpha + r\beta}$$

所以，资本产出率增长带来规模收益增长后，即便普通员工的工资不涨，总的工资也会上涨，现资本贡献率 α' 会下降，在 $\frac{\alpha}{\alpha + r\beta}$ 与 α 之间，即 $\frac{\alpha}{\alpha + r\beta} < \alpha' < \alpha$，现劳动贡献率 β' 会上涨，在 β 与 $\frac{r\beta}{\alpha + r\beta}$ 之间，即 $\beta < \beta' < \frac{r\beta}{\alpha + r\beta}$。

总之，产出率的增长会带来贡献率的波动，趋势是劳动贡献率提升。

再看静态生产率，原静态全要素产出率：

$$U = \frac{Y}{K + P}$$

工资与增加值等比例变化，那么，现静态全要素产出率：

$$U' = \frac{Y}{K/r + P}$$

若 $r > 1$，即 $K/r < K$，则 $U' > U$。

若 $r < 1$，即 $K/r > K$，则 $U' < U$，这种情况代表资本产出率倒退，一般很少出现。

原静态全要素产出率：

$$U = \frac{Y}{K + P}$$

工资与工作时间等比例变化，那么，现静态全要素产出率：

$$U' = \frac{Y}{K/r + P/h}。$$

若 $r > 1$、$h > 1$，即 $K/r < K$、$P/h < P$，则 $U' > U$，当 $h = r$，则 $U' = hU = rU$。

若 $r < 1$、$h > 1$，即 $K/r > K$、$P/h < P$，则 U' 与 U 孰大孰小不一定。前面说过，生产率增长了，可能资源消耗过多，如何权衡利弊得失，现可以借用静态全要素产出率这个工具。

若 $r < 1$、$h < 1$，即 $K/r > K$、$P/h > P$，则 $U' < U$，这种情况代表生产

力水平倒退，一般很少出现。

若 $r>1$、$h<1$，即 $K/r<K$、$P/h>P$，则 U' 与 U 孰大孰小也不一定。资本产出率提高、劳动产出率减少，这种情况很少发生。不过有一种情况与之相像，却是有可能发生的，资本产出率提高了，劳动产出率也提高了，但人员工资增长不局限于与增加值同比变化，甚至超过了创出的增长速度，虽然 $h>1$，但从工资角度 $h'<1$，如果工资支出增长超过节省的资本消耗，就有现静态全要素产出率 $U'<U$。

（五）静态全要素产出率趋低至100%

随着科技的进步，生产力水平的提高，单位产出的劳动消耗和资本消耗应该是越来越少，即劳动产出率和资本产出率越来越高，收益（产出）与付出（投入）比越来越高，也就是动态的全要素产出率越来越高。但是，我们将产出和投入都用货币表示，即全要素产出率由动态的转为静态的，会发现全要素产出率反而变小，越来越接近1，也就是每1元产出所需的投入接近1元，为什么？

①劳动产出率增长后，工资会增长，工资水平会上涨。科技进步，生产对劳动者素质的要求提高，劳动的成本越来越高，推动工资水平提高。各国加强保障劳动者权益，即便破产，也得先清偿拖欠的工资，再考虑债权人的利益。这些都有助于提高劳动的贡献率。

②前面已经分析过了，资本产出率增长也会带来劳动贡献率的增长。虽然资本产出率增长应该带来利润增长，然而，企业走向人格化，董事长、总经理等都是企业的员工，他们的收入相当大一部分由利润形式转为薪酬形式，企业效益越好，他们的收入越高，企业总利润的增加速度比不上总工资的增加速度，劳动收入在产出中的占比进一步变大。

③资本消耗中主要是能源消耗和资产折旧，实际原材料的价值转移到最终产品中，物质不灭，实际原材料的价值始终存在。比如铁矿石是最初的实际原材料，铁被提炼出来后，随着产业链一步步转移到最终消费品汽车上，汽车一直到报废，铁物质依然在，废铁的价值仍含有当初转移来的铁矿石的价值。我们将用过的东西当作垃圾丢弃，并不代表垃圾没有任何价值，只是这些残值转移或等待转移给拾荒者和回收企业。随着社会的进步，我们更多地使用水电、风电、太阳能、潮汐能、生物能等绿色能源，我们的产品质量越来越好，固定资产使用寿命越来越长，

固定资产折旧越来越小。绿色能源的价值主要是服务性价值，是工资。于是，在产出中，劳动收入比重占了大半以上，资本消耗近乎只剩固定资产折旧。

$U = Y/(K + P)$，资本投入（资本消耗）K 变得很小，劳动投入（工资）P 越来越接近 Y，所以 U 会从可能的 200%、300% 等逐渐降到接近 100%。有的服务性行业，创出由服务人员的工资、管理人员的工资、老板的工资、税收、租金等分完，静态全要素产出率就是 1，有时候还会低于 1，也就是亏损。由此我们明白为什么科技发达的美国，劳动的贡献率是 0.7，资本的贡献率是 0.3；一些发展中国家，劳动的贡献率小于资本的贡献率，中国的劳动贡献率在 0.4 左右。相信在不太远的将来，有些国家宏观统计的劳动收入在总收入中的占比会达到 80%、90%，甚至更高。

劳动收入占产出的比重越来越高，让我们重新体会到劳动价值论的前瞻性和科学意义，只是我们不再仅以劳动量来衡量价值，要结合劳动的绩效来衡量，要认识到智慧型劳动形成的效用更大。

（六）生产效率的指标对此

我们把生产效率的指标罗列成表（见表 5 – 1）。

表 5 – 1

指标名称	公式	备注
利润率	$\dfrac{利润}{实原料 + 消耗料 + 折旧 + 工资}, \dfrac{m}{c+v}$	预付资本都列为投入，包括价值转移部分，只把利润列为收益，以资方为立足点
剩余价值率	$\dfrac{利润}{工资}, \dfrac{m}{v}$	利润为收益，工资（劳动）为投入，意指生产中发挥作用的只有劳动
劳动生产率	$\dfrac{产出}{生产时间}, \dfrac{Y}{t}$	动态指标，体现生产力的水平，可分全员和人均两种
资本生产率	$\dfrac{产出}{资本存量}, \dfrac{Y}{K}$	资本存量都列为投入，包括价值转移和未起作用的资本，反映资本的效率并不太准确
全要素生产率	$\dfrac{Y}{K^\alpha L^\beta}$	不能直接得出，只能间接地用生产函数算，K 为资本存量，L 是劳动人数，复杂难算

续表

指标名称	公式	备注
投入产出比	$\dfrac{全部投入}{项目运行寿命期内总产出}$	有时称投资回报率，意在准确掌握投资的总成效，但项目周期太长，为提高时效性，产出常取一年收益值，准确性降低
劳动产出率	$\dfrac{增加值}{劳动时间 \times 劳动强度综合指数}$	劳动强度综合指数取平均值，就是劳动生产率。以某年度劳动强度综合指数为准，可更准确地体现生产力发展的水平
资本产出率	$\dfrac{增加值}{消耗料 + 折旧}$	资本真正付出的是消耗和磨损的那一部分，增加值与这部分的比值能更准确地反映出资本的效率
全要素产出率	$\dfrac{增加值}{资本消耗量 + 劳动消耗量}$	分动态和静态两种表达方式，简单、直观、易解，动态产出率增长代表生产力发展，静态产出率降低代表劳动者分享发展成果

　　除投入产出比之外，表 5-1 的公式中，分子代表收益（产出），分母代表付出（投入），比值一般是越大越好，投入产出比是越小越好。还有，剩余价值率要特殊一些，如果把劳动列为投入，从付出劳动的劳动者角度看，比值越大代表分配越不公平，从付出工资的资方角度看，比值越大越好。

　　全要素生产率（TFP）是根据"柯布－道格拉斯"生产函数（C－D函数）推算的，$\text{TFP} = \dfrac{Y}{K^\alpha L^\beta}$，$Y$ 表示产出，K 表示资本，L 表示劳动，α 和 β 分别代表资本和劳动对产出 Y 的贡献率。需要注意的是，K 指全部资本，即资本存量，不是消耗的作用资本；函数是纯数字关系，资本的零点几次方，劳动的零点几次方，没有任何现实意义；C－D 生产函数的假定条件之一是规模收益不变，而生产力的发展恰恰是基于规模收益的增长。

　　罗伯特·索洛在 C－D 生产函数的基础上建立了"索洛模型"，用来解释生活水平的持续提高：

$$\varphi = \dot{Y} - \alpha \dot{K} - \beta \dot{L}$$

φ 是全要素生产率的增长率，即 TFP 的增长率，又称索洛余值，这个余值被认为是技术带来的增长作用；Y 代表产出的增长率；K 代表资本的增长率；L 代表劳动的增长率；α 和 β 分别是资本和劳动的权数，即贡献率。其实，索洛余值形成的原因是包括技术进步在内的协作升值，索洛余值在一定程度上反映了协作升值。

资本生产率、全要素生产率、投入产出比，三个指标都采用全部资本计算，有一个问题不易被及时发现，这就是过度投资。投资增长了，增长的投资并非马上就能发挥作用，真正起作用的资本并非随投资增长而增长，三个指标的时效性不足，一部分投资容易成为过多部分，即过度投资，必是浪费。采用消耗的资本来计算，再加上消耗的劳动，可得出作用要素的成本，简称作用成本，投产后任何时刻都可以清楚了解收益与付出之比，并能较为准确地进行预期测算，能更及时地对投资进行调整，达到最优。

三　负价值的协作效应

正价值有协作升值，负价值也会有助推放大，各种负效用相互推动，破坏价值的速度越来越快，破坏能力被成倍放大，被称为负价值的协作效应，或负效用的协作效应。

注意，负协作效应与负价值的协作效应是两个不同的概念。负协作效应，是正价值矢量没有统一好方向，没形成集体合力增长，反造成集体合力减小。负价值的协作效应，是负价值矢量统一了方向，负价值形成集体力，负价值成倍增长。

比如，有人恶意拨打电话谎称飞机上有炸弹，造成飞机延误，使某人不能赴约签订一笔关键买卖，而企业为了拿下这单生意做了很多准备工作，不惜推辞了其他订单，如此便会造成企业停产；或者耽误一种急需药品的运输，而偏偏医院没有此种药品的储备，正因缺少此药品一个病人的生命未能被挽救。小过错酿成大灾祸，我们常用"蝴蝶效应"表述此类事件，这其实就是负价值的协作效应。

一座城，一家一家陆续搬走，要不了多久，城市就瘫痪了，人们会感觉到房价下降的速度远快于人们搬走的速度。美国曾经的"汽车之城"底特律，除市中心外，周边房价几乎降为零，每个搬走的家庭都是城市衰败的受害者，也是加速城市衰败的施害者。

银行成立依赖于广大储户的存款，储户存款的基础是信心，是对银行的信任，银行的价值不在于吸收了多少存款，而在于银行的运营，银行是活的，是能生钱的机体，银行携手储户和企业形成的协作升值，每一个储户都是协作中的一员，贡献了力量。当储户失去信心时，会挤兑，也许只抽走了30%的存款，但银行的流动性就失去了，就好比银行这个机体的血液被抽走了30%，剩下70%的存款也会丧失活力，挤兑对银行来说是负价值，但30%的负价值，能让100%的价值丧失，这就是负价值的协作效应。

经济危机，在很大程度上就是负价值（效用）的协作效应，而且是无组织的"协作"，缺乏信心的人越来越多，相互"转染"，让尚存一点信心的人失去信心，于是股市暴跌、经济停滞，其实很多时候，情况并没有人们想象的那么糟糕，"最大的恐惧来自恐惧本身"。

笔者建议尽快建立负价值测评指标和计量系统。

第四节　按贡献分配

价值概念形成之初与贡献相对应，产出的分配也是如此。等量工作获得等量工资，等量资本获得等量利润，等量投入获得等量产出，规模收益同比分配，这些分配原则概括起来就是按生产要素的贡献分配，劳动、效用、效率、资本、股份、投入、牺牲、贡献率等其实都是量化贡献的维度，来解决生产中贡献的异质性和集体性，以及分配时产品的不可分割问题。下面我们结合生产要素进行分析。

一　劳动——工资

（一）按劳分配原则

1. 马克思设想按劳分配

按劳分配原则，简单说就是多劳多得、少劳少得、不劳不得、同工同酬，实质就是等量劳动应获得等量价值。按劳分配属于按贡献分配，在其他要素相等、相近的情况下，贡献的差别主要体现在劳动上，按劳分配就是按贡献分配。

远古时代的人们就形成了按劳分配的理念，比如，将动物身上最好的一块肉割下来先给狩猎过程中功劳最大的人，然后再割给其他有功人员，最后才分配给氏族中其他人员。然而，通过强制手段和不等价交换可以占取别人创造的价值，人类社会长期以来几乎忘却了按劳分配的理念，马克思在《哥达纲领批判》中率先提出了按劳分配原则。

马克思指出，生产中不仅有劳动要素，还有生产工具、劳动对象等要素，并且说如果没有股票募集资本，世界上就不会有铁路诞生，可以看出马克思并没有否定资本要素在生产中起到的巨大作用。马克思还形容企业家的作用犹如军队的指挥员，可见马克思也不否认企业家才能这个要素的作用。

但是，在马克思看来，除劳动要素之外，土地、资本、企业家才能（管理）等生产要素的贡献都是难以区分和计量的，而且依据这些要素的作用进行分配必然造成很大的不公平，这种不公平是被历史证明了的。那么，只有实行生产资料公有制，全民共同拥有生产资料，劳动是每个人的权利和义务，大家都成为劳动者，不需要来区分和计量劳动以外的生产要素的贡献，只要计量每一个劳动要素的贡献，并扣除再生产费用和公共开支，就可以实现合理分配，这就是马克思设想按劳分配的初衷。

马克思还提出通过计算劳动时间来判定劳动量的大小，不过在马克思有生之年，按劳分配更多停留在原则和理念层面，没有产生具体的可实际操作的衡量劳动量大小的方法，后来的马克思主义者们或政治家们确定了按劳分配的方法和制度，虽然有一些较为有益的尝试和成功经验，但其中许多被实践证明并不准确和有效，最主要的原因是按劳分配必须具备一定的环境和现实条件。

2. 按劳分配的适用范围

在前面"劳动时间越长价值越高吗？"部分，我们已经分析过，在社会生产力水平较低的阶段，商品的价值大小主要是比较劳动量，并且通过计算劳动时间较为简单和粗略地衡量劳动量的大小。如此，商品交换就是用你的劳动所得换取我的劳动产品，自由平等的商品交换可以实现按劳分配。

随着分工越来越细，以及社会生产力水平的提高，产品的整个生产过程越来越复杂，工具（常被称为资本）在生产中的作用越来越大，无论是生产者还是消费者对最终产品中劳动的贡献都越来越不清楚，几乎仅靠工资代表劳动要素的贡献。工资是劳动要素的价格，工资标准就是分配方案，实发工资就是初次分配的结果。

从不同角度出发，劳动可分为简单劳动和复杂劳动，也可分为体力劳动和脑力劳动，还可分为一般劳动、科技劳动和管理劳动，等等。

① 按劳分配适合简单劳动，不适合复杂劳动。

简单劳动，产品是小件的，可分割，采取计件制，也就是按劳动产量分配比较合适；产品是大件的，不可分割，采取计时制，也就是按劳动时间分配更加合适。计时和计件方式相结合，大家的劳动量几乎都能容易地比较出来，分配也就不难。

复杂劳动可以化为多倍的简单劳动。那么问题来了，不同的复杂劳动究竟化为什么样的简单劳动最合适？又该化为多少倍最合适呢？雕塑、绘画、刺绣等是比较古老的工作，需要经过专门的培养和训练才能胜任，属于复杂劳动；拉车（船）、人工挖煤、放羊等也是年代久远的工作，无须训练，一般人都能胜任，属于简单劳动。雕塑、绘画、刺绣等复杂劳动应化为拉车劳动的多少倍？化为放羊劳动的多少倍？无法计量清楚，只能模糊地比较。

事实上，比较复杂劳动，只能对比每天的工钱，参考前期的和别人的，也就是如何分配都应通过自由平等的市场决定，大家依据自己的机会成本达成一致意见，复杂劳动会比简单劳动的工钱高，高到什么程度由劳动者和雇主双方商定，劳动者情愿接受的报酬之比，就代表着不同劳动之比。遗憾的是，市场并不都是自由平等的，价格有时被扭曲，劳动力价格偏低，尤其是纯体力劳动价格更低。

② 按劳分配适合同质劳动，不适合异质劳动。

体力劳动与脑力劳动，两者是不同质劳动，体力劳动之间可以从劳动强度、劳动时间密度、劳动时间等方面进行比较而确定贡献大小，体力劳动与脑力劳动、脑力劳动与脑力劳动则不能通过比较劳动来比较贡献。艺术品的价值基本不会从艺术家的劳动角度来衡量，劳动时间长、劳动量大的艺术创作，会让艺术品的价值有所升高，但这在总价值中只占很小一部分，有时完全可以忽略，艺术品的价值更多的是从美学、时代性、稀缺性、影响力等方面考量。

细究起来，每种产品生产过程中的劳动都不尽相同，相互间都可视为异质性劳动。一般来说，脑力劳动、复杂劳动、科技劳动和管理劳动比重较高的，按劳分配的实际操作性不强，甚至无法采用。

③ 按劳分配适合小范围，不适合大范围。

生产者与生产者、生产者与消费者比较劳动，只能在小的生产范围进行，信息才有可能是对称的，彼此都了解和信任对方的劳动时间、劳动强度。若在大范围比较，信息常常是不对称的，消费者不认识生产者，也不清楚生产过程，如何能了解产品中耗费的劳动有多少呢？企业内部，同一产品的不同部位、不同工序的生产者之间也常常互不了解对方的生产过程，有时也难以在评定各工序的贡献上达成一致意见。

往往在一个工厂都做不到纯粹的按劳分配，财务部门、业务部门、服务部门、生产车间等不同部门都不能按统一的标准进行分配，因为劳动方式不同，劳动量和劳动质量的标准也不同。生产过程是层层分工，分配过程也是层层分配，先拟定各部门的分配比例，各部门再细化到每个人。往往最后在一个车间内才能真正进行按劳分配，因为这时，彼此除了劳动之外，其他的生产要素都是相同的。

虽然自由平等交换可以较粗略地实现按劳分配，但是，以前社会生产力水平低，属于短缺经济，短缺会引起竞争和争夺，并由此带来不幸：自给自足的自然经济方式和自由平等的交换经济秩序经常被干扰和破坏。在世界各地都曾长期存在通过掠夺和强占而取得别人劳动创造的财富的手段和制度，按劳分配在人类社会历史上只短期地、局部地存在过，从没有长期地、稳定地、普遍地实现过。

3. 按劳分配的模糊性

如果每个人的劳动都是同质的，每个人劳动的耗能也是一样的，每个人劳动取得的效用也是一致的，那么可以取一段时间的劳动作为"劳动原器"，而这是不可能的。这就是按劳分配实施起来最主要的难点。

货币就是作为"价值原器"诞生的，一两银子或一盎司金子都是价值的单位，不过这种"原器"仅是相对稳定的，并非一成不变，达不到原器的标准。同样，计量劳动无论是从时间上、耗能上，还是成效上，都找不到绝对稳定的标准。我们既找不到1元"价值原器"，也找不到价值1元的"劳动原器"。

既然难以做到按劳分配，那么是不是就不必按劳分配了？也不是，按劳分配没有错，它是分配的原则之一，自古以来，各地都不缺乏按劳分配的实践。工资是劳动的报酬，也是劳动力的价格，是劳动价值的货币化体现，最准确、最公正的工资就代表着劳动价值。价值具有模糊性，工资也有模糊性，不求精确，适用就可，而且我们始终在寻找更合适的按劳分配的具体方法。按劳分配主要考量劳动时间，工作环境、培训成本、复杂程度、危险程度、痛苦程度等都是衡量劳动报酬的参考因素。

（二）协作升值与工资

1. 劳动生产率的差异在于劳动能力和协作效应

通过前面的分析，我们知道，生产力的提高主要源于两个方面，劳动产出率的提高和资本产出率的提高，也就是我们每创造 1 元价值所需的劳动消耗变少、资本消耗变少。

提高劳动生产率首先要提高劳动者的劳动能力，也就是劳动生产力。在生产劳动上，劳动条件相同，劳动者的体能消耗相差不会很大，但是生产出来的产品的差异有时很大。

> 这个蓝领工人的作用非常大，同样的设计、同样的图纸，如果由不同工人制作可以完全不一样。为什么我们中国很多所谓在国内组装汽车也好或者其他产品也好，零部件全部是国外的，但是到了中国组装以后，出来的东西和国外质量差很大一截，关键是组装蓝领工人技术水平不一样。[1]

如今的生产劳动中不再仅凭体力蛮力，知识型劳动、技术型劳动越来越多。工人的技术水平在于技术与人的结合，在于体力劳动与脑力劳动的结合。劳动是具有非物质价值的生产性消费品，劳动者的劳动能力就代表劳动力这种商品的质量，是教育培训、长期练习、经验积累等诸多因素的积效，具有高技术水平的劳动者本身就是协作升值的体现。许多企业高薪聘请高级技工就是例证。

此外，现代化的生产，每小时工作时间包含的实际劳动量在减少，劳动强度综合指数大大降低，尤其是体力劳动，许多企业基本消除了重体力

---

[1] 龙永图：《中国制造如何走向中国创造》，深圳卫视访谈节目《22 度观察》（2010 年 2 月 8 日）文字实录。

劳动，用自动化机器完成生产，人们只做设计、控制、沟通、决策等事，体力似乎只剩下指尖上和唇舌间的动作，想一想、说一说、写一写、画一画、按一按、点一点就完成了工作，这些得益于科学技术的强大作用，得益于团队管理和建设的神奇力量，协作升值在增加值中的比重越来越大。

注意，提高劳动生产力不要和提高劳动强度混为一谈，也不要依赖劳动者数量增加来提高生产力。提高劳动量（L）的投入，确实能提高产能，但不具有竞争力和长效性。有些企业，一讲提高劳动生产力，就加班加点，这并不是提高，反倒有可能降低生产力；一讲提高效益，就降薪裁人，这种方法是提高 α、降低 β，来实现利润增加，是在降低公平性，提高剥削性。

2. 工资应与生产率的增长同步，技术人员待遇优先提高

生产率的增长主要是集体力的作用，参与其中的要素就应该共享增长的成果，劳动者报酬的增长应该与生产率的增长同步，工资增长与劳动生产率（产出率）增长要基本同比。

使用新型机器，也就是工具改进了，劳动生产率提高，提高的这部分的贡献似乎都归于新机器。这是许多企业主的观点，认为是自己资本投入的增加带来了生产率的提高。新机器能减轻工人的劳动量、减少劳动时间密度，企业却又设法增加劳动量和劳动时间密度。比如，原来平均一个纺织工人看管几台机器，忙个不停，技术进步了，现在变成一个工人负责几十台机器，仍然是忙个不停。平均一台机器（单位资本）所需的劳动量大大缩小了，但工人每天的劳动量并没有减少，有时候反而更大，技术进步没有让工人受益。

然而，新机器并非人人都可以熟练操作，工人都需经过一定的培训和练习，劳动生产率的增长依然是工人与机器协作的结果，工人的工资如果不增长，对工人来说不公平。掌握操作技术的熟练工一段时间内会是稀缺资源，不涨工资容易导致工人流失到同行业的其他企业中去。企业若想在竞争激烈的市场中生存并发展，必须把眼光放长远一些，劳资双方共享技术进步的成果，企业才有未来。

工资增长，既要考虑劳动产出率，又要考虑资本产出率。劳动产出率提高，资本产出率下降，规模收益不变，工资也无法增长。比如，采用某种机器，生产率提高了，产能提高了，每月增产的产品带来的收入增加，

但此机器的燃料消耗量大，资本产出率降低，每月增加的燃料费用与收入增加基本持平，增加值没有增加，工资如何增长。所以说，依赖资源损耗带来的 GDP 增长是不足取的，全要素产出率提高是收入增长的最正确途径。

很多时候，生产率和全要素产出率的提高得益于技术进步，技术进步主要源于科研技术人员的创新和努力，他们是主要贡献者，应首先从技术进步中受益，待遇应最先得到提高，提高比例也应最大。有的企业给有突出贡献的员工分发股票，是对以工资为主要分配方式的补充，是实现互利的好方法。

生产率提高，企业所需的劳动力人数往往会减少，于是，一部分人留下来并涨了工资，一部分人却失业了。有人憎恨新机器新科技，认为这夺取了他们的饭碗。其实，生产力的发展要求劳动力也要发展。新科技可以带来新的就业，是在调整生产结构。生产结构的调整过程中有人会很受伤，但从长期看，还是利大于弊的。

二　土地——地租、地价

（一）部分地租属于劳动所得

土地是大自然赐予人类的宝贵资源，是人类赖以生存的基础，也是广义的生产工具，是改善人们生活、造福人类的工具。在生态系统的循环作用下，对人类来说，土地具有永久创造价值的能力，几乎取之不尽。拥有土地，就有了可以分得产出的权利，这个权益谓之地租；拥有足够多的土地，就可以不必劳动，地租可让人衣食无忧；拥有广袤的土地，财源则滚滚而至，似乎拥有了一切。

然而，天然的土地并不能直接满足人类的需求，自然的植物果实给人类提供的食物是十分有限的，土地几乎都得经过改良，效用在人类的劳动下获得大大提升，让地球在人口快速膨胀的情况下不至于崩溃，这体现人与自然的协作升值。现在人类活动范围内的土地几乎都被人们分别赋予了特定的内涵，具有特定意义的土地也是劳动产品。如耕地、林地、草场、果园、茶园、宅基地、经济水域（养殖水面、水库）、建设用地、道路用地、绿化用地等。荒地开垦成为耕地，需要配套建设灌溉设施，保持土地的肥性。直至今天，土地改良依然存在，巴西的大部分地区地势平坦、雨量充足，但许多土地的土壤层并不适合种植，经过运土改造成为耕地，近20年来，全国耕地面积每年以 1.84% 的速度递增。

我们指责地主获得地租是不劳而获，其实有些武断，并不都对。耕地也是结合要素，凝聚着先人的劳动，非掠夺来的土地的所有者往往是土地的垦荒者，或者是他们的后代，这样的地主完全可以凭此土地获得地租，这块土地的所有产出都离不开垦荒者的贡献，他们与后来的耕作者是先后协作的关系。此外，大片的土地虽然分给众多佃农耕种，但水利设施是统一的，需要地主来管理和协调水渠的修缮和水量的分配，地主是有一部分管理劳动在其中的，土地的收成也属于协作的成果，获得一定比例的地租也是合理的。有的地主也是种田出身，是种植能手和农业生产的组织者，解放后，一些地区斗倒了地主，农民原来食不果腹、衣不遮体的生活有所改善，但还是没有富裕起来，原因之一就是新的生产组织者不如地主有生产和管理经验。地租是产出的一部分，所占比例不能过高，过高就形成剥削。剥削就是分配的严重不合理。

汉文帝二年（公元前 178 年）和十二年（公元前 168 年），曾两次"除田租税之半"，租率从十五税一减为三十税一，即纳 3.33% 的土地税，十三年（公元前 167 年）还全部免去田租。此后，三十税一遂成为汉代定制。以轻徭薄赋开创的"文景之治"，是中国君主专制历史中农民负担最轻的时期。在 2006 年全面取消农业税之前，中国许多地区农业税率仍为7%～8.4%，再对比欧洲教会统治期的"什一税"（10% 的土地税），可见中国历史上一直重视发展农业。然而，这仅是国家的税收，地主向佃农收的地租远高于此，地租率有时达到什五（即 50%），地主从中获得巨大的差额收益，刨去生产和生活成本，佃农往往所剩无几，这就形成了剥削。

（二）地价中包含协作升值

在土地上可以生产财富，在人类智慧和劳动的作用下，土地生产财富的能力越来越强，土地本身也成为财富，土地的价值也随之增长。同一块土地，最初荒地的价格和后来成为耕地的价格相差很大，土地的升值中包含垦荒者的劳动，也包含土地效用的提升。土地的升值不仅仅决定于这块土地本身，更多来自与它关联的事物。与耕地配套的水利设施会提升土地的价值，房屋周围的绿地面积会影响房价的高低，还有空气质量，阳光和水源，教育和医疗，交通和安保等，都会直接影响地价，地价是各种要素综合作用决定的，地价中包含协作升值。

美国纽约市地价在 6000 ~ 8000 美元/平方英尺，而西部荒漠只需几百美元/英亩，相差近三百万倍，这是为什么呢？最主要的原因是土地的综合效用不同，纽约是世界商业、金融和政治中心，这个效用是人类赋予的。欧洲人刚到纽约时，那里不过是一片荒凉的海岛和海滩，人类的劳动和协作使这块土地的效用得到极大提升，几百年的协作升值造就了纽约高昂的地价。

土地的价格本来是零，随着人口的增加，可以开发的土地越来越少，土地的供给失去弹性，地租和地价是分配土地的方法和方式。如果土地本身没有改良和建设，对土地的利用方式也没有变化，无论是所有权的转换，还是经营权的转变，无论是地价高昂还是低廉，地价的升降都不会增长 1 元产出，只是货币从这个人的口袋转到另一个人的口袋，土地的价值没有丝毫的变化。

以土地为代表的自然资源的价值也会减少。在自然资源中，许多矿物资源的形成需要千百万年，被称为不可再生资源；生物资源、气候资源、土地资源等，在可预见的时间内能重复形成，被称为可再生资源。不可再生资源随着人类的开掘利用而越来越少，总有耗尽的一天，然而，可再生资源也并非"取之不尽、用之不竭"。过度开发和缺乏保护，土壤荒漠化、酸碱化、贫瘠化等情况加重，人类的活动也会破坏生态系统的循环，自然资源的再生能力会减弱，甚至终止。

三　资本——利润、利息

（一）资本的收益

1. 利润有多种说法

通常我们把劳动的收益称为工资，把资本的收益称为利润。很多时候，资本所有者和使用者并非同一个，有的企业大量甚至全部租赁资本，这样一来利润就要分成两种，资本所有者得到的被称为资本的收益，企业得到的被称为经济利润。经济利润和资本收益合起来又被称为会计利润。其实，在经营中，或在会计上，利润有多种算法和说法。有人说，会计学推动了资本主义的发展，资本主义的发展也推动了会计学的发展。下文对收益（收入）的分配做简单回顾。

最初的企业都是小企业，家庭式生产，工具（资本）是自己的，活也是自家人干，利润的算法很简单，就是将销售收入减去原料成本，这个后来被称为毛利润，这也等于增加值。有时候要从毛利润中分出一份上缴税收。后来开始需要雇人来一起生产，利润中要分出一份作为雇员的工钱，算上上缴的税收，创出由工资、利润、税收三部分组成。再后来，有的企业缺一部分本钱，需要借钱，借的钱要给利息；或者缺少工具（包括土地），长期借用别人的工具，要付使用费，即租金，利润则又分成利息、租金、利润三部分。除了利息，借别人的钱总是要还的，为了扩大生产，往往刚还了就要再借，甚至旧债未还又添新债，这些增加了企业经营的压力，有没有缓解压力的办法？商业精英们想出了绝妙之举——发行股票，募集别人的钱做生意，而且不需要还，不过要定期付股息或分红，股票不可退，只可买卖，持股者都是企业所有者之一，利润又被分解为股息（或分红）、经济利润。然而，股息是根据会计利润并按持股比例分配的，利润越高意味着普通股民分走的越多，真正掌握企业的经营者如何让自己的收入增加得更多呢？他们又有了奇招——高工资（年薪）。企业被人格化，资本的使用者或经营者，如CEO也是企业的员工，诸位高管的工资占了增加值的一大部分，全部人员的工资加上资本的收益就约等于净增加值，企业的经济利润接近零或等于零。如此，做生意达到了最高境界，用别人的钱去赚钱，而且不需要还，赚来的钱自己得到的总是占尽可能大的比例。如果企业经营业绩不好呢？关系也不大，工资具有刚性和黏性，自己的年薪也不会少多少。

2. 资本的收益并不都是不劳而获

资本属于广义的工具，单凭工具就有资格获得收益是自然而然、合情合理、古而有之的事情，只是占总收益的比例不能过高。如老梁准备明天和儿子上山砍柴，他们只有一把柴刀，便向邻居大刘家借了一把。第二天拂晓，老梁磨好刀，喊起儿子，天蒙蒙亮，带着干粮和水就进山了。快到中午，他们各挑着一担柴回来了，在老梁的扁担梢上还多拴着一小捆柴，到家后，老梁就拎着这小捆柴去大刘家还柴刀，大刘客气了一下，便收下了柴和刀。这一小捆柴不仅仅是表达老梁的谢意，也代表着单凭工具应获得的收益，因为工具对收益有贡献，且在使用过程中是有磨损的，获得的收益一般要超过这个磨损，至少能弥补这个磨损。当然，磨损与收益的大小也都存在一定的模糊性。

资本来源于以前价值的积累，是利润的积累，是剩余价值的积累。资本属于结合要素，来源中就含有劳动价值，有的货币资本就是从工资中省出来的钱，许多人用劳动换来的钱购买股票。资本的提供者和资本的使用者属于前后协作的关系，只不过相隔的时间可能长一些而已，并且资本在使用中也有消耗。资本的收益并非没有任何付出，和劳动的收益一样，是付出后的回报。

资本最主要的作用是有助于组织协作，形成协作升值。一堆火，每次用一杯水来浇，100 杯也浇灭不了，把 100 杯水集中为一桶水，一下子就浇灭了。资金的效用也是如此，100 次投入 1 万元都可能打水漂，必须一下子投入 100 万元才行。分散的资金汇集在一起投入能够形成协作升值，银行将闲置货币集中起来，股份制将散钱汇集成整钱，都能形成作用更大的资本，这就是非接触协作。许多产业都有门槛，集中资本提高了跨越产业门槛的能力，提高了创造财富的能力。马克思说："假如必须等待积累去使单个资本增长到能够修铁路的程度，那恐怕直到今天世界上还没有铁路，但是通过股份公司，转瞬之间就把这件事办成了。"①

不论投资者或企业主有没有盈利，员工的工资都需依合同按期支付，员工有工资而企业未必有利润。亏损的时候，工人仍然获得工资，亏损由企业主来承担，企业主既有获得高利润的理由，也应该承担亏损的风险，风险与收益相匹配，所以利润也是风险的报酬。

3. 正常的利息来源于协作升值

生息资本，有普通借贷和高利借贷之分，分别被称为借贷资本和高利贷资本。

普通借贷资本对生产有帮助，促进协作的形成，资本的借贷者，即资本的使用者，通过生产和经营，获得利润，条件之一是资本，因而资本是生产要素之一，贷方分得一定的利润是正常的，也是应该的、公平的。利息是利润的一部分，也是剩余价值的一部分，这个剩余价值来自借方与贷方的协作升值。各种投入的回报也存在许多差异，差异也主要在于协作升值的差异，这个差异也造成资本的价格（利息、股息）不同。

---

① 〔德〕马克思：《资本论》第 1 卷，人民出版社，1975，第 688 页。

利息所占比例要适度，历史上，经济学家认为年利率超过 20% 就是过高，利率过高就成为高利贷，形成了放贷者对借贷者的剥削。借方是饮鸩止渴，虽能通过暂时性的帮助渡过眼前的难关，但灾难也随之而至，借贷者的创出往往跟不上放贷者要求的利息，弊大于利，平衡被打破，生产无法进行下去，最后借贷者不得不把原属自己的财富交给放贷者，这是价值的转移。生产者常常因高利贷而破产，对社会来说，高利贷明显存在巨大的负效用。

普通借贷最主要的是通过银行，实现了货币闲置者与货币短缺者之间的协作。银行是商业发展的产物，也就是说，交换式协作的发展促使银行诞生，银行诞生后又促进了商业发展，促进了交换式协作，整个社会经济形成一个整体。

凭借资本获得收益，可以理解为凭借以前的劳动再次得到分配，收益可以再次成为资本，资本又可以再次获得收益，如此循环，只要利率足够高，资本的所有者便可以不再劳动，靠财产性收入过着较为富足的生活。这是很多人向往的事，这样也会带来负效用，民间借贷中高利贷现象严重，正规的金融业也存在脱离实体经济的现象，经济中泡沫成分越来越多。前面我们分析过，非物质化价值不能完全脱离物质基础，服务产业的生产与消费是同时和等量的，只有物质化的生产，且生产速度大于消费速度，才会有真正的剩余价值。金融服务的产出无论有多少，只有帮助了物质生产企业，利润增长来自物质生产的产出增长，才能为社会财富真正增长做出贡献。

金融业的发展越来越复杂，利差不再是主要的利润来源，中国的银行利差只占盈利的 30%，美国银行的利差几乎可以忽略，金融服务和创新成为业内主导，虽然遭到的诟病也不少，但金融业巨大的组织协作能力还是毋庸置疑和无法替代的。

（二）资本所有者和控制者在分配中的优势

结合前面的分析，我们知道，剩余价值有两个计量段，生产阶段的剩余价值就是（净）创出。对企业主来说，生产消费包括劳动，劳动是特殊的商品，工资就是消费值，（净）创出减去工资，剩余的价值才是收益，也就是（净）利润，这也是马克思所说的剩余价值。

马克思指出，凭借着对生产资料的占有和垄断，少数人占有别人的剩余劳动和剩余劳动产品。生产资料就是作用资本和受作用资本，说资方凭借拥有生产资料无偿占有工人们创造的剩余价值，有点绝对化。资本，尤其是作用资本，和劳动一样是不可缺少的生产要素，工人的劳动创造工资之外的剩余价值不假，准确地说，工人用工具来劳动创造了工资之外的剩余价值，并且工人也是用工具来劳动创造了工资，工具（作用资本）的所有者（资方）应该获得一份收益，何况这份收益中还包括企业主自己的劳动价值。然而，话说回来，凭着拥有资本，资方的确在收益分配中处在优势地位，占据了本该属于劳方的一部分收益，这也是屡屡发生的事实。

资方的优势一，分配制度主要由资方建立。分配本身也是一项工作，谁来分配？如何分配？决定着是否公平。企业往往是资方组建的，或者是资方控股的，企业的制度都是由资方主导或审核的，企业追求利益最大化，其实也就是追求资方的收益最大化，分配制度也不例外。劳方在企业中往往处在弱势，员工提出涨工资常常要冒着被解雇的危险。

资方的优势二，等量投入获得等量产出的分配原则，被刻意理解为等量资本获得等量利润。生产中既要消耗一定的劳动，也要消耗一定的资本，按照规模收益同比原则，应该用消耗的资本与劳动对比，作为分配的依据，而资方总是用全部资本来计算成本和利润，自然抬高了资本收益占比，挤占了劳动收益比例，这样很不公平。工业生产，产品的实际原材料成本相比消耗料成本往往较高，即受作用资本比作用资本多，用全部资本统计出的利润率很低，而实际资本产出率并不低，这样有很好的隐蔽性和欺骗性。

资方的优势三，劳资双方信息不对称，资方更清楚赚了多少钱。企业的财务报表由资方来计算和审核，利用财务技术，可以得到需要的数据，老板甚至可以指着报表振振有词："我把赚来的钱都分给大家了，我自己一点没留。"

这仅是从经济上列举资方的优势，在政治上、社会上资方的优势也明显，有关论著很多，这里不赘述。

（三）超额利润的来源

1. 压榨和剥削没有销声匿迹

《资本论》第二十四章第六节的最后一句话是：

那么，资本来到世间，从头到脚，每个毛孔都滴着血和肮脏的东西。

对这句话的注释为：

《评论家季刊》说，资本逃避动乱和纷争，它的本性是胆怯的。这是真的，但还不是全部真理。资本害怕没有利润或利润过于微小的情况，就像自然界害怕真空一样。一旦有适当的利润，资本就胆大起来。只要有10%的利润，它就保证到处被使用；有20%的利润，它就会活跃起来；有50%的利润，它就铤而走险；为了100%的利润，它就敢践踏一切人间法律；有300%的利润，它就敢犯任何罪行，甚至冒绞首的危险。如果动乱和纷争能带来利润，它就会鼓励动乱和纷争。走私和贩卖奴隶就是证据。①

资本本身不具有人格，这段话将资本拟人化，实际上是资本的所有者贪婪。奴隶贸易不是资本的错，是给贪婪和暴力披上了资本的外衣。这段话形象地指出，超额利润来自冒险、犯罪、动乱、走私和极其的侵犯人权，一句话，资本所有者为了超额利润不择手段。

马克思指出，延长劳动时间并无偿占有该时间创造的剩余价值是超额利润的主要来源。

19世纪80年代，在美国，工人们每天要劳动14至16个小时，有的甚至长达18个小时，但工资却很低。马萨诸塞州一个鞋厂的监工说："让一个身强力壮体格健全的18岁小伙子，在这里的任何一架机器旁边工作，我能够使他在22岁时头发变成灰白。"②

如今，各国多以法律的形式保障劳动者的权益，劳动时间已大大减

---

① 〔德〕马克思：《资本论》第1卷，人民出版社，1975，第829页。

② 《八小时工作制》，百度百科，http://baike.baidu.com/view/1626193.htm。

少，工作环境也普遍改善。但是，仍有一些企业老板为牟取高额利润，竭力压低人工成本，甚至无视劳动法律法规。比如，不认真履行劳动合同，随意加大员工工作量，让员工加班却不给加班工资；随意解雇职工，克扣或拖欠职工工资；不按规定参加社会保险或欠缴社会保险费；工作环境恶劣导致工人残疾，医疗费一再推诿……一名农民工在材料公司工作三年，患上尘肺病，为了维权不得不开胸验肺。

获得超额利润另一种重要方式就是垄断，一般分为卖方垄断和买方垄断。卖方垄断可以抬高所卖产品的价格占据客户的一部分利益，买方垄断则可以压低所买商品的价格占据供应商的一部分利益，占据比例大了就构成剥削。剥削就是分配比例的差距太大，分配从量变到质变。

2. 协作升值是超额利润的正道

除了那些不正当、不合理的方法，还有许多超额利润的获得是正当的、合情合理的、值得提倡的，这就是协作升值。超额利润应来源于全要素产出率十分高、协作升值率十分高，来源于创造价值的速度大大快于耗费价值的速度。

资本家组织生产，努力提高生产技术和管理水平，付给工人的工资大幅高于社会平均水平，且工人劳动量低于社会平均水平，仍然取得高额利润，这个利润不能解释为只是工人创造的剩余价值，更不能视为剥削，这是全要素产出率大大提高形成的，是协作升值。

协作升值部分是相对的，大家都给工人 2 美元/小时工资的时候，你给 5 美元/小时，然后你还很赚钱，你赚的钱就是升值部分。如果大家都是给工人 5 美元/小时，你仍给 5 美元/小时，你赚的钱就不能都算协作升值了，其中应有一部分属于工人。

四　企业家才能——利润、工资

（一）企业家最重要的职责是协作

1. 企业的组建就是发起分工和协作

不管是"生产三要素论"的资本、劳动、土地，还是"生产力要素论"的劳动力、劳动资料和劳动对象，这些生产要素必须组织在一起才能创造价值，那么，谁来组织？怎样组织？如何生存？如何发展？这需要有人规划、有人来做，完成这项任务的就是企业主。投资建厂、建商场、建银行等就是企业主发起分工和协作，这需要足量的资本，因此企业主也常常被称为资本家。企业主中的佼佼者被誉为企业家。

马歇尔将生产组织列为第四生产要素，生产组织要素又称为经济管理要素或企业家才能要素，这个第四要素就是企业家通过组织实现协作升值的能力。

> 既然劳动者不在一起就不能直接地共同工作，既然劳动者集结在一定的空间是他们进行协作的条件，那末，同一个资本，同一个资本家，如果不同时使用雇佣工人，也就是同时购买他们的劳动力，雇佣工人就不能进行协作。[①]

企业家不仅通过资本将工人召集在一起，还要将生产设备、生产原料、生产技术、销售渠道、管理机制等集中准备好，即用资本来组建小经济体——企业，并使其能够运作起来、活起来，企业家通过建立有效的分工协作机制，提供了协作的条件。实际上所谓的生产都是协作生产，不可能单靠一个生产要素完成生产。

> 随着许多雇佣工人的协作，资本的指挥发展成为劳动过程中本身的进行所必要的条件，成为实际的生产条件。现在，在生产场所不能缺少资本家的命令，就象在战场上不能缺少将军的命令一样。[②]

当企业生产有了增加值，其中既蕴含着工人的劳动价值，也蕴含着企业家及管理服务人员的劳动价值，而且企业家的作用是首要的。

2. 企业的管理就是指导分工和组织协作

生产要素集中了，企业成立了，并非一定能盈利。有时市场需求很大，产品销路没有问题，但依然不赚钱。设备和材料利用率低，生产成本高，人员不在工作状态，生产率得不到提高……诸多原因都可导致企业不盈利，简而言之都可归为缺乏管理。

---

① 〔德〕马克思：《资本论》第 1 卷，人民出版社，1975，第 366 页。
② 〔德〕马克思：《资本论》第 1 卷，人民出版社，1975，第 367 页。

大多数人简单地认为管理就是发号施令，管理是强制性的，长期以来，在不少企业中似乎也是如此，雇员遵循企业主的指示而分工劳动，员工只是机械式协作，管理知识一般是在生产中获得的一些实际经验。事实上，指挥中也有学问，很早以前，就有企业家明白协作效应的真谛。

当今，如何分工？如何协作？越来越不是一件简单的事，这些都成为学问。管理水平、管理的科学性，直接决定着企业的产量和效益。每个人的平均劳动时间和劳动强度基本没有变，但整体的产值可以大大增长，甚至是翻倍增长，这个增长就是科学管理产生的效益，体现了管理者创造的相对价值。企业管理就是如何实现帕累托最优，需要科学的分析、计算、总结，不断由实践而得，又通过实践来证明，并且不断发展变化。管理从经验发展成一门科学，管理学来自实践又服务于实践，并随社会和生产力的发展而不断发展。①

企业主往往承担着企业管理的主要职责，影响着企业的生存和发展。企业家又是管理思想的开创者、实践者，随着管理思想的发展，管理的组织形式愈加多样化，企业所有者与经营者分离，企业管理走向团队化、职业化、组织化、制度化。现代管理学的内容日益丰富，战略化管理、知识化管理、信息化管理、技术化管理、精细化管理、虚拟化管理、人性化管理、服务型管理、成本管理、风险管理、目标管理、客户关系管理、供应链管理等各种理念层出不穷，汇成理论丛林。

不过，管理说白了还是指导分工和组织协作，既要充分发挥人的作用，引领价值方向，又要发挥其他要素的作用，提升综合能力。协作愈加成为管理的主要命题，既要注重人与人的协作，从机械式协作向综合式协作发展，又要注重要素与要素的组合、人与其他要素的协同。另外，协作的范围在扩大，不仅有企业内部管理，还有企业外部管理，如供应链管理。企业内部管理倾向约束性，企业外部管理倾向指导性，供应链实为众企业的协作升值链，以核心企业为中心，内部资源和外部资源高度整合，进一步加强企业之间的协作。

（二）企业家才能体现为协作升值，收益也来自协作升值

时常有企业家使企业起死回生，充当救世主角色。企业家决定减人或

---

① 参见易学东清华大学管理学课程 PPT 课件。

加人、卖出资产回笼资金或增加投入并购企业，都属于减少要素或增加要素，调整要素的组合结构，为了实现协作升值，扭转负协作效应。

54 岁的李·艾柯卡接受了一个新的挑战——应聘到濒临破产的克莱斯勒汽车公司出任总经理……

为了拯救克莱斯勒，确保 65 万员工的工作和生活，他没有简单地裁员，决定以紧缩开支为突破口，提出了"共同牺牲"的大政方针。艾柯卡从自己做起，把 36 万美元的年薪降为 1 美元，与此同时全体员工的年薪也减少了 125 倍……

克莱斯勒人一直很铺张浪费，讲究奢侈，他们无不对此深感震惊，开始时很不理解。然而榜样的力量是无穷的，老总的表率作用是最好的动员令。从各级领导到普通员工，渐渐达成共识。大家毫无怨言，心甘情愿地勒紧裤腰带。

"共同牺牲"给克莱斯勒公司带来了生机，使广大员工看到了希望。艾柯卡率领高层领导班子对营销、信贷、财务、计划和人事等部门进行整顿改革，积极扶持新产品的开发，花大力气抓生产制造。

当然，更重要的是尽快拿出适销对路的产品。1982 年，"道奇 400"新型敞篷车先声夺人，畅销市场，克莱斯勒公司多年来第一次走在其他公司前面。K 型车面市，一下子占领了 20% 以上的小型车市场。

艾柯卡曾经说过"齐心协力可以移山填海"。1983 年 8 月 15 日，艾柯卡把他生平仅见的面额高达 8 亿 1348 万多美元的支票，交至银行代表手里。至此，克莱斯勒还清了所有债务。①

相信摆脱困境后的克莱斯勒汽车公司，员工的工资还会涨回来，总经理的年薪也不会仍是 1 美元。没有简单裁员，同样的企业、同样的员工、同样的资本，仅仅是企业领导人改变就发生这么大的变化，艾柯卡用实践说明：管理的作用在于发挥大家的作用，管理的力量在于团结大家的力量，管理出效益的实质就是协作升值。

产出是整体劳动者创造的，管理团队的功劳十分明显，在分配上给予高额的回报是合适的，企业高管们年薪丰厚有着充分的理由。试想，协作的组织者如果回报比例低，就没有人愿意组织和参与协作了，缺乏

---

① 《李·艾柯卡》，百度百科，http://baike.baidu.com/view/1856336.htm。

协作，任何生产要素单独的力量都很微弱，也不会有协作升值。协作的组织者——企业家应该在协作升值上获益。

管理还应该让最大范围的人受益。协作升值就是平均每个人单位时间创造的价值增多，也就是企业的生产率提高了，不仅仅是企业家获益，每位员工都应该从中获益。比尔·盖茨成为世界首富，微软公司的员工很多也成了百万富翁。

不过，有的企业出现了高额亏损，存在负协作效应，高层领导仍拿着高额的薪水就不对了。比如，在金融危机背景下，华尔街许多银行或者金融集团的老总仍拿着几百万甚至上千万的年金就是不合适的。

五 政府——税收

（一）政府的管理也是生产要素

1. 政府不创造价值吗？

公务员做的工作都是价值的重新分配，政府是不创造价值的，政府手里的钱都是老百姓创造的价值，以税收的形式交到那去。[1]

这是很多人的观点其中不乏著名的经济学者。

政府倘若真的不创造价值，也就没有价值，那么要政府有什么用？说政府不创造价值，公务员不创造价值，就好比说公司的经理不创造价值，公司的会计不创造价值，公司的产品设计人员不创造价值，只有拿着锤子在砸啊、敲啊，拿着铲子在掀啊、翻啊，力气直接作用在产品上的工人才创造价值，而这些活现在都由机器来做了，那么价值岂不是没人创造吗？！这种观点产生的原因，一方面是由于缺乏对非物质价值和相对价值的认识，另一方面是由于历朝历代掌握分配权的政府的分配方式总是不公平，许多政府官员及其亲属成为社会的寄生虫，无偿占取大量百姓的财富。

实际上，企业管理很重要，国家管理更重要，政府既创造价值，也消费价值，还可能浪费价值。政府创造的价值大于消费的价值，政府就是创

---

[1] 引自 2008 年 12 月 27 日中欧工商学院教授许小年在燕山大讲堂做的以"迟到的衰退"为主题的演讲。

造价值的，也就是政府的工作能形成增加值；政府创造的价值小于消费的价值，政府就没能带来增加值，甚至是产生负价值。政府是最大的管理者，也是最大的消费者，有时候某些国家的政府还是最大的生产者。

然而，政府创造的价值主要是非物质化价值，具有模糊性，找不到好方法来度量，常常只能把政府运行的成本估算为其价值，也就是增加值为零。应该说，政府的增加值，体现在非政府部门的增加值上，就像企业管理人员的增加值，体现在由非管理人员——工人直接生产的产品的增加值上，都属于协作升值。正所谓"政通人和，百业俱兴"。

国家走向富强，政府的行政作为至关重要。政府的统筹安排、政策引领作用决定着国家的发展方向和成效。姜子牙到了受封的齐国后发现，那里几乎是荒蛮之地，盐碱地多不利于农业生产，太公因地制宜，"通商工之业，便鱼盐之利""劝其女工，极技巧"，即发展商业、手工业、渔业、盐业、纺织业等，齐国很快国富民强。二战后，西德经济从废墟中复苏，高速发展，跃居世界工业国前列，被称为莱茵河奇迹。新加坡建国后，仅仅用了一代人的时间就完成了从第三世界到第一世界的跨越。这些都是政府具有价值的实证。

2. 政府是协作的成果，民主是协作的方式

原始人类生存有两大威胁，一是饥饿，二是野兽，群居是对抗威胁、提高生存能力的唯一选择。人们共同劳动和消费，分工协作，逐渐发展为氏族、部落，形成早期的人类社会。氏族和部落为处理公共事物，组成以首领为中心的管理团队，并有了一定的制度，重要事务由氏族大会决定，这就是政府的雏形。

然而，比饥饿和野兽威胁更大的还有洪水、干旱、飓风、极寒等气候和地质灾害，还有为争夺资源不同氏族和部落之间进行的战争，这些需要部族、部落之间携起手来应对，化干戈为玉帛，联盟由此产生，为形成长效机制，逐步建立以武力为后盾的法规制度，早期的国家渐渐形成。简而言之，公共需求促使人类协作，完成公共需求的组织常态化就成为政府。事实上，国家既是一些矛盾不可调和的产物，也是一些矛盾调和的产物。

有人说，中国是一个"治水社会"，因为历史上的大江大河经常无情地改道和颠覆，古人必须团结起来用疏导的办法以减少水灾的伤害；正是在长期治理水灾的基本公共需求中，古代中国人形成了自己

的社会组织，进而形成了早期的国家形态。"大禹治水"的传说里，就有这段历史的影子。[①]

西方历史学家的研究认为，国家是在城市出现后形成的，城邦是国家产生的基础。早期城市的形成，与政治、宗教、军事、经济等因素相关，其他因素暂且不说，仅经济因素就充分体现了人们分工协作的效果。城市就是"城"与"市"的结合，农业、畜牧业、手工业、商业、服务业等社会化分工提高了生产力，剩余产品增多，交易需求增多，人们自然形成日中为市，或每周一次定期的市场贸易。久而久之，许多人，尤其是手工业、服务业人士定居在市场周围，而市场也常常在宫廷或宗庙附近，因为贵族和神职人员是重要的消费者，商业（即交换式协作）把政治中心同时推动为经济中心、生产中心，聚落逐渐演变为城市。

政府的治理过程可以简单概括为：民主—专制—民主。原始的氏族公社，古代中国的禅让制，古希腊的代议制，都体现了人类社会的民主精神由来已久。不过，早期的民主十分有限和脆弱，从野蛮人进化来的文明人并没有完全摆脱野蛮习性，武力解决分歧一直是常见选择，代表一定利益的集团，将不同利益的集团制服或消灭的一个个故事不断在历史大幕上重演。政府演变成一部分人维护自身利益的专制工具，为君主和统治阶层服务，围绕政权不时弥漫着血雨腥风。大禹原本传位伯益，可是禹的儿子启杀死了伯益，从此"公天下"变成了"家天下"。在欧洲，恺撒大帝被杀，也没能阻止罗马共和国被罗马帝国取代。

民主和专制是一对矛盾，一直在博弈。自英国光荣革命以来，不同形式的民主制度纷纷取代君主专制，权力集中改为分权制衡，虽然形式不一、进程不一，实质都是政治分工协作机制，相比过去有着强大的制度优势。政府的含义也狭义化，专指国家行政机关，相比而言，过去是广义的政府，是行政、立法、司法的总和。

从1776年打赢独立战争，到1787年，过了11年才决定讨论要不要一个统一的国家以及建立一个什么样的政府，说明独立战争并不等

---

① 杨凯：《中国铁腕向"雾霾"宣战》，《人民日报》（海外版）2014年3月7日，第1版。

于建国。所以我说美国这个国家本身是谈出来的，不是打出来的。①

13 个邦（州）联合起来打败了英国，后来又聚在一起平等协商制定宪法，可以说，美国政府诞生于协作。

3. 政府有助于分配更公平合理

价值说到底还是一种分工和分配比例，说来说去其实就是为了把这个比例弄得更加科学、合理、公平、有效。做到这些，主要并不是靠经济学的研究，而是市场，让市场在资源配置中发挥主导性或决定性作用。目前，在绝大多数国家，不仅产品市场化，生产要素也市场化，生产要素通过价格进行调配，谓之劳务市场、资本市场、技术市场、人才市场等。

市场有两个基本功能，一个是竞争，另一个是平衡。竞争主要存在于同为供求方之间，或同为需求方之间，平衡则是供方和需方之间的平衡。市场竞争虽然有着严厉的一面，却亦有利于要素资源朝高效方向流动。

市场也存在局限性，竞争不会改变企业追求利益最大化的本质，企业永远不缺乏提高利润的主动性，但缺乏提高工人工资和待遇的主动性，甚至有意压低工资，设置壁垒，增加劳动力主动流出的成本。这就需要国家出台政策来维护公平，起码能在一定程度上减少分配中的不公平。在俾斯麦时期，1883 年的工人医疗保险法、1884 年的事故保险法和 1889 年的养老保险法由议会通过后，德国成为世界上第一个建立广泛社会保险的国家，并对其他国家起了示范作用。1894 年最低工资制度诞生于新西兰。二战后，社会保障制度全球化，福利国家纷纷出现，致力于社会公平和有秩序发展的各种社会保障制度日臻完善，这些都有效弥补了市场经济的弊病，缓解了分配不公的矛盾。

效率高的企业更出得起价钱，从而有利于劳动、资本、技术、信息等生产要素流向它，尤其在要素资源紧张的时候，市场竞争能使要素的价格更合理。若出现垄断、不正当竞争、地方保护等情况，自由竞争被限制，会降低生产要素的效率，扭曲生产要素的价格，一样需要国家出台政策来调整或制止。政策要基于经济学研究后制定，政策调整不科学，后果也很严重。简单说，应以市场为主，政策为辅，反过来则不行。

---

① 资中筠：《美国十讲》，广西师范大学出版社，2014，第 7 页。

市场是社会化生产协作的形式，全社会的大生产其实就是全社会的大协作，政府是经济体中最大的协作组织。斯密说市场有只看不见的手在调配着经济运行，与之相对，后人说政府是调配经济运行的看得见的另一只手，它们最显著的作用都是协同协调并实现协作升值。

（二）政府的行为决定税收的性质

1. 税收用之于民就实现了广义协作

政府的收入主要来自税收，也有一部分是政府办的企业上缴的经营收入。政府的支出也可分为两部分，生产性消费和生活性消费。

古代的政府是家国政府、家天下，国也是君主的家业，财政收入的最终目的是满足帝王将相的享受，或支撑战争费用，也就是大部分财政收入是满足政府的生活性消费，甚至是浪费。税收的性质多数属于无偿占有。

民主国度建立后，宪法要求政府必须为人民和国家利益服务，尽管各国具体的民主进程存在差距，但是政府的服务都是社会生产的一部分，应被列入 GDP 中。纳税具有强制性，税收用之于民，财政收支的方式便具有机械式协作和交换式协作特征，是广义协作。

政府支出中的公务人员的工资部分应当是生产性消费，购买的是公务人员服务型生产。这与铁路公司给列车乘务员的工资，购买的是乘务员服务型生产，道理是一样的，不一样的是铁路公司的利润中有一份是乘务员劳动的贡献，而政府没有利润一说，即便财政盈余也算是老百姓创造的价值，不是公务员创造的。公务人员只要没有人浮于事，就不能说纳税人养活了公务员，养活公务员的是公务员自己，是他们自己的劳动。公务员的劳动提供了公共服务、创造了公共事务和公共产品的价值，与纳税人创造的商品的价值进行交换，这个交换是通过税收的方式进行的，税收的性质是有偿占有或价值交换。

有时在某些地方，道路、码头、港口、运河、灌溉设施、医院、大中小学、印刷厂等，如果政府不出面建设，也就没有人去建设，因为民众太穷了，拿不出所需要的钱，或知识水平太低，看不出这样做的好处，或联合行动的经验不足，无法共同办这样的事情。[①] 公共事业主要由政府来做，或由政府来牵头完成，公共事业不仅可以满足人民的生活需求，也是企业

---

① 〔英〕约翰·穆勒：《政治经济学原理》（下），胡企林、朱泱译，商务印书馆，1991，第570 页。

进行生产的基础条件。财政收入用于公共事业，税收的性质是价值交换。

今天我们仍能看到长城、都江堰、黄河大堤等，这些都是古代的国防工程、水利工程，在当时算得上超级工程，都是政府组织带领百姓完成的，完成这些工程官府可能会采取一些强制手段，属于机械式协作。这些工程给当时的老百姓带来了繁重的苦役，是负价值，但也满足了保障百姓生命财产安全和促进农业生产的公共需求，至今仍有价值，不能因为有负价值就完全否定古代官府的正价值。

企业追求的是利润最大化，利润最大不等于给社会创造的价值最大、不等于社会获得的福利最大，获得利润的同时可能也会产生很大的负值，或者减少别人应获得的价值，相等的资源如何创造出最大的经济价值，应该综合考虑、科学统筹，市场并不能完全做到，需要政府来解决，政府追求的应该是价值最大化、福利最大化。政府在资源配置中的作用是不能或缺的，通过纳税获得老百姓创造的价值，可以将价值进行重新分配，通过转移支付来支持最能带来社会福利的事业。此外，反垄断、反暴利、反不当竞争等有利于社会公平的工作也需由政府来做。

企业效益好了，应该给员工增发奖金，地区经济发展了，自然和社会环境改善了，给公务人员涨工资也是理所当然的。公务员的工资应该与地区经济的增长同步，与地区平均工资的增长同步，同样也应符合规模收益同比原则。一个镇长，带领大家把该镇的经济发展上去了，教育跟上去了，道路建好了，环境变美了，老百姓的收入也上去了，达到月人均4000多元，而镇长的工资按国家标准只有2400元，这对镇长来说肯定是不公平的。然而，公务人员的服务都成为有效劳动洵非易事，政府支出也并不都是适当的。在很多地方，政府的楼堂馆所建设确实超标，机构臃肿，人员冗余，工作上相互推诿、责任不清、效率低下等问题严重，这些都加重了人民的负担，不仅没有创造价值，还可能形成负价值。

2. 腐败是浪费和负值的叠加

腐败无处不在，并不是政府特有的问题，但政府中的腐败行为危害可能最严重，也最引人关注。大家泛指的政府腐败主要是政府人员的腐败行为，表现形式可谓花样迭出，可以简单归为两类，不作为和乱作为；政府腐败的危害也是多方面的，仅从经济角度看，可归结为浪费和负价值。

先看不作为。本来公务人员应通过自己的劳动为大家服务，民众纳税是为了消费政府人员的劳动，政府人员不作为，照常领薪水，民众没有得到相应的服务，作为这些人的工资的那部分税金就是浪费了。如果一个政府部门内不作为的人员太多，财政收入几乎都用来满足官员的生活消费，整个财政就成为吃饭财政，这样政府的性质就是剥削性的。不作为的危害并不仅仅是浪费税金这么简单，还会给民众带来负效用。民众要办的事没人办或办不了，会妨碍大家的生产和生活。央视新闻曾报道过，一位公司员工因涉外业务需要出国，回家乡县城公安局办护照，出入境办公警员的不作为让他跑了六趟都没办成，这耽误的不仅是一本护照，还有公司的业务，更不用提往返的路费了。

相比不作为，乱作为的危害更大、浪费更大、负价值更大。许多乱作为同时也是违法乱纪行为，如权力寻租、卖官鬻爵、滥用职权、假公济私、利益输送、中饱私囊、权色交易、虚报冒领等，浪费的钱财远远超过腐败分子的薪水，极少数人不当获利，损害了大多数人的正当利益，带来的负价值更难以估量。有些乱作为貌似不违法，但危害也不可小觑。政府消费很多时候是代表的集体消费，一些人花公家的钱不心疼，铺张浪费明显。有些重大决策缺乏科学论证，匆忙上马，出发点是好的，但结果不尽如人意，大把大把的投资付之东流。

腐败不是高官大员的专利，小人物一样存在腐败，小官巨贪足以令人瞠目。

> "小人物"腐败大量地表现为以"浸润"而非"暴风骤雨"的方式为害社会，从其腐败的日常性、高发性及其危害的广泛性来看，"小人物"腐败之治理不容懈怠。一言以蔽之，腐败不分角色，均须认真看待。[①]

腐败还会损伤其他人员工作的积极性，让政府丧失机能。无论是专制政府，还是民主政府，从元首到百姓，都希望官员廉洁奉公、勤政爱民。然而，高薪养廉也好，严律监察也好，总还有人利欲熏心、铤而走险，反腐工作，任重而道远。

---

① 《不可小觑"小人物"腐败的破坏力》，新华网，http://news.xinhuanet.com/lianzheng/2007-04/19/content_5998750.htm，最后访问日期：2016年1月13日。

图书在版编目（CIP）数据

再论价值：协作为何能创造一种生产力 / 茆荣才著
. -- 北京：社会科学文献出版社，2018.11
ISBN 978 - 7 - 5201 - 3433 - 0

Ⅰ.①再⋯　Ⅱ.①茆⋯　Ⅲ.①生产协作化 – 研究
Ⅳ.①F273.7

中国版本图书馆 CIP 数据核字（2018）第 208980 号

再论价值
——协作为何能创造一种生产力

著　　者／茆荣才

出 版 人／谢寿光
项目统筹／高　雁
责任编辑／颜林柯　刘　翠

出　　版／社会科学文献出版社·经济与管理分社（010）59367226
　　　　　　地址：北京市北三环中路甲 29 号院华龙大厦　邮编：100029
　　　　　　网址：www. ssap. com. cn
发　　行／市场营销中心（010）59367081　59367018
印　　装／天津千鹤文化传播有限公司
规　　格／开　本：787mm × 1092mm　1/16
　　　　　　印　张：19.5　字　数：319 千字
版　　次／2018 年 11 月第 1 版　2018 年 11 月第 1 次印刷
书　　号／ISBN 978 - 7 - 5201 - 3433 - 0
定　　价／79.00 元

本书如有印装质量问题，请与读者服务中心（010 – 59367028）联系